MAR 12

Эдвард
Радзинский

Эдвард Радзинский

ЖЕЛЕЗНАЯ МАСКА
и граф Сен-Жермен

Роман

Москва  2010
ЭКСМО

УДК 82-3
ББК 84(2Рос-Рус)6-4
   Р 15

Оформление переплета и макет *Н. Ярусовой*

В оформлении использованы фрагменты картин
Д. Байлли, Г. Риго и *Ж. О. Фрагонара.* На переплете —
портрет в парике Людовика XIV

Радзинский Э. С.

Р 15   *Железная Маска и граф Сен-Жермен* / Эдвард
Радзинский. — М. : Эксмо, 2010. — 400 с.

ISBN 978-5-699-44072-6

В течение трехсот лет идет бесконечный спор... Вольтер, который, казалось бы, разгадал тайну Железной Маски, Александр Дюма, который ему следовал.

Кто же был скрыт за Железной Маской? Герцог де Бофор, знаменитый донжуан и воин? Или олигарх-финансист Фуке? Или обманом захваченный по приказу Людовика XV премьер-министр Мантуи? Или...

Эдвард Радзинский разбирает все эти версии, все эти фантастические жизни, но...

Исторические знания, интуиция — и вот уже рождается, на грани озарения, догадка, блестяще доказанная в романе.

УДК 82-3
ББК 84(2Рос-Рус)6-4

ГЛАВА ПЕРВАЯ

Граф Сен-Жермен

ПАРИЖ

Мой отец жил в Париже, никогда там не побывав. Он был галломан в СССР – галломан из страны за железным занавесом... Отец жил в сталинской Москве, в окружении старых французских книг, купленных в букинистических магазинах. В новой России рабочих и крестьян, поголовно не знавших французского, за бесценок продавались французские книги времен Людовиков и Империй – эти уцелевшие остатки дворянских библиотек. Париж для отца не был городом. Это была мечта. Мечта о свободе в стране рабов и еще о том, что когда-нибудь я увижу недостижимый Париж.

Он умер, так и не побывав в Париже, который часто видел в снах. В этих снах он сидел в парижском кафе с чашечкой кофе и писал рассказ.

Впервые я приехал в Париж в начале 80-х...

Был жаркий майский день. Я сидел в парижском кафе, на столе стояла чашечка кофе, передо мной лежал отцовский «Путеводитель по Парижу», изданный в 1900 году во время Всемирной выставки. И я сочинял рассказ.

Но ничего не приходило в голову, парижский рассказ не получался. Между тем наступил полдень, и на лице официанта читался вопрос, когда же я покину кафе и уступлю свое место с несерьезной чашечкой кофе посетителям серьезным, пришедшим на священное для француза полуденное «манже». «Манже», без которого истинный француз не только не может жить — умереть не может. В дни революции даже беспощадные революционеры разрешали приговоренным аристократам хорошо отобедать перед путешествием на гильотину. Из окна кафе на другой стороне Сены я видел замок Консьержери, откуда и везли на гильотину этих насытившихся французов... Официант продолжал мрачно смотреть. Я решил поторопиться и, на худой конец, записать в кафе хотя бы чужой рассказ, который услышал от знаменитого итальянского сценариста. Ему и нескольким его коллегам предстояло написать любовные истории протяженностью не более 10 секунд экранного времени! Эти новеллы должны были составить фильм о ЛЮБВИ.

И вот что он сочинил.

Действие происходило в квартире. У телефона сидела прелестная женщина. Перед ней стоял телевизор. На экране готовилась к старту космическая ракета. Голос отсчитывал последние 10 секунд перед стартом. Красавица внимательно глядела в телевизор и одновременно набирала номер.

— 10... 9... — отсчитывал секунды голос по телевизору. — 8... 7... 6... — Она набирала очередные цифры.

— 5... 4... 3... 2... 1... Старт! — раздалось в телевизоре.

— Алло! — сказал в трубке мужской голос.

— Он уехал! — радостно сообщила она.

ЗАГАДОЧНЫЙ ГОСПОДИН

Я закончил записывать чужую выдумку, когда сзади раздался голос, сказавший по-русски:

— Это не просто ловкая выдумка. Это притча о жалкой любви в жалком веке. Десяти секунд и вправду достаточно для ее описания.

Я обернулся. Он сидел за соседним столиком и улыбался.

Он был в великолепном белом чесучовом костюме, в широкой соломенной шляпе, из-под которой торчали черные усы, длинный зигзагообразный нос и впалые, вдавленные щеки... И весь он был какой-то изогнутый, узкий, ненадежный. Несмотря на жару, он был в белых перчатках.

Я хотел ему ответить, но не успел, ибо в тот же момент он... исчез! Остались только руки в перчатках. Это не самая обычная картина, когда из пустоты торчит парочка белых перчаток. Но я не успел поразиться, ибо в следующее мгновение он преспокойно восседал передо мной на стуле.

— Нет-нет, — засмеялся он, — здесь нет ничего сверхъестественного. Это всего лишь фокус, которым в любимом мной Галантном веке сводил с ума парижан граф Сен-Жермен. Вас явно тревожат мои перчатки. Я, видите ли, участвовал в раскопках Вавилона. Этого делать было не надо. Как всем нам известно из Библии, Вавилон был проклят Господом. «Не заселится никогда, и в роды родов не будет жителей в нем... Но будут обитать в нем звери пустыни... Шакалы будут выть в чертогах их, и гиены — в увеселительных домах... И сделаю его болотом... — сказал Бог Саваоф». Когда я впервые приехал, — как-то странно словоохотливо продолжил он, — увидел поразительную точность предсказанного. Передо мной лежали уродливые холмы, болото и пустыня, и под ними прятался проклятый город. Там не росла даже трава. Только тростниковые топи, источавшие лихорадку. Но я получил разрешение и начал копать.

Его рассказ показался мне куда более странным, чем его перчатки. Последние раскопки в Вавилоне, как я смутно помнил, проводились в самом начале двадцатого века.

Но он продолжал читать мысли. Усмехнувшись, сказал:

— И вправду. В отличие от иных знаменательных мест Ирака, где каждый год идут раскопки, на месте Вавилона с 1918 года *официально* никто не копал. И правительство уклоняется давать разрешение. Там не бывает даже туристов. Однако легко предположить, что за большие деньги я получил разрешение и начал копать в проклятом месте.

— Так вот в чем дело, — успокоился я.

И незнакомец, всё читая мои мысли, одобрительно-насмешливо кивнул:

— Я рад, что вам все стало понятнее. Копать там необычайно трудно. Приходилось платить рабочим бешеные деньги: люди панически боятся этих мест. Я намеревался отрыть древнейшую часть Вавилона. Это город правителя Хаммурапи, существовавший за полтысячи лет до Моисея. Но оказалось, он лежит под стометровым слоем ила. Тогда я решился копать на месте города Навуходоносора. Но и он укрыт тридцатиметровым слоем собственных камней и черепков. В этот мусор превратились знаменитые башни, колонны, висячие сады... Но все-таки кое-что удалось. Откопали замечательную стелу, покрытую клинописью. Конечно же, я торопился прочесть... Камень расчищали всю ночь. К рассвету я нежно гладил руками каменные письмена проклятого Господом города. Я чувствовал плотский, страстный ропот времени. Но уже к вечеру руки горели. Я подхватил инфекцию, совершенно обезобразившую их... Будьте осторожны с подобными местами. Однако мне пора.

Он только взглянул в сторону официанта, как тот опрометью бросился к нему. Я увидел, как в белых перчатках появилась серьезная купюра и улеглась на столик:

— Благодарю, мой друг. Сдачи не надо. — И, поднимаясь с места, сказал мне: — Надеюсь, мы вскоре продолжим нашу беседу. — И протянул рукой в перчатке визитную карточку.

На визитке я прочел:

— Антуан де Сен-Жермен.

И телефон.

Он засмеялся:

— Это псевдоним всего лишь. Когда-то я снимал квартиру в квартале Сен-Жермен. Но нынче обитаю в Латинском квартале, в двух шагах от мастерской Делакруа. Позвоните мне, коли будет настроение. Буду рад. Вы, как я понял, писатель, весьма увлеченный Историей. Только такой человек может с упоением листать столетней давности путеводитель, быть осведомленным о раскопках в Вавилоне и пытаться сочинять в кафе, водрузив на столик *компьютер*. Но остерегайтесь, мой друг, носить обе эти вещи в одной сумке. Поверьте, они ненавидят друг друга — великолепный, переживший столько приключений путеводитель и ненадежное, ломкое дитя прогресса.

Я с наслаждением слушал звуки его речи. Той русской речи, которая сохранилась в семьях эмигрантов первой волны. Их язык, избежавший издевательств новояза революции, хранит умолкнувший голос нашей погибшей Атлантиды.

В ту первую встречу я не сомневался: он русский.

В кафе вошел какой-то безликий, странно бледный молодой человек. Прощально помахав мне рукой, господин Антуан Сен-Жермен вышел вместе с ним из кафе. Я увидел в окно, как этот молодой человек, видимо его шофер, распахнул перед ним дверцу автомобиля.

В ГОСТЯХ
У МЕСЬЕ АНТУАНА

На следующий день я позвонил ему, но никто не ответил. Всю неделю я тщетно пытался дозвониться. Телефон, указанный на визитной карточке, молчал. Лишь в воскресенье я услышал голос месье Антуана. Безо всяких вступлений он пригласил меня к себе.

Он жил в доме на моей любимой площади. Это крохотная площадь Фюрстенберг, затерявшаяся в улочках Латинского квартала. Вся площадь — маленький асфальтовый круг, на котором разместились старинные фонари, церемонно окруженные деревьями. На это царство гармонии глядят окна мастерской Делакруа. Мой странный знакомец жил в доме рядом с мастерской.

Мне открыл дверь все тот же безликий молодой человек. Молча повел в глубь квартиры. Это была неправдоподобная квартира... Мы шли через бесконечную анфиладу комнат, заставленных старинной мебелью. Портьеры на окнах были задернуты, горели свечи в бронзовых канделябрах, мерцали зеркала и золотые рамы картин.

Пришли в большую залу. В центре стоял великолепный стол черного дерева с ножками — резными головами атлантов.

Стол стоял на фоне огромного окна. Он как бы плыл над площадью, освещенной заходящим октябрьским солнцем.

В дальнем углу залы притаился клавесин, который я не сразу заметил, пораженный великолепием стола. На стене, справа от стола, висел портрет в массивной золотой раме.

На портрете был изображен красавец мужчина в камзоле и парике. С лицом насмешливым, гордым... и знакомым.

Месье Антуан стоял у стола, поглаживая позолоченную голову атланта... На этот раз он был в черном смокинге и в черных перчатках.

Церемонно поздоровавшись, начал говорить:

— Этот стол сделан по личному заказу «Короля-солнце» в знаменитой «Мануфактуре королевской меблировки». Что же касается портрета, он вас заинтересовал не зря. Портрет этот написан при жизни фантастического господина, на нем изображенного... накануне его официальной смерти. Обратите внимание на необычайно широкий лоб, говорящий об опасном разуме. Его крупный нос весьма напоминает нос Гёте. В подобном носе знаменитый физиономист Лафатер увидел великую способность творить. Чуть выпяченная губа господина повествует о сластолюбии и похоти, побежденных однако неукротимой волею. Он выглядит на портрете от силы сорокалетним, не правда ли? Хотя, по его собственным словам, ему в это время было 88 лет... Впрочем, ни дата рождения, ни дата его истинной смерти неизвестны. Неужто не поняли, о ком речь? Это тот, чьим именем я позволил себе украсить мою визитную карточку. Это — граф Сен-Жермен.

И Я... УВИДЕЛ!

Надо сказать, я был взволнован. Меня давно занимал этот неправдоподобный господин. Все последнее время я писал биографию Екатерины Великой. По одной из версий, сей фантастический граф в 1761–1762 годах находился в России и тайно участвовал в свержении несчастного Петра III.

Я не успел подумать (так будет всегда в наших беседах), как месье Антуан уже говорил:

— Именно! Именно! И тогда они впервые встретились, граф Сен-Жермен и граф Алексей Орлов. Потом была вторая встреча, в Италии. В ту вторую встречу граф Сен-Жермен участвовал в знаменитом Чесменском бою под именем генерала Салтыкова. Как он сам рассказывал, это имя он выбрал из уважения к князю Сергею Салтыкову, любовнику Екатерины и отцу вашего императора Павла.

— Насчет отца Павла у меня иная теория, — начал я.

— Ну какие тут могут быть «иные теории», — прервал месье Антуан. — Никаких «иных» быть не может. — И тут лицо месье Антуана странно покраснело, точнее, налилось кровью. За наши два дня общения я видел это его состояние много раз. Но в тот, первый, я очень испугался, мне показалось, что с ним случился припадок!

Он шептал:

— Никаких иных теорий быть не может... Охота... Все у них случилось тогда... В тот день они отстали от охотников...

И, клянусь, я... *увидел!!!* ...Длинный тоннель. Тоннель как-то воровски мелькнул передо мною... пропал. И уже из тьмы исчезнувшего тоннеля навстречу мне скакали двое всадников. И тотчас исчезли. Как бывает, когда теряешь сознание... Я летел... во тьму. И слышал... слышал монотонный голос месье Антуана:

— Он и она... вы их не видите... они отстали от охотников, они на лошадях... Остановились у старого охотничьего домика... Он наклонился к ней с седла... и обнял за талию... Она не противится, но задрожала. А он, уже лаская губами ее ушко, нашептывает картины счастья и как сделать тайной счастье, которым они смогут безопасно наслаждаться... уже сейчас! Он вынимает ключ от домика!.. И она глядит на ключ... и!!!

Я видел вновь лицо месье Антуана, оно придвинулось совсем близко: тяжелые веки и ледяные глаза без ресниц. И опять зашептал его голос:

— Она напишет впоследствии в «Записках»: «В ответ я не проронила ни слова...» Подобное молчание на языке Галантного века считалось *зовом!* Он немедля воспользовался ПРИЗЫВНЫМ молчанием... Пропустив восхитительную станцию «Изнурительной Нежности», он поторопился в «Приют Наслаждения»... Они вошли в домик! **«Случившееся»**... эти полтора часа счастья... остались ясным намеком в ее «Записках»: «***Часа через полтора*** *я сказала ему, чтобы он ехал прочь, потому что наш...* ***такой долгий разговор*** *может стать подозрительным. Он возразил, что не уедет, пока я не скажу — «люблю». Я ответила: «Да, да, но только* убирайтесь». Он пришпорил лошадь; а я крикнула ему вслед: «Нет, нет!»...

(Впоследствии я отыскал этот эпизод в «Записках» Екатерины Великой. Оказалось, месье Антуан цитировал почти слово в слово.)

ГАЛАНТНЫЙ ВЕК

Месье Антуан замолчал, будто пытаясь прийти в себя. Пришел в себя и я.

Он продолжил совсем спокойно:

— Однако мы заговорили о графе Алексее Орлове. У него было великолепное лицо с медальными чертами, восхитительно изуродованное глубоким шрамом. Это был век, когда шрамы, добытые в сражениях, драках и дуэлях, прельщали женщин. Люди в том веке умирали от ран куда чаще, чем от жалкой старости. Последний век, когда побеждали личным мужеством.

«Чтобы получить все, нужно рискнуть всем» — любимый лозунг века.

Короток был путь из хижин во дворцы, а из дворцов на эшафот — еще короче. Я очень люблю *наблюдать* эту сценку. Ваш русский канцлер старик Остерман, приговоренный к казни, равнодушно поднялся на эшафот. Он преспокойно снял парик и как-то аккуратно, удобно уложил голову на плаху. Будучи помилован, так же преспокойно встал, попросил вернуть парик, расправил на нем волосы, надел его и отправился в ссылку в Сибирь.

Уолтер Рейли, любовник великой английской королевы Елизаветы, поэт, пират, ученый и, возможно, истинный автор шекспировских пьес, на седьмом десятке приговоренный к казни, насмешливо сообщал другу: «Только приезжай пораньше, коли хочешь занять хорошее место у моего эшафота, народу будет много. Мне же там обеспечено лучшее место». И когда палач попросил положить голову «как принято, лицом к востоку», он успел презрительно пошутить: «Неважно, мой друг, где находится голова, главное, чтобы сердце находилось на нужном месте».

Но мой фаворит, мой любимый век — восемнадцатый! Предыдущий, семнадцатый, варварски заковал прекрасных дам в броню негнущейся одежды. Длиннющие юбки посмели совершенно закрыть прелестные женские ножки. Но восемнадцатый сумел открыть их! И как лукаво, мой друг! Век изобрел качели. Кавалер раскачивал качели, и юбка улетала вверх, щедро обнажая восхитительные ножки. И, наконец, танцы! Они — главная любовь века. Граф Сен-Жермен сочинил популярнейшие танцы. Его аллеманду обожали в маскарадах... В аллеманде *он* и *она* должны так тесно прижаться друг к другу, что не оставалось сомнений в событиях, последующих после танца. Главной фальшью этого танцующего Века Любви был только брак. Граф Сен-Жермен рос сиротой и оттого избежал лжи тогдашнего брака. Ибо браком в ту пору управляли родители. Эти гнусные существа были обязаны думать о выгоде — финансовой или о престиже родословной. И к несчастной девушке, только что вышедшей из монастыря, приводили незнакомого мужчину. В присутствии нотариуса бедняжке объявляли, что сей незнакомец знатного рода и есть ее будущий муж. Дальше свадьба и ночь, когда ей приходилось отдаваться совершенно чужому человеку. В эту первую ночь жених фактически насиловал испуганную, не любящую его девушку... Свершив необходимое, он гордо вставал с постели в поту, она оставалась лежать в слезах. С этого начинался брак и тогда же заканчивался. Как сказал принц Лозен своей юной жене: «Дорогая, мы выполнили наши обязанности и впредь не будем мешать друг другу!»

Теперь она мечтает о подлинной любви, о которой читала во всех романах. Молодой муж отдает дань главной моде — он приступает к охоте на женщин, влюбляясь в новых и новых. Единственная, к кому он останется равнодушным до смерти, — это его жена. От нее требуется только наследник. Родив, то есть исполнив долг, она вслед за супругом с упоением вступала в любовную круговерть, где все мужчины хотели соблазнить и все женщины — быть соблазненными...

Как это ни смешно, счастливыми оказывались браки со стариками. Впрочем, Галантый век отменил возраст. В дни этого пламенного века стариков не было, все до могилы оставались молодыми. Конечно, помогали парики, румяна, кружева, роскошь туалетов! Но главное было в вечно молодом мироощущении! Бабушка Жорж Санд объясняла своей внучке: «Старость в мир принесла Революция. В мои дни я попросту не встречала стариков.

Мой муж — ему было 62 года, мне чуть за два-дцать, — он до последнего дня следил за внешностью, был красив, нежен, спокоен, весел, любезен, грациозен и всегда надушен. Я радовалась его возрасту. Я не была бы с ним так счастлива, будь он молод. Ведь женщины красивее меня наверняка разлучали бы его со мной. Теперь же он был только мой! Я убеждена, что мне достался лучший период его жизни. Мы не расставались ни на минуту, но я никогда не скучала с ним. Природа дала ему множество талантов. Мы играли дуэтом на лютне. Он был не только превосходным музыкантом, но, как часто бывало в нашем веке, художником, слесарем, часовщиком, плотником, поваром и архитектором. Но главное — великолепным любовником. Он страстно, с фантазиями большого опыта, любил мое молодое тело. И еще. Он и его сверстники знали не только как надо жить, но и как надо умирать. И если у кого-то была подагра, они терпели любую боль, но никогда не пропускали прогулку с любимой. Воспитанные люди в мое время были обязаны скрывать свои страдания. В любой игре они умели достойно проигрывать. Они считали, что лучше умереть, танцуя на балу, чем дома в окружении зажженных свечей и отвратительных людей в черных одеждах. Мой муж до конца умело наслаждался жизнью. Но когда пришло время с ней расставаться, последние его слова были: «Живите долго, моя дорогая, любите много и будьте счастливы». — Месье Антуан усмехнулся. — И потому разрушенная Бастилия — рубеж моей любви к человечеству. Дальше начинается время кровавых и, главное, скучных фанатиков. Унылый очкастый Робеспьер в неумело напудренном парике, над ним всегда висел белый нимб от пудры. Или толстый пьяница Дантон, ревущий проклятья аристократам, от него всегда несло потом... Или парализованный урод — революционный судья Кутон... Утром этот плевок природы сносили по лестнице, сажали в кресло, двигавшееся при помощи рычагов. Передвигая рычаги, он яростно мчал свое жалкое тело в испуганной толпе. Спешил судить, точнее, осудить на смерть врагов Революции... Да, Революция покончила с Любовью и Гармонией, принеся символическую жертву — Королеву Галантности, Женщину с лазоревыми глазами, Марию-Антуанетту. — Здесь месье Антуан наконец остановился и сказал: — Простите за этот монолог, в нем есть самое мне ненавистное — патетика. Но Мария-Антуанетта была безответной любовью... — Он помолчал и прибавил: — ...самого таинственного человека в мире — графа Сен-Жермена.

С месье Антуаном было невозможно беседовать. Он говорил бесконечными монологами, совершенно не слушая собеседника. И глаза его при этом смотрели куда-то вверх, выше вас. Когда он наконец замечал вас, в его глазах появлялось безмерное удивление: «Как, вы тут? А я о вас, признаться, несколько позабыл».

Но тогда я решительно вырвался из потока его слов. Я сказал:

— Послушайте, неужели вы всерьез? Вы верите во все эти сказки про графа Сен-Жермена? По мнению всех почтенных энциклопедий, граф Сен-

Жермен был всего лишь великим надувателем, одним из вождей золотого века авантюристов.

Месье Антуан долго молчал, потом сказал:

— Люди не могут вынести бремени Тайны. У нее нестерпимый свет. Запомните: граф Сен-Жермен — единственный человек на земле после Господа... чье присутствие после смерти зафиксировано множеством источников.

БЕССМЕРТНЫЙ

Вы слышали о графе Сен-Жермене, о котором рассказывают так много чудесного?

А.С. Пушкин «Пиковая дама»

— Наполеон III был зачарован, заинтригован всем *чудесным*, что слышал о графе Сен-Жермене. Он поручил своему библиотекарю скупить все подлинные документы, повествующие о жизни Сен-Жермена, — начал месье Антуан свой очередной монолог. — Так появилась огромная папка, содержащая большое количество документов. Это были воспоминания современников (в большинстве это были дамы, любившие графа). После падения императора драгоценную папку передали на хранение в библиотеку префектуры полиции. Во время Парижской коммуны, как и положено в революцию, префектуру подожгли, и папка считалась сгоревшей. Но, как справедливо утверждал ваш писатель, такие рукописи не горят. Оказалось, во время пожара объемистую папку попросту украли. *В 1979 году* ваш покорный слуга и верный почитатель графа купил ее у потомка того вора-коммунара.

Как я уже говорил, в папке оказались воспоминания современников и единственная рукопись, написанная каллиграфическим почерком графа, — двести страниц его переводов Данте и Горация на немецкий и французский. Но я хорошо изучил привычки графа Сен-Жермена. Я обработал первую страницу особым раствором из сока лука и медного купороса. Потом легонько нагрел страницу пламенем свечи... И синие буквы симпатических чернил начали проступать между строками.

Это были секретные «Записки графа Сен-Жермена»! Начинались они с обращения к будущему читателю... *1979 года*! Да, там стояла эта дата! И «покорнейшая просьба прочесть «Записки», но не публиковать». К сожалению, в этих «Записках» весьма уклончиво рассказано о том, что и поныне является предметом споров историков, — о загадочном происхождении графа.

Граф называет себя сыном князя Ференца Ракоши, повелителя Трансильвании, — и всё... Между тем, об этом князе и, главное, о матери графа ходит до сих пор множество легенд. Расскажу, пожалуй, самую известную. Князь Ракоши, как истинный мадьяр, называл всех женщин «отдыхом воина». Он считал, что настоящая жена должна обладать тремя качествами: быть красавицей, быть послушной и быть молчаливой. Он нашел такую женщину — дочь родовитейшего польского графа

3-ого. Она была сказочно хороша, совершенно послушна и удивительно молчалива. Она родила ему очаровательного мальчика, унаследовавшего ее красоту. Я не буду рассказывать подробно всю историю. Скажу лишь кратко, что через некоторое время после рождения ребенка стали находить молодых княжеских слуг со следами зубов на горле и высосанной кровью. Князь всегда плохо спал. Поэтому перед сном заботливая жена обычно готовила ему на ночь напиток из трав по своему рецепту. После него князь засыпал глубоким сном младенца и просыпался совершенно отдохнувшим, полным сил. Но убитые слуги беспокоили князя. Далее вы догадались... Однажды князь заменил приготовленное женой питье. Он бодрствовал рядом с женой, изображая спящего. Посреди ночи его жена покинула ложе. Князь последовал за ней. Он застал ее в парке. Его любимый слуга... До смерти князь помнил искаженное похотью запрокинутое лицо жены. Потом сверкающие глаза приблизились к глазам несчастного слуги, она засмеялась, ее зубы вонзились в шею. Ангел превратился в сладострастную ведьму... Князь убил обоих. Разжав кинжалом ее стиснутый рот, увидел два аккуратненьких маленьких клыка и понял причину удивительной молчаливости. Князь сам похоронил ее со всеми обрядами. Вбил, как положено, иудино дерево — осиновый кол в ее могилу. Чтобы вампирша не смогла воскреснуть. Думаю, это не более чем безвкусная готическая легенда. В «Записках» лишь говорится, что мать Сен-Жермена, первая жена князя Ракоши, умерла совсем молодой. Тотчас после внезапной смерти жены князь отчего-то не захотел, чтобы их сын жил с ним, в его дворце. Он отдал мальчика на попечение своему другу, последнему из герцогов Медичи. «Записки» очень скупо рассказывают подробности его детства. Граф пишет, что его отец, князь Ракоши, всю жизнь боролся за независимость своего княжества. В конце концов (это случилось уже после смерти матери графа) князь проиграл решающую битву, австрийцы захватили его владения. Князь не выдержал горечи поражений и вскоре умер. После смерти отца юный Сен-Жермен воспитывался у герцога Медичи, который дал ему великолепное образование... Интересно, что граф Сен-Жермен никогда не называл себя князем Ракоши. Став масоном, он часто именовал себя Sanctus Germano — Святой Брат. И постепенно стал представляться этим именем. Впрочем, как положено в том веке, у него было еще с десяток имен, под которыми он путешествовал. Точнее, жил в дороге, ибо путешествовал граф всю свою жизнь. И повсюду обходился без переводчика. Как и ваш покорный слуга, граф знал множество языков, в том числе несколько исчезнувших. К примеру, язык древнего Вавилона. В двадцать лет он предпринял далекое и долгое путешествие. Он отправился в Персию, жил при дворе Надир-шаха, и это рассказано в «Записках», потом была Индия, затем — два с половиной года в Гималаях, оттуда направился в Тибет. И после этих таинственных мест граф очутился при австрийском дворе — в столице врагов его отца. Император Франц Стефан отнесся к сыну своего покойного врага настороженно. Но его жена, великая австрийская императрица Мария-Терезия, оценила графа. И он сразу занял особое и высокое положение при австрийском дворе. Его лучшим другом стал премьер-министр императора Франца I князь Фердинанд Лобковиц. При дворе говорили, что некие тибетские обряды, которым он обучил Фердинанда, спасли тяжело больного князя от смерти.

В 1755 году граф находился в Вене, когда на первом этаже Хофбургского дворца Мария-Терезия родила девочку, Марию-Антуанетту.

Это был ее пятнадцатый ребенок! Одиннадцать девочек и четырех мальчиков родила императрица. В Париже принцы крови и самые знатные придворные присутствовали при родах королев, в Вене Мария-Терезия эту привилегию отменила. Пятнадцать раз рожать «в присутствии» — этого не выдержать. Теперь все покорно ждали в Зеркальной зале дворца сообщений о таинстве, происходившем в спальне. Граф Сен-Жермен был среди них. Император вышел из спальни роженицы и объявил о счастливом рождении девочки. Толпа придворных аплодировала. После чего император пригласил к императрице... графа Сен-Жермена!

Граф прошел в спальню, где лежала императрица. Новорожденной не было, ее унесли к кормилице. Вместо ребенка Марии-Терезии принесли бумаги. Великая правительница, родив, тотчас занялась государственными делами. Продолжая подписывать, обратилась к графу:

— Я слышала, граф, вы успешно занимаетесь предсказаниями?

Самое потрясающее, я... **увидел!** На этот раз тоннеля не было. Просто от стены навстречу мне поплыло толстое, немолодое лицо женщины с двойным подбородком на огромной белоснежной подушке... Потом над лицом проступил кусок стены с картиной — олень стоял среди деревьев... Я разглядел: картина была набрана из полудрагоценных камней... Потом стена отодвинулась... и я увидел ту же женщину, лежащую на кровати в алькове... и пурпурную занавесь алькова. И, загораживая кровать, спиной ко мне встала мужская фигура.

Императрица заговорила, звук голоса будто смыл видение — все исчезло!

Месье Антуан как ни в чем не бывало продолжал рассказ:

— Граф Сен-Жермен тогда долго молчал, потом сказал: «Ваша дочь навсегда останется в истории. Позвольте мне, Ваше Величество, ограничиться таким ответом на ваш вопрос».

В этот миг я рассеянно взглянул на портрет на стене. Клянусь, граф Сен-Жермен на портрете... улыбнулся! И его рука, обрезанная рамой, медленно поднялась из-за рамы... Она была... в перчатке. И тут я ясно увидел, как они похожи: месье Антуан Сен-Жермен и Сен-Жермен на картине. Помешали понять это сразу парик и камзол. Я почувствовал... страх!

— Умоляю, не выдумайте какую-нибудь простодушную мистическую глупость, — засмеялся месье Антуан. — Просто граф — мой герой. И я постепенно стал похож на него... от восторга. Это вечное сходство пса, обожающего хозяина, не более. Да и похожи мы... не слишком.

И я опять взглянул на картину. Рука портрета была на месте... И изображение вело себя прилично — оно церемонно смотрело вдаль незрячими глазами. Я понял, что мне все это и вправду привиделось. Впрочем, сходство, конечно, было, но не пугающее. Я успокоился! И месье Антуан, все так же насмешливо глядя на меня, продолжил:

— Ваши коллеги ученые пишут: «Слухи о влиянии графа на дела могущественной Австрии дошли до Парижа, и Людовик XV решил переманить загадочного графа. И пригласил его приехать в Париж». На самом деле знакомство короля и графа Сен-Жермена началось с их секретной переписки, точнее, с деликатнейшего письма графа королю.

«ЗАПРЕЩЕНО ВСЕ, КРОМЕ НАСЛАЖДЕНИЯ»

Граф Сен-Жермен в своих «Записках» весьма шутливо рассказал о причинах этого первого судьбоносного письма:

«Людовик XV — истинный король Галантного века, недаром он слыл самым красивым монархом Европы. Ему было пять лет, когда умер «Король-солнце», великий Людовик XIV, и ребенок стал 32-м королем Франции. Регентом при короле-ребенке стал его дядя, герцог Филипп Орлеанский. «Герцог Любви» — так справедливо следует называть Филиппа Орлеанского. Именно при нем наступил апофеоз Галантного века, о котором сам герцог сказал: «Запрещено все, кроме наслаждения». И он умел наслаждаться, этот несравненный выдумщик самых разнообразных любовных экспериментов, опасных изысков, описанных в сочинениях маркиза де Сада. Наслаждались все и всюду — во дворцах, в хижинах и даже в монастырях, напоминавших веселые бордели. Этот Герцог Любви объяснил кузине, решившей постричься и стать аббатисой: «Это не так уж глупо, дорогая! Вы примете обет бедности, но будете невероятно богаты, вы примете обет послушания, но будете повелевать, вы примете обет безбрачия, но тайных мужей у вас будет столько, сколько вы захотите». Именно при герцоге появилось множество галантных обычаев, которые граф Сен-Жермен застал в Париже. Например, обожествление женской груди. Как восхитительно говорил герцог: «Это мыс блаженства, к которому тотчас должны устремиться губы и руки каждого истинного мужчины». Поцелуй в обнаженную грудь при герцоге стал столь же обычным в Париже, как нынче — рукопожатие. И когда девица отказывалась расстегнуть лиф, о ней тотчас говорили: «У бедняжки наверняка — доска!» — подозревая самое постыдное для тогдашних дам — плоскую грудь. Герцог любил повторять: «Мужчина любит как целует». По повелению герцога был издан подробнейший трактат о поцелуях — об их значении, особенностях и истории. Самым заурядным, я бы сказал — дежурным, считался «влажный поцелуй», который информировал даму о том, что кавалер обуреваем желаниями. Куда изысканнее был «французский поцелуй», при котором следовало умело и долго соединяться — ласкаться языками... Еще сложнее был поцелуй «флорентийский». Яростно, страстно впиваясь губами, не забывать сладостно-нежно пощипывать ушки любимой. Далее следовало описание еще ста семнадцати видов поцелуев... По заказу герцога была разработана главная наука его времени — «Наука флирта для дам». Это были научные изыскания: как принять самую зовущую позу на софе, как суметь соблазнительно склониться, поправляя дрова в камине, и т.д. Именно при герцоге стало модным принимать поклонников во время туалета, полуодетыми, сидя у зеркала. Туалет моментально превратился в восхитительную выставку чарующих прелестей. То случайно обнажалась рука, то приходилось поправить чулочек — и, следовательно, на мгновение приподнять юбки... И, как учил герцог, этот великий стратег любви: «Если ваши глаза попали в плен красоты, ваши уста и руки должны незамедлительно начать действовать...» И вправду, как удобны были эти утренние приемы, чтобы *ему* немедленно перейти в атаку, а *ей* пасть жертвой атаки. Отослав камеристку из комнаты, она просит кавалера помочь застегнуть непослушный крючочек. И вот уже: «Что вы делаете?.. О небо! О моя прическа!..» Для облегчения успеха атаки стали принимать воздыхателей лежа в ванне, с прелестями, накрытыми тонкой простыней. Именно при нем, при Герцоге Любви, начали строиться знаменитые «петит мезон». Они назывались безумствами (folies). Это была очаровательная игра слов: folies (безумство) с латинским sud folliis, что означало «под листьями». Ибо эти домики любовных безумств прятались в окрестностях столицы в тени деревьев под густой листвой. Граф Сен-Жермен был приглашен в знаменитый «петит мезон» кардинала де Роана. Он первым описал стены знаменитого домика, где выпуклые фигуры демонстрировали все виды наслаждений. Приглашенные дамы в лорнет должны были изучить их... прежде чем перейти в спальни — повторять. Однако, как говаривал граф Сен-Жермен, «герцог Орлеанский забыл грозное предупреждение апостола: «Все дозволяемо, но не все дозволено». Бедняга стал жертвой наслаждений — буквально сгнил от дурных болезней. Но даже умирая в муках, этот паладин Любви упрямо именовал свои болезни «всего лишь шипами на теле прекрасных роз» и «заслуженными ранами великих любовных битв».

Но подраставший юный король увидел страшный конец сгнившего заживо несчастного рыцаря Любви. И преисполнился ужаса. Но, как только закрылись глаза безумца-регента, добрый народ Франции потребовал любовных подвигов от нового правителя — юного короля. Граф Сен-Жермен справедливо отмечал, что любовные подвиги королей возрождали во французском народе древнее чувство безопасности. Ибо еще в глубокой древности считалось: чем любвеобильнее вождь племени, тем плодоноснее становилась земля, богаче урожаи и тем счастливее был народ. Граф Сен-Жермен утверждает в «Записках», что впоследствии, когда на престол взошел Людовик XVI, первый король, верный своей жене, в стране тотчас возникла революционная ситуация! Однако вернемся, мой друг, к молодому Людовику XV, который этой ошибки не сделал. Он был совсем юн, когда во дворце появилась его первая любовница, незнакомка под густой вуалью. Придворные недолго сгорали от любопытства. Подкупленный слуга короля, будто бы от неловкости, сорвал вуаль дамы. Каково же было разочарование двора! Под вуалью скрывалась фрейлина Луиза де Мальи, урожденная де Нейль, известная дурнушка. Вуаль Луиза носила отнюдь не из скромности. Она справедливо боялась, что, увидев ее лицо, в поход на постель короля немедленно бросятся знаменитые придворные красавицы. Действительно, все дамы, прославившиеся любовными приключениями, как, например, несравненная «Мадам Версаль» (так прозвали фрейлину, переспавшую со всеми обитателями дворца), тотчас попытались соблазнить молодого короля. Но тщетно; юный король остался глух к их атакам. Однако, как только из монастырского пансиона была выпущена *некрасивая* девственница — родная сестра Луизы, Людовик тотчас соблазнил невинную дурнушку. Затем пришла очередь и третьей уродливой сестры де Нейль — Дианы... Спать с сестрами — весьма сексуально. Граф Сен-Жермен в «Записках» вспоминает вашего великого донжуана, князя Потемкина, который умудрился переспать с четырьмя своими племянницами, по мере того как они подрастали. Но племянницы вашего Потемкина были несравненные красавицы, а дамы из рода Нейль — отменно нехороши. Так что придворные красавицы терялись в догадках о странных вкусах короля. Рождались самые невероятные версии об особом зрении молодого Людовика XV... Граф Сен-Жермен, услышавший всю эту странную историю от французского посла в Вене, не размышлял над тайной. Он ее тотчас понял: напуганный судьбой дяди, Герцога Любви, бедный король Людовик попросту боялся повторить его судьбу. И оттого выбирает отменных дурнушек, у которых, как он наивно, по молодости, считает, не может быть любовников и, следовательно, дурных болезней. Именно тогда граф написал длинное письмо Его Величеству, предложив свои знания. Будучи сам великолепным врачом, граф Сен-Жермен отправил королю с нарочным древнюю индийскую настойку махараджей. Созданная в Индии — стране изысканных наслаждений Камасутры, она беспощадно убивала любовную инфекцию. Так что Диана из семьи де Нейль стала последней уродиной в постели Людовика XV. И вовремя! Ибо возмущение придворных красавиц короля стало всеобщим. Буквально все придворные дамы приготовились принять участие в массовом штурме королевской постели. Именно тогда, к восторгу двора, защищенный графом король смог впервые выбрать достойнейшую. Восхитительная маркиза де Ла Турнель стала первой красавицей в королевской постели. Как это ни смешно, она была из той же семейки де Нейль! Но в ее лице род де Нейль полностью себя реабилитировал. Ее божественные формы — пышные бедра, высокую грудь, стрелявшую без промаха из игривого корсажа, — обессмертили тогдашние скульпторы. Это она глядит на нас с крутобедрых статуй античных богинь, с фронтонов дворцов, построенных при Людовике XV... Но и мадам де Турнель придется вскоре покинуть первую постель Франции. Ибо, получив свободу желаний, король все чаще радовал свой добрый народ новыми красавицами. Пока все они не уступили место достойнейшей. Загорелось сияние, осветившее весь Галантный век!.. Ее звали Жанна-Антуанетта д'Этиоль.

Жанна д'Этиоль с юности готовилась завоевать Францию, как та бессмертная Жанна! Но если Жанна д'Арк завоевала славу доблестным мечом, маркиза добыла ее прекраснейшим телом. Она вошла в историю под именем маркизы де Помпадур.

Именно в это время по приглашению благодарного короля граф Сен-Жермен появляется в Париже.

Его приезд стал сенсацией. Граф был сказочно богат, а французы, как известно, обожают и уважают богатство. Никто не знал и до сих пор не знает источников несметного состояния графа. Известно лишь, что он буквально потряс парижское общество огромными тратами и знаменитой коллекцией драгоценных камней. Жемчуг, сапфиры и, конечно, знаменитые бриллианты редких размеров и красоты описаны множеством очевидцев. И если познания графа в деле государственной безопасности, то есть безопасности королевского члена, стали началом его дружбы с Людовиком, то другой талант графа сделал эту дружбу весьма тесной. Это были знаменитые опыты с драгоценными камнями, весь Париж стекался посмотреть их. Хотя куда чаще они происходили в присутствии одного короля. Именно во время такого опыта граф устранил дефект в любимом бриллиане Людовика. Король пришел в восторг. Мадам де Оссе, придворная дама и очередная любовница графа, в своих мемуарах рассказывает: «Его Величество с изумлением и наслаждением разглядывал камень, вылеченный графом. После чего буквально засыпал графа вопросами: как он это делает? Сен-Жермен со своей вечной доброжелательной улыбкой объяснил Его Величеству, что сие неведомо ему самому. Просто, увидев несовершенство камня, он уже в следующий миг видит его совершенным! Будто камень лечат его глаза. И тогда же он сообщил Его Величеству, *что умеет увеличивать драгоценные камни и придавать им по своему желанию нужный блеск.* После чего в присутствии короля взял пригоршню мелких бриллиантов приблизительно в 28 каратов. Уложил их на особый тигель. И, накаливая, сотворил великолепный бриллиант, который после огранки превратился в чистейшей воды камень в 14 каратов стоимостью 30 000 ливров. Все преображенные бриллианты и новорожденный камень Его Величество оставил у себя».

Потрясенный король пригласил Сен-Жермена пожить в королевском замке в Шамборе, в великолепных покоях, где прежде обитал знаменитейший полководец принц Морис Саксонский. Король приказал устроить в Шамборе мастерскую для небывалых химических опытов графа. Он назначил ему щедрый пенсион в 120 000 ливров, которые граф тратил на свои исследования. Остаток щедро раздавал прислуживавшим во время опытов.

Месье Антуан позвонил в колокольчик. Все тот же безликий молодой человек молча вкатил маленький столик и все так же молча удалился. На столике лежало нечто, укрытое бархатом. Будто священнодействуя, пугающей рукой в черной перчатке месье Антуан медленно поднял бархат. Под ним оказались две большие шкатулки красного дерева. Выспренним жестом фокусника он раскрыл первую. На красном бархате лежал неправдоподобный сапфир размером с куриное яйцо, и рядом с ним мерцал дивной красоты бриллиант. Черная перчатка месье Антуана нависла над ним:

— Этот камень — один из сотворенных графом в Париже. Его мне продали потомки мадам де Оссе. Граф подарил ей камень после их первой ночи. Сколько долгих лет я за ними охотился... Трогайте, трогайте. Вам хочется потрогать!.. Смелее! Дерзайте, берите в руки божественные камни!

Я взял бриллиант. Никогда не держал в руках подобного камня.

— Это очень редкий бриллиант такой величины, на котором нет крови, — сказал месье Антуан. —

Обычно за каждым подобным крупным камнем — вереница преступлений. Причем после каждого убийства бриллиант начинает играть новым блеском: человеческая кровь меняет свет, живущий в камне... И еще. Любимые вещи хранят электрическое поле их хозяев. И когда вы дотрагиваетесь до них, вы соединяетесь с ними, с ушедшими, отдававшими им тепло своих рук. В этот миг вы поймали ушедших владетелей, прячущихся от нас в природе. Только надо уметь трогать вещи. Не делайте это примитивно... Трогать не значит только дотрагиваться. Наоборот, дотронувшись, тотчас уберите руку, медленно поднимите ее и держите над предметом, как над огнем. Старайтесь уловить, почувствовать тепло, идущее от камня. Говоря птичьим языком нашего века, в этот миг происходит соединение двух компьютеров. И возникает тропинка ТУДА. Начинается увлекательнейшая из Игр. Игра со Временем.

Граф был наделен тайной Времени. Он был великолепный художник — кстати, это он изобрел светящиеся краски. Изобретение, которое пытаются приписать другому. Но сам он не мог любоваться живописью — ни своей, ни чужой. Когда он глядел на картину, она тотчас распадалась для него на мазки, которые художник мгновение за мгновением накладывал на холст. Граф, глядя на холст, видел Время... Но вернемся в Париж!

Прошло совсем немного времени после появления графа в Париже, и уже Фридрих Великий с изумлением написал в письме: «В Париже объявился новый политический феномен. Этот человек известен под именем графа Сен-Жермена. Он состоит на службе у французского короля и находится у него в большой милости».

Они часто подолгу беседовали, граф и король, пока придворные томились в приемной, подпирая стены Овальной комнаты.

Теперь все знаменитые вельможи считали за честь пригласить друга короля на ужин. Но, как писал завидовавший и ненавидевший графа Сен-Жермена Казанова, к изумлению присутствующих, граф почти ничего не ел во время этих ужинов. Да, у него была особая диета. Вместо еды он рассказывал. Эти рассказы Сен-Жермена были, как правило, о событиях знаменитых, но давно минувших. Его рассказы были столь же таинственны, как его химические опыты. Ибо граф, рассказывая о прошлом, порой забывался... как порой и я, ваш покорный слуга. И рассказывал... *в настоящем времени*! Будто он побывал *там недавно*... Все дело в том, что граф Сен-Жермен, как и ваш покорный слуга, *видел* то, что *рассказывал*... На слушателей это действовало. Граф насмешливо писал в одном из писем: «Услышав, как я описываю прошлое, милые парижане верят, что мне тысяча лет и я в нем бывал! Я не спешу разуверить их, ведь им так хочется верить, что кто-то может жить намного дольше, чем установлено неумолимой природой».

Граф был и великолепным композитором. Обычно, беседуя с гостями, садился за клавесин и, продолжая беседу, начинал импровизировать. Он как бы записывал музыкой свой разговор для Вечности.

ПИКОВАЯ ДАМА

И месье Антуан сел за клавесин...

— Осталось несколько музыкальных композиций, сочиненных самим графом. Кстати, одна, в переплете красной кожи, сохранилась в коллекции вашего великого Чайковского, ценившего его музыку.

Я наконец-то спросил его:

— Почему «вашего»? Разве вы не русский?

— Не имею чести, — торопливо сказал он и прибавил, не давая мне возможности задать следующий вопрос (сколько раз я собирался узнать, кто же он, но каждый раз почему-то откладывал спросить). — Это сочинение графа на стихи шотландца Гамильтона *«O wouldst thou know what Sacred Charms»* (*«Ах, знал бы ты священные чары»*)... — Он заиграл и тихонечко, очень мелодично запел по-английски, но тут же прервал пение и сказал:

— Именно после исполнения этого романса произошел тот разговор. Ваш Пушкин описал эту историю в «Пиковой даме». Эта история действительно случилась. И карточный проигрыш, и три карты, сообщенные во спасение, — были! Но произошло все это отнюдь не с русской дамой, придуманной вашим великим поэтом, но с другой красавицей, впрочем, также имевшей прямое отношение к вашей родине. В это время в числе самых *близких друзей* графа была гостившая в Париже принцесса Ангальт-Цербстская! Да, мать вашей будущей императрицы, великой Екатерины. И вот после исполнения этого романса граф Сен-Жермен заметил необычное. Красавица, обычно шумно восторгавшаяся его музыкой, на этот раз слушала рассеянно и была необычно бледна. Они уединились, и она рассказала ему о своем горе. Красотка обожала карты и сумела в очередной раз проиграться в пух и прах. Ее муж был небогат. Принц служил у Фридриха Великого заурядным комендантом Штеттина. К сожалению, это был, увы, не первый ее парижский проигрыш. И муж взбунтовался, наотрез отказался платить. Ей оставалось только заложить любимое бриллиантовое колье. Но и оно не потянуло на нужную сумму. Короче, она попросила у графа в долг.

Месье Антуан перестал играть. Он откинулся в кресле. И... как же изменилось лицо!.. Знакомая мука... Клянусь, я видел, как, страдая, трудно, он уходил — ТУДА... Монотонно заговорил:

— Да-да, попросила взаймы.

И я! Я... увидел! Она сидела в кресле, обмахиваясь веером. Я видел платочек, прикрывавший высокую грудь... павлиньи перья веера, закрывшие лицо... Блестела в свечах золотая ручка веера... Он сидел рядом с нею. Его рука нашла ее руку. Где-то далеко раздался звук мужского голоса, и...

И тотчас все исчезло. Месье Антуан сидел, откинувшись в кресле...

Наконец продолжил рассказ:

— Граф сказал: «Я вас люблю. Я готов отдать вам не только жалкую сумму, но и жизнь в придачу. Однако, коли дам деньги, окажу самую дурную услугу. Ибо вы поступите, как все безумные игроки. Вместо того чтобы отдать долг, немедля броситесь вновь играть... и, поверьте, проиграетесь. Поэтому я поступлю иначе».

Как он пишет в «Записках», граф открыл ей три выигрышные карты. Но объяснил: эти карты могут выиграть только однажды и только пока он будет находиться в игорной зале. Но как только она отыграется, граф уйдет, и принцесса должна последовать за ним.

— И тогда я возьму с вас клятву никогда более не играть, — закончил граф.

Она бросилась ему на шею. В тот же вечер принцесса отыгралась и дала клятву. Более она не играла никогда! Шли годы, но граф не забывал свою возлюбленную. Он помнил их всех... Поверьте, это было нелегко... если знать, сколько лет он жил и сколько дам его любили. Граф часто переписывался с принцессой. Я храню одно ее письмо к нему. В нем мать Екатерины излагает графу послание своей дочери, ставшей к тому времени женой наследника престола. Молодая Екатерина со страхом описывает матери припадок, случившийся с вашей императрицей Елизаветой.

Боже мой, как я ждал, что сейчас опять увижу... но ничего! Я видел только месье Антуана, обстоятельно и скучно рассказывавшего:

— Дело происходило в церкви в Петергофе. Во время обедни русской императрице Елизавете стало плохо, и она вышла из храма. Сделала несколько шагов и упала на траву. Свита оставалась в церкви, и несчастная императрица лежала без сознания и без всякой помощи, окруженная испуганными крестьянами. Наконец появились придворные, принесли ширму и софу. Прибежал доктор, пустили кровь. И на софе отнесли императрицу во дворец. На этот раз ее выходили. Но теперь Екатерина боялась скорой смерти императрицы, ненависти мужа и угрозы быть постриженной в монастырь, если муж станет императором. Обо всем этом она писала матери. И тогда граф Сен-Жермен просил передать Екатерине следующее: ей не надо ничего бояться. Уже летом следующего года наступит решающий для нее час, и в это время он сам появится в России.

ФЕИ ОЛЕНЬЕГО ПАРКА

И он действительно появится, как предсказал. Но об этом позже. А тогда в Париже наступил расцвет — апогей власти маркизы де Помпадур. Граф звал ее «Несравненная». Несравненная завладела не только королевской постелью, но сердцем короля. Маркиза вмешивалась в политику, покровительствовала искусствам, науке... и графу Сен-Жермену. Она стала частой гостьей на его опытах в замке Шамбор. Надо сказать, граф весьма пополнил коллекцию бриллиантов Несравненной. Но годы шли, маркиза не молодела, и при дворе явились новые бойцы во всеоружии победоносной молодости. Начались их дерзкие атаки на постель Его Величества.

И однажды мадам де Помпадур позвала к себе Сен-Жермена. Она приняла графа, лежа в ванне. Эта ванна до сих пор находится в Версале. Я иногда туда приезжаю потрогать ванну и другие ее вещи. Они шепчут... Итак, маркиза со вздохом сказала Сен-Жермену... — Здесь месь Антуан остановился. — Вы уже *видите*? Не так ли?

Я видел!! Она полулежала на софе в великолепном платье. Видна была крохотная ножка в лиловой туфельке. Рядом стояло кресло, обитое гобеленом — целующиеся пастух и пастушка. Она улыбнулась и заговорила. И как всегда, при звуке голоса все исчезло.

И тотчас раздался голос месье Антуана, который сказал странную фразу:

«Вы не сумели войти ТУДА. Ваш мозг вас обманул. Он просто показал знакомый вам парадный портрет мадам де Помпадур. Жаль, что вы не смогли увидеть ее настоящее, *тогдашнее* лицо. Неумолимое время подкралось к красавице и уже нарисовало у глаз предательские черточки. Но она решила бороться. В то утро она сказала графу: «Как светит в окно беспощадное светило... Не так давно я обожала его лучи... они ласкали, но теперь выдают. Сегодня я еще могу принять вас днем, освещенная солнцем. Но, увы, уже завтра...» И она смиренно попросила у Сен-Жермена эликсир бессмертия. Таковы были слухи о могуществе графа! Граф объяснил ей, что таковым не обладает: «Это все досужие сплетни. Им не обладали даже греческие боги, даже они умерли. Правда, через тысячу лет, но все равно подчинились закону нашей безжалостной природы. Хотя в лесах Эллады порой и раздается трубный глас на миг воскресшего Пана... и тогда просыпаются боги на Олимпе. Но тоже лишь на миг. Вы так прекрасны, мадам, что я, ваш верный слуга, просто обязан прислать вам нечто, хотя бы подобное эликсиру. Это древнее притирание, созданное в Тибете. Оно не сделает вашу красоту бессмертной, но сохранит ее на некоторое время. Одновременно вам придется соблюдать мою диету».

На следующее утро граф принес мадам де Помпадур свое знаменитое лекарственное притирание и строгие правила еды. Действие оказалось фантастическим, маркиза вернулась в свои 20 лет... Однако защитить ее надолго граф уже не смог. Ибо маркиза в это время приняла роковое решение.

В это же время наш граф Сен-Жермен часто выполнял политические задания маркизы и короля. Фрейлина Марии-Антуанетты, графиня д'Адемар, еще одна возлюбленная графа, вспоминает в своих мемуарах: «Я была тогда совсем молоденькой фрейлиной, без памяти влюбленной в графа. Помню, часто во время долгой аудиенции графа у короля (на ней обычно присутствовала и маркиза) я поджидала графа, разгуливая по залам. Но граф стремительно выходил из кабинета короля. Он успевал лишь страстно пожать мне руку, вскакивал в ожидавшую его у дворца карету и устремлялся к границе». Анализируя список столиц, которые посещал Сен-Жермен за одну поездку, вынужден отметить: скорость, с которой передвигался граф, выглядит неправдоподобной. Он будто переносил свое тело из города в город. Именно тогда граф Сен-Жермен удачно осуществил целый ряд самых секретных дипломатических поручений короля. В частности, уговорил турок начать войну с вашей Екатериной.

Во время этих отлучек графа королем овладевал все тот же безумный страх заразиться дурной болезнью. Но оставить любовные забавы было свыше его сил. Достаточно было ему заглянуть за корсаж дамы или увидеть женскую ножку на качелях, как этот несчастный (или очень счастливый) буквально пламенел. Но пламя он привык гасить немедля. «Порыв не терпит перерыва» — была его любимая присказка.

И тогда верная мадам де Помпадур придумала, как соединить постоянное желание этого Мученика Любви с его безопасностью. Девственницы! Они не только гарантированно безопасны, но эти едва распустившиеся розы должны были поддержать огонь в, увы, хладеющей крови постаревшего монарха. Маркиза сама подыскивала ему этих юных любовниц, как ваш Потемкин подыскивал молодых любовников вашей стареющей Екатерине.

Так они оба придумали сохранять свое влияние в покинутой ими царственной постели.

«Олений парк» — старинное название отдаленного квартала в Версале. Он был создан на месте древнего лесопарка, где когда-то в изобилии водились олени. Здесь, в Оленьем парке, были спешно построены несколько очаровательных «петит мезон» для безумств (folies) короля. В этих домиках и поселили несколько тринадцатилетних фей. Людовик навещал их инкогнито, под именем кавалера из свиты польского короля. Тени оленей, прежних *рогатых* обитателей этого места, породили множество шуток. Впрочем, не только мадам Помпадур, эта великая Муза всех тогдашних поэтов Франции, была королевской сводней... Сводниками с удовольствием и добровольно становились отцы юных фей.

Вот что писал Людовику старый воин, узнавший о королевском гареме... Я держал это письмо в руках, но владелец не согласился мне его продать. Сейчас оно хранится в Парижском архиве:

«Ведомый горячей любовью к королевской персоне, имею честь быть отцом прелестной девочки, настоящего чуда Свежести, Красоты и Здоровья. Я был бы счастлив, если б Его Величество соблаговолили нарушить ее девственность. Подобная милость была бы для меня наградой за мою долгую и верную службу в армии короля».

В отличие от знаменитых придворных любовниц короля нежные обитательницы Оленьего парка остались безымянными. Их неопытность, долгая возня с лишением девственности, слезы, боли и страхи раздражали монарха. Так что надкушенный плод второй раз к королевскому столу подавали редко. Вчерашних избранниц короля обычно быстро выдавали замуж, и заботливый король обеспечивал приданое. Повторных посещений короля, пожалуй, удостоилась только она — ирландка О'Морфи.

Ей было тринадцать, когда ее нашел Казанова. Сестра-актриса торговала ее девственностью. Когда Казанова отмыл нищую девчонку, он понял, что не ошибся. У нее оказалось божественное тело и восхитительное личико. Но, как часто говаривал этот веселый распутник: «Любовь, как война, должна кормить самое себя». Так что он сразу предназначил продать ее для королевской постели. Ночами Казанова посвящал ее в тонкости любви, оставляя нетронутым главный приз. Не мог же он подсунуть венценосному Адаму надкушенное яблоко... Впоследствии ее много рисовали художники. Буше обессмертил ее обнаженное тело: она лежит на животе, щеголяя несравненной попкой: поза, сводившая с ума мужчин. Один из таких портретов Казанова отправил королю. И тотчас юная прелестница очутилась в Оленьем парке. Когда малютка впервые увидела Людовика, она... расхохоталась. Изумленный король спросил:

— Почему ты смеешься?

— Потому что Вы как две капли воды — шестифранковый экю!

Эту монету с изображением короля простодушная О'Морфи хорошо запомнила — она получала ее после каждой ночи с Казановой.

Так она сразу разоблачила королевское инкогнито. Но вскоре дурочка осмелела и стала дерзкой. На правах цветущей юности как-то безжалостно спросила монарха:

— Как поживают ваши старушки, сир?

— Ты о ком? — удивился король.

— О Ее Величестве и Вашей маркизе.

Король молча ушел из комнаты. О'Морфи в тот же день отправили вон из Оленьего парка. Свою супругу король глубоко уважал, Несравненную маркизу любил. Он удалил ее из постели, но не из сердца. Но Несравненная и вправду стала стремительно стареть. Притирания перестали помогать. Ибо, став сводней, Несравненная стала отвратительна себе самой. Теперь все зеркала в ее комнатах в Версале были тщательно завешены черной материей. Призванный на помощь Сен-Жермен объявил со вздохом, что сделать, увы, ничего не может, ибо у нее постарела... душа! Мадам де Помпадур поняла приговор... Она предпочла поторопиться. Ее нашли мертвой среди траурных зеркал. При дворе все были уверены, что маркиза умерла от яда. На самом деле, она просто сумела заснуть... навсегда. Как заполучить такой благодетельный сон? Этому научил ее граф Сен-Жермен.

В тот день шел проливной дождь. Граф приехал во дворец тотчас после того, как маркиза закрыла глаза. Но согласно этикету в королевском дворце не могло оставаться мертвое тело. Так что, торопливо накрыв простыней, ее понесли прочь из дворца. Вчерашнюю некоронованную королеву Франции, чей благосклонный взгляд ловили принцы крови, чью красоту воспевали поэты, торопливо выносили прочь, как подохшую собаку. Только граф Сен-Жермен шел за носилками. Когда-то мокрая простыня в ванне облегала ее совершенное тело. И теперь под проливным дождем простыня так же нарисовала ее мертвую плоть. Король, стоя у окна, проводил глазами носилки, столь знакомое тело и шедшего за ними графа. И даже махнул платком вослед. «Это все, что я смог для нее сделать», — вздохнул Людовик. Он постарался забыть маркизу. Галантный король ненавидел думать о неприятностях, он верил, что от этого появляются морщины. Единственной, кто позаботился заказать мессу по некоронованной королеве Франции, была королева коронованная — Ее Величество Мария Лещинская, жена Людовика XV.

ИНТРИГА В ГАЛАНТНОМ ВЕКЕ

После смерти мадам Помпадур Сен-Жермен остался без главной покровительницы. Конечно же, тотчас объявился могущественный враг. Первый министр короля герцог Шуазель всегда действовал в союзе с мадам де Помпадур. И пока была жива некоронованная королева, первый министр был самым добрым знакомым Сен-Жермена. Он великодушно мирился с опасной близостью графа к Людовику, с дипломатическими поручениями короля, которые Сен-Жермен выполнял, не советуясь с первым министром. Но тотчас после смерти маркизы Шуазель начал действовать. Сначала он убеждал короля, что граф — опаснейший шпион Англии. Но блеск бриллиантов, созданных графом, затмил наивную интригу. Через некоторое время Шуазель сообщил королю, что граф хранит еретические, развратные книжонки Аретино и проклятые церковью «Ключ Соломонов» и «Пикатрикс», позволяющие вычислять влияние планет на судьбы смертных, вступать в сношения с духами и исполнять обряды черной магии. Это было посерьезнее. Людовик призвал графа и показал ему донос. Граф расхохотался. Он объяснил, что эти книги написаны проходимцами, мало смыслящими в астрологии. Держат их у себя шарлатаны вроде Казановы, чтобы завораживать ими простодушных богачей. И хотя граф знает, как вступить в сношения с духами, он никогда этого не делал. Такое общение — самый верный путь угодить в руки дьявола. Что же касается книги великого Аретино «Сладостные сонеты», — это описание самых соблазнительных любовных поз. Ее всегда возил с собой великий Леонардо. Именно этот экземпляр действительно имеется в библиотеке графа, и он с удовольствием преподнесет его государю.

Он преподнес королю бесценный экземпляр, принадлежавший несравненному да Винчи. И Его Величество смог сравнить любовные фантазии Аретино с позами, которые были известны ему прежде. Все последующие месяцы девочки в Оленьем парке овладевали знаниями Аретино. Именно тогда взбешенный Шуазель придумал воистину мудрый ход.

Самое постыдное для легкомысленных французов — стать смешным. Шуазель нанял некоего актера, умеющего великолепно имитировать голоса.

Здесь тяжелые веки месье Антуана раскрылись, и в ледяных глазах загорелся огонь, и он сказал с удивившей меня ненавистью:

— Этот гнусный комедиант, этот презренный фигляр посмел ходить по парижским салонам, выдавая себя за Сен-Жермена. Не знавшие графа с хохотом принимали россказни потешного мерзавца за чистую монету. Он быстро превратил в карикатуру монологи графа — его путешествия в прошлое. Голосом графа презренный шут заявлял: «Как же, как же, мы с Иисусом были очень близки. Но он был слишком романтичным и очень любил преувеличивать. Как сейчас слышу, он рассказывает эту потешную историю про семь хлебов, которыми он будто бы накормил тысячи. Я уже тогда предупреждал его, что с такими выдумками он непременно плохо кончит...» Слушатели умирали от смеха. Презренные проходимцы Калиостро, Казанова — те, кто завидовал графу, — приняли участие в поношении.

КАЗАНОВА

Казанова был самый талантливый из них, самый обидчивый и самый злобный. Обожал афоризмы, придумал несколько великолепных... не брезгуя присваивать и чужие. Например, шутку Сен-Жермена: «Все твердят: «Уважайте старость, она делает человека мудрым... Но можно ли уважать следствие, если причина, его породившая, столь отвратительна?» Казанова был великолепно сложен, очень высок, но довольно дурен собой: толстый бесформенный нос плюхой висел на смуглом лице. Но в нем была такая гордость, такая вера в свою неотразимость, что она воистину завораживала окружающих. Первый раз Сен-Жермен увидел Казанову в Опере. Казанова был в голубом бархатном камзоле, шитом золотом; смуглая рука в перстнях с крупными бриллиантами торчала из пены кружев. Он стоял, придерживая эфес шпаги, победительно разглядывая в лорнет ложи, точнее, впечатление от своего появления. Граф, проходя мимо него, усмехнулся и тихо прошептал: «Три из четырех — фальшивые... Это я о бриллиантах на ваших перстнях. Что же касается эфеса шпаги — здесь фальшивы все камни».

Казанова возненавидел его. И когда начались гонения на графа, венецианец поспешил осмеять его способность создавать алмазы и золото.

(Я потом прочел мемуары Казановы, он писал о Сен-Жермене: «Этот необычайный человек на самом деле прирожденный обманщик. Безо всякого стеснения, как о чем-то само собою разумеющемся, говорит, что ему 300 лет, что он владеет панацеей от всех болезней, что у природы нет от него тайн, что он умеет плавить алмазы и из десяти-двенадцати маленьких сделать один большой, того же веса и притом чистейшей воды, и может создавать золото».)

Но граф проучил наглеца. Встретив Казанову, граф попросил у него жалкую монету в 12 су. После чего со своей постоянной вежливой улыбкой сказал:

— Я слышал, сударь, что вы не верите в мои возможности. Так вот, я обещаю на ваших глазах превратить эту монету нищих в золотую. Но если я сумею это сделать, вы дадите мне слово об этом рассказывать всем. Надеюсь, вы согласны?

Казанова понимал: попробуй он отказаться, граф тотчас вызовет его на дуэль. За Сен-Жерменом числилось множество отправленных на тот свет противников. Обычно во время дуэли граф читал любимый сонет Шекспира, нанося в конце сонета заключительный смертельный удар. Противник успевал услышать: «Так храм разрушенный все — храм, кумир поверженный — все бог». Выпад! И соперник спешил к Богу!

Как нередко бывает с большими и сильными мужчинами, Казанова был трусоват. Он сам говорил: «Я слишком люблю жизнь, чтобы рисковать ее потерять». Казанова поспешил согласиться.

На следующий день он пришел в особняк графа. Собралось еще несколько приглашенных. Граф попросил Казанову дать ему монету в 12 су. После чего предложил присутствующим проверить монету. И она пошла по рукам. Граф положил на монетку некое таинственное зернышко и, поместив все на кусок некоей черной породы, начал разогревать обычной паяльной трубкой. Во время таинства граф низко наклонялся над монеткой, упираясь в нее взглядом. По прошествии приблизительно трех-четырех минут он щипцами поднял раскалившуюся монету и положил ее на стол. Подождал, пока она остынет, и молча отдал Казанове. Тот долго изумленно вертел монету, наконец воскликнул: «Золото!!!»

И передал присутствующим. Монета превратилась в золотую.

— Вы можете взять ее себе. Но я надеюсь, вы сдержите слово, — сказал граф Казанове. Конец фразы: «если по-прежнему не желаете, чтоб я вас вызвал» граф не произнес, но Казанова понял. Он сдержал слово и всем рассказывал о происшедшем.

(Став стариком, в своих мемуарах, написанных после известия о смерти графа, Казанова описал эпизод весьма вольно. Он перенес его из Парижа в Англию. Но чудесное превращение вынужден был описать: «Бросив на мою монету маленькое черное зернышко, Сен-Жермен положил монету на уголь, который разогрел с помощью паяльной трубки. Спустя две минуты раскалилась и монета. Через минуту она остыла, и Сен-Жермен дал ее мне. Я стал рассматривать монету. Теперь она была золотой». Но завистливый венецианец не удержался намекнуть, будто граф мог ловко подменить монету. «Два месяца спустя, — пишет Казанова, — я подарил эту монету фельдмаршалу Кейту». На самом же деле вечно нуждавшийся в деньгах распутник продал монету фельдмаршалу. И чтобы цена была поболе, не забыл присовокупить: «Я ни на миг не усомнился в том, что держал в руках ту самую монету в 12 су... Произошло чудо превращения!» Этот эпизод фельдмаршал Кейт описал в письме к графу Сен-Жермену, с которым был давно дружен.

Граф продолжал публичные опыты в Париже. На следующий день он, опять же на глазах публики, преобразил еще две монетки по 12 су. Точнее, *всего* две... Как он сказал: «Чтобы не разорить французскую казну». И месье Антуан торжественно открыл вторую шкатулку. На дне лежала золотая монетка в 12 су:

— Украшение коллекции! Одна из тех двух монет. Монета нищих, 12 су, ставшая золотой каких-то двести пятьдесят лет назад! Он передал ее мне. И я держал в руке эту монетку!!

— Однако, — продолжил месье Антуан, — после слишком длинного вступления перейдем к главному. По сию пору историки верят, что влияние графа уничтожила интрига герцога Шуазеля. На самом же деле все ухищрения герцога оказались тщетными. Отношения Сен-Жермена с королем погубил *некий* разговор... Разговор этот касался судьбы самого странного, самого таинственного узника в истории Бастилии. Его судьба с давних пор не давала покоя и мне. И вот сейчас наконец-то появилось время серьезно заняться его историей. Именно потому я приехал в Париж, — сказал месье Антуан. И начал рассказывать.

ЖЕЛЕЗНАЯ МАСКА. ВСТУПЛЕНИЕ К ТАЙНЕ

— Этот самый знаменитый узник Бастилии умер в тюрьме в самом начале XVIII века. Правил Францией тогда дед Людовика XV — великий король Людовик XIV. В ненастном ноябре 1703 года, 19-го числа, в Париже шел не такой уж привычный для парижан снег с дождем. В ночь на 20 ноября кладбище при церкви Святого Павла оцепили королевские гвардейцы. Подъехала телега с богатым гробом, сопровождаемая охраной. Гроб этот привезли из Бастилии. Его положили в заранее вырытую яму, торопливо закопали, не поставив над ним никакой надгробной плиты. Захоронением лично командовал тогдашний губернатор Бастилии господин Сен-Мар.

Уже вскоре весьма осведомленная особа, вдова брата Людовика XIV, принцесса Шарлотта Пфальцская, сообщила в письме к своей тетке герцогине Ганноверской, что в Бастилии умер очень странный узник. Узник носил на лице маску. Под страхом беспощадного наказания нельзя было заговаривать с ним тюремщикам, служившим в Бастилии... Шарлотта писала, что впервые услышала об узнике в маске за несколько лет до его смерти. Уже тогда во дворце ходили описания таинственного заключенного, заставлявшие биться сердца придворных дам. Рассказывали, что он великолепно сложен, у него прекрасные кудри — черные, с обильной серебряной сединой. Он носил кружева, великолепный камзол, и в его камеру доставляли самую изысканную еду. Прислуживал ему во время еды сам тогдашний губернатор Бастилии господин Сен-Мар. Муж Шарлотты герцог Орлеанский (отец Герцога Любви) был тогда еще жив и по просьбе Шарлотты посетил Бастилию. Но когда он попытался разузнать у губернатора Бастилии Сен-Мара о его узнике, тот в ответ только молча поклонился брату короля, после чего сказал, что не имеет права говорить об этом предмете. Любопытство жены отправило герцога Орлеанского к королю. Но когда тот спросил брата об узнике, Людовик XIV нахмурился и нарочито грубовато прервал разговор с братом.

— Здесь, я думаю, — сказал Антуан, — мы тоже прервемся. Ибо, как вы знаете, француз может все, но не может долго быть без еды.

Обед дали в гостиной, стены которой были обиты палевым штофом и украшены огромной картиной, изображавшей пир Пана. Пан, хохочущий пьяный старик, окруженный рубенсовскими грудастыми нимфами с обильной плотью, пировал за столом, ломившимся от яств.

— Нет-нет, это не Рубенс, но его школа, — сказал месье Антуан.

Нас обслуживал все тот же молчаливый слуга. Обед был великолепен, и при смене блюд месье Антуан торжественно представлял кушанья. На первое был кремообразный суп из панциря омара. Потом последовал салат из нежнейших морских гребешков, украшенный капустными листьями, и кольца кальмара с овощами. После этого пришла очередь самого омара в персиковом соусе и еще какие-то блюда. Пили неизвестное мне итальянское белое вино и столетний коньяк. Увлеченный рассказом об узнике, я не запомнил названия.

Но не запомнил я зря.

— Это воистину королевский обед, — сказал я.

— Это точное повторение одного из обычных обедов, который готовили узнику в маске, — сказал месье Антуан. (Сам же он почти ничего не ел. Несколько стручков гороха и половина свеклы — вот и вся его еда...)

— Итак, — продолжил он свой рассказ, — в 1745 году, когда Людовик XIV уже умер и страной правил Людовик XV, появилась книга анонима «Секретные записки по истории Персии». Книгу эту опубликовали в Амстердаме. Автор, явно подражая знаменитым «Персидским письмам» Монтескье, перенес действие книги в Персию. Герой романа — незаконный сын великого персидского шаха (читатель должен был понимать, что это Людовик XIV). Этот храбрый юноша дает пощечину своему сводному брату, «великому дофину», и тому приходится вызывать его на дуэль. Шах, конечно же, запрещает дуэль, но понимает, что незаконный отпрыск, великолепно орудующий шпагой, решил убить законного наследника... и когда-нибудь сможет это сделать. И во избежание династической катастрофы король поспешит отправить бастарда в вечное заключение. Намеки были прозрачны. Действительно, у Людовика XIV был незаконный сын граф Вермандуа (рожденный от знаменитой фаворитки Луизы де Лавальер), каковой исчез в возрасте 16 лет.

Версия наделала много шуму, но!.. Но быстро умерла. Оказалось, граф Вермандуа отнюдь не исчез. Нашлись многочисленные свидетельства безвременной кончины этого юноши, о котором, кстати, долго горевал обожавший его Людовик XIV... Но история таинственного узника Бастилии по-прежнему волновала и современников, и их потомков.

В разгадке тайны принял участие и самый знаменитый человек века Вольтер... Благодаря Людовику XV Вольтер дважды сидел в Бастилии и теперь жил в эмиграции в Фернее. Фернейский мудрец выпустил любимую книгу графа Сен-Жермена «Век Людовика XIV». В ней Вольтер сообщил историю, которую будто бы слышал в Бастилии от людей, прислуживавших таинственному узнику. Оказалось, несчастный должен был под страхом смерти носить на лице железную маску.

Вот так таинственный постоялец Бастилии благодаря Вольтеру получил свое нынешнее имя — «Железная Маска». С этим именем он пребудет в веках, хотя его маска никогда не была железной, она была бархатной. Через два десятилетия Вольтер вернулся к истории узника. В своем новом сочинении он снабдил таинственную Маску сенсационной биографией. Оказывается, под железной маской король **Людовик XIV...** скрывал своего родного **брата** по матери. Это был незаконный сын Анны Австрийской от одного из ее фаворитов. Версия Вольтера взбудоражила Францию. Сен-Жермену, которого к тому времени справедливо считали хранителем всех тайн Европы, не давали покоя. Кто его только ни мучил: Шансель де Лагранж, Сенак де Мельян... Граф упорно уклонялся от встреч с ними. Но все они, так и не получив желанного разговора с графом, тем не менее один за другим написали свои сочинения о Железной Маске. Так начался шквал книг о загадочном узнике. Накануне Французской революции появилась еще одна версия о Железной Маске, популярная и антибурбонская. Оказывается, истинный сын Людовика XIII после смерти короля был заточен в Бастилию с маской на лице. Вместо него кардинал Мазарини, любовник королевы Анны Австрийской, посадил на престол своего сына, тайно рожденного королевой. Маска на лице узника должна была скрыть сходство братьев по матери. Эта романтическая версия скрывала политику, — ибо ставила под сомнение право на трон Людовика XVI!

В дело вступили романисты. Появится романтическая версия о брате-близнеце Людовика XV, само существование которого угрожало прочности трона. За что его и держали в Бастилии с маской на лице.

Весь XVIII век о Маске говорили и спорили при всех европейских дворах. Вышедшая замуж за дофина австрийская принцесса Мария-Антуанетта уже через несколько дней после приезда во Францию допытывалась об этой тайне у мужа. Она потребовала, чтобы тот поговорил об узнике с королем.

Марии-Антуанетте исполнилось 16 лет, когда Сен-Жермен, присутствовавший когда-то при ее рождении, увидел ее вновь в Париже. У нее были великолепные пепельно-русые волосы, лазоревые глаза наяды, чувственная, слегка оттопыренная нижняя губа Габсбургов, тонкий орлиный нос, необычайной белизны кожа. Она двигалась с какой-то кошачьей грацией, ее нежный грудной голос и прелестный смех волновали.

Муж Антуанетты — наследник престола... Дофин близоруко щурил водянистые голубые глаза. Был он толст и крайне неуклюж. Они поразительно не подходили друг другу — Грация и Боров.

Через неделю после ее приезда в Париж неуклюжий супруг, исполняя просьбу жены, отправился к деду-королю расспросить о таинственном узнике.

Людовик XV сразу оборвал вопросы дофина. Он недовольно пожал плечами, сказал кратко: «Я устал объясняться по этому поводу. Я уже говорил когда-то вашему покойному отцу, что никакой тайны нет... Это был человек не такой уж знатный, но, на свою беду, знавший слишком много государственных тайн. И все!» Король попросил дофина впредь никогда не спрашивать его об этом. Но Антуанетта не поверила объяснению. Именно тогда она решила обратиться за помощью к всезнающему графу Сен-Жермену. Как и мадам Помпадур, она пользовалась приготовленной им косметикой. Во время очередного посещения графом дворца она попросила его разузнать об узнике. Впрочем, дамы тогда не просили, они приказывали. Граф поспешил исполнить приказ. Он пишет в «Записках», как он встретился с потомком губернатора Бастилии Сен-Мара, «человека, знавшего тайну».

Господин Сен-Мар, прежде чем стать комендантом нескольких тюрем, где сидели важнейшие государственные преступники, начал свою карьеру мушкетером, служившим в роте мушкетеров под началом Шарля де Бац Кастельмора, прославленного Дюма в «Трех мушкетерах» под именем д'Артаньяна.

МУШКЕТЕР СЕН-МАР

Именно ему, бывшему мушкетеру Сен-Мару, был поручен загадочный узник. В течение трех десятков лет Сен-Мар неотлучно находился при нем, перевозя таинственного узника в новые и новые тюрьмы и неизменно становясь начальником тюрьмы, куда он доставлял несчастного. Именно Сен-Мар, сторожавший узника днем и ночью, по каким-то причинам придумал надеть на него злосчастную маску. Как я уже говорил, маска никогда не была железной. Она была из нежнейшего тонкого черного бархата и крепилась на лице особыми застежками, открывавшимися перед едой. Вскоре после смерти таинственного узника отправился к Господу и Сен-Мар.

Итак, граф встретился с внуком Сен-Мара. Но оказалось, он не знает ничего, хотя много раз пытался выведать тайну. Отец никогда не разрешал ни ему, ни его сестре посещать камеру, где сидел таинственный узник.

Самого узника он увидел лишь однажды, в Бастилии, когда по просьбе матери должен был что-то передать отцу. Он ждал отца за дверью камеры, где сидел узник. Отец вышел, и на мгновенье через открытую дверь он увидел сидевшего за столом человека. Человек был в черной маске, закрывавшей все лицо... Отец сурово прерывал всякие расспросы об узнике. Даже будучи на смертном одре, Сен-Мар остался неумолим. Несмотря на мольбы сына, он не открыл тайну. Он лишь сказал: «Клятва на Библии, которую я дал своему королю, священна».

Единственное, что узнал граф Сен-Жермен после разговора с сыном Сен-Мара, — место, где похоронили узника. Это была церковь Сен-Пол.

Граф отправился к церкви. Он провел у могилы целый день.

В его «Записках» об этом сказано очень кратко. Однако много позже граф сделал интересную запись. Он пишет, что «покойники долгое время продолжают «жить», точнее, живет их сознание (если употреблять наши примитивные земные понятия), несмотря на непрекращающийся процесс разложения тела». Причем у тех людей, которые не приготовились к смерти, чья жизнь была прервана насильственно и внезапно, эта «жизнь во гробе» протекает достаточно долгое время... В своем сознании они продолжают жить и даже исполнять то, что прервало убийство». Какое отношение имеет эта запись графа к его посещению могилы, мы можем только догадываться. Но достоверно известно лишь одно: вернувшись с кладбища, граф затворился в своем доме у Люксембургского дворца. — Здесь месье Антуан понизил голос. — Он рас-

ставил масонские символы на столе и двое суток
просидел в кабинете.

На третий день он отправился к Марии-Антуанетте. Он был очень печален. Он сообщил ей, что
по-прежнему не может сказать, кто скрывался под
бархатной маской.

— *Не можете... или не хотите?* — спросила Антуанетта.

В ответ граф только молча поклонился. Но потом продолжил:

— Но я точно знаю, Ваше королевское Высочество: умирая, этот узник проклял род Бурбонов.
К сожалению, проклятые дни наступают, и Господь
сподобил вас жить в эти дни. Будьте осторожны...
очень осторожны.

Здесь месье Антуан усмехнулся и добавил:

— Граф Сен-Жермен видел будущее так же ясно... как прошлое.

За окном стемнело. Зажглись фонари на площади. Все тот же слуга принес бронзовый канде-
лябр, поставил на клавесин и зажег свечи. В их ко-
леблющемся свете лицо месье Антуана стало
зыбким. Я все больше испытывал ощущение, что
мне все это снится! Но он продолжал рассказывать
глуховатым голосом:

— Перепуганная Антуанетта рассказала мужу
о проклятии. Дофин, этакий милый, аморфный
теленок, успокоил ее. Но она потребовала, чтобы
он еще раз поговорил с королем и узнал наконец

правду, кто был этим грозным узником. Но главное — почему он проклял Бурбонов. Дофин опять заговорил с королем. Простодушно рассказал о визите Сен-Жермена и о проклятии. Но вновь спросить деда о том, кто был этой Железной Маской, дофин не смог. Король неожиданно пришел в бешенство. Он прервал его и повелел дофину «впредь никогда не затевать разговор об узнике... и немедля перестать принимать мерзавца графа Сен-Жермена».

То, чего не сумел сделать своими доносами министр Шуазель, случилось в одно мгновение.

После ухода дофина король немедленно вызвал герцога Шуазеля. Он попросил его вновь повторить доказательства, что граф Сен-Жермен — шпион и еретик. Когда Шуазель только начал говорить, король нетерпеливо прервал его:

— Я всецело согласен с вами, — сказал Людовик. И повелел немедленно арестовать графа Сен-Жермена. Было приказано утром без суда и следствия отправить графа в Бастилию.

Но уже на рассвете карета Сен-Жермена выехала из роскошного особняка у Люксембургского дворца, который арендовал граф. Карета в сумерках наступавшего осеннего дня миновала заставу Сен-Дени.

В полдень, когда к дому графа подъехали драгуны с арестантской каретой, граф Сен-Жермен был далеко от Парижа.

Сен-Жермен, как я уже много раз вам говорил, знал будущее.

ГРАФ СЕН-ЖЕРМЕН: ПУТЕШЕСТВИЯ ПО МИРУ

Вскоре король нашел у себя на столе весьма изумившее его письмо от графа из-за границы. Граф извинялся за то, что не последовал примеру святого Дениса и не принес собственную голову и что вместо этого осмелился покинуть Францию. Но, покидая страну, он хотел бы сделать для короля последнее доброе дело. Граф просил его прочесть и понять письмо, которое оставил для него перед смертью некто Дамьен, четвертованный на Гревской площади.

(Имя бедного Дамьена тогда знала вся Франция. Это случилось поздним вечером: король направлялся к карете, чтобы отправиться в Париж на маскарад и там славно повеселиться, отыскав очередную прелестницу. Был холодный зимний вечер, и король надел редингот. Он уже поставил ногу на подножку кареты, когда к ней бросился простолюдин по имени Дамьен. Проскользнул мимо ошарашенных гвардейцев к королю и нанес удар кинжалом. Редингот короля был на меху, оттого удар не получился. Лезвие не задело ни одного драгоценного монаршего органа, лишь слегка поцарапало кожу.

На мучительную казнь Дамьена собрался посмотреть весь Париж... Окна, глядевшие на эшафот, сдавались за бешеные деньги. Самые знатные красавицы щеголяли в этих окнах роскошными туалетами. Не обошлось и без галантных происшествий. Казанова рассказывает в мемуарах, как некий хитрый малый, сопровождавший даму, получил повеление дамы приподнять ее платье, чтобы оно не волочилось по пыльному полу. Он приподнял его довольно высоко и, приникнув сзади, умудрился насладиться любовью, в то время когда Дамьена четвертовали.

Впрочем, его примеру следовали и другие, испытав высшее наслаждение, когда стоны нестерпимой боли казнимого соединялись со стонами любви. О человечество, о разумные обезьяны!

Тело Дамьена разодрали на части мчавшиеся в разные стороны лошади королевских гвардейцев.)

«Вас, конечно же, заинтересует, сир, — писал королю Сен-Жермен, — откуда я знаю о существовании письма. Ваше Величество, вам придется поверить — **оно приснилось!** Чей-то голос читал мне это письмо, о котором прежде я ничего не знал. Потом я отчстливо увидел некое видение. Это был обычный эшафот, но на нем было воздвигнуто необычное сооружение с висящим топором, который падал на приговоренных, беспомощно лежавших под дьявольским орудием смерти. Но самое ужасное — на эшафот стояла длиннейшая очередь обреченных, и в ней были хорошо знакомые вам лица... И подводил к эшафоту странный человек в маске. Нет, не в маске палача, но в черной бархатной маске... Вы, конечно же, знаете об этом человеке, проклявшем перед смертью ваш род».

Прочитав послание графа, король пришел в бешенство и изволил разбить любимую китайскую вазу. После чего спросил о письме Дамьена. Оказалось, письмо и вправду существовало, его просто не осмелились передать королю. Письмо принесли, и король прочел его. Дамьен писал:

«Я глубоко скорблю, Ваше Величество, что имел несчастье к Вам приблизиться и посмел причинить Вам боль. Но если Вы, Ваше Величество, не задумаетесь над несчастьями бедняков, то, может быть, дофин будет последним нашим королем... Он и хорошо знакомые Вам лица неизбежно отправятся на тот же эшафот, который нынче ждет меня, и потеряют драгоценную жизнь, как должен буду потерять ее я».

Король постарался расхохотаться и сказал: «Однако, какой глупец. Пугать будущим! — Именно тогда он добавил ставшее знаменитым: — Да после нас — хоть потоп!» Однако велел Шуазелю разузнать, куда направился граф Сен-Жермен, и «решить дело наглеца наилучшим образом».

Сообщили, что в последний раз графа видели в Булони, где он зафрахтовал корабль в Англию. В Лондон был направлен знаменитый наемный убийца барон Мариньяк. Одновременно у англичан потребовали выдачи графа Сен-Жермена. Но граф в это время уже был в Амстердаме. Шуазель потребовал того же от голландцев, они промолчали, и Мариньяк, этот несравненный мастер «плаща и кинжала», выехал в Амстердам. Но граф в это время уже был в России. Король слишком ценил услуги Мариньяка, он и вернул его в Париж. Сказав при этом, что Сен-Жермен и без того наказан бегством в страну «медведей, снегов и свирепых варваров, вырядившихся в камзолы».

Как я уже рассказывал, граф Сен-Жермен благополучно добрался до Петербурга и там участвовал в перевороте. Маркграф Брандербург-Аншпахский рассказывает в мемуарах, как любовник Екатерины, душа переворота Григорий Орлов представил ему Сен-Жермена. Орлов сказал без обиняков: «Перед вами человек, сыгравший важную роль в нашей революции». В вашей будущей книге (откуда он знал, что я писал в это время о Екатерине!) можете написать:

«В 1762 году, тотчас после смерти императрицы Елизаветы, граф Сен-Жермен появился в России. Вместе с «человеком со шрамом», гвардейцем Алексеем Орловым, участвовал в перевороте... Как известно, был составлен заговор. Однако Екатерина вела себя, как и положено осмотрительной немке, то есть в высшей степени нерешительно. Остальные заговорщики действовали как богатые аристократы, то есть боялись рисковать. Лишь четверо гвардейцев, братья Орловы, жаждали действовать по-русски, то есть напролом. Сен-Жермен, великолепный астролог, вычислил благоприятный день. Накануне этого дня он решил «запалить фитиль»: попросту выдал одного из заговорщиков — офицера Пассека. Как он и предполагал, весть об аресте Пассека тотчас подстегнула остальных заговорщиков, заставила начать немедля действовать.

Огромная заслуга братьев Орловых в успешном перевороте вознесла вчерашних гвардейцев на вершины власти. Страстная любовь Екатерины к Григорию Орлову уверила братьев в ее совершенной покорности, и они даже задумали женить Григория на императрице. Сен-Жермен тщетно пытался излечить их от опасного ослепления. Он говорил им, что Екатерина прежде всего императрица, а потом уже женщина. Объяснял, как неверна милость властителей и кратка их благодарность. Но гвардейцы плохо знали и историю, и Екатерину. Они не смогли оценить ловкость, с которой государыня ускользнула от настойчивых брачных предложений Григория.

Уже в следующий свой приезд в Россию Сен-Жермен с печалью застал своих друзей совсем в ином положении. Князь Григорий был изгнан из постели императрицы. Что же касается Алексея, то Екатерина, справедливо опасаясь этого гиганта, придумала держать его подальше от Петербурга. Алексей Орлов был отправлен на войну с турками. Вчерашний гвардейский офицер, до сего дня не садившийся даже в шлюпку, возглавил русскую средиземноморскую эскадру.

Его корабли готовились сразиться с турками в Чесменской бухте. «Я не поручил бы ему ни жены, ни дочери, но я мог бы свершить с ним великие дела», — справедливо сказал о нем один из его друзей. Граф Сен-Жермен не оставил друга. Под именем генерала Салтыкова он присоединился к графу и участвовал в этой знаменитой битве. Он был на корабле «Святой Януарий» вместе с родным братом Алексея Федором.

— Постарайтесь представить, — сказал месье

Антуан, — тот великий день. Вдали даже без подзорной трубы виден остров Хиос и уже в подзорную трубу... видно, как справа темнеет азиатский берег... Между ними на якорях... встали корабли турецкой эскадры. На правом фланге красавец фрегат... корабль капитан-паши.

Но я видел только глаза — глаза без ресниц месье Антуана. Стеклянные глаза недвижно смотрели в одну точку, он рукой в перчатке указывал в пустоту, шептал: «Ну как же... вон же они, сударь... Выстрел пушки... сигнал к нападению... Корабли Орлова легли в линию... Они движутся, плывут вдоль турецкой эскадры... Грохот... Осыпают ядрами... И получают огненные ответы. Проклятье! Дымом заволокло!.. Теперь видно! «Януарий» Орлова... сближается с кораблем капитан-паши... Не вышло... испугались сесть на мель... «Януарий» отошел назад... Кричит Орлов — велит снова сближаться. Грохот пушки... Паруса повреждены... «Януарий» несется на турецкий флагман. Все ближе... столкнулись бортами... Какой грохот! Рушатся мачты... Пошли на абордаж... Русские матросы — на корабле турок... Дым вырывается из кубрика... Турецкий корабль горит. Сейчас взлетит на воздух. Федор Орлов кричит: «Все назад!»

Матросы бросились обратно — на свой фрегат... Успели! На «Януарии» граф Сен-Жермен кричит Федору Орлову: «Нет! Нет! Прочь с корабля! Он взлетит на воздух! Шлюпки на воду!!»

Успели! Шлюпки отплывают, и... И — взрыв! Невиданной силы. «Януарий» взлетел на воздух...

Гигантский огненный шар... Врезается в корабль капитана-паши... Грохот, светопреставление!

Месье Антуан замолчал и с обычным удивлением уставился на меня. Он вернулся на нашу грешную землю 1988 года... Наконец сказал:

— Горящая мачта с корабля капитан-паши рухнула на палубу «Януария». Искры, видимо, посыпались в пороховую камеру, открытую во время сражения... И взорвался корабль... Друг графа Федора князь Козельский не поверил Сен-Жермену, остался стоять у штурвала. Храбрец захотел увидеть гибель объятого огнем корабля капитан-паши. Решил поиграть со смертью и покинуть корабль в последнюю минуту, на четвертой шлюпке. Но там и сгорел.

Увидев взлетевший на воздух «Януарий», Алексей Орлов был уверен, что его брат погиб вместе с кораблем. Какова же была его радость вновь обнять брата... Сражение закончилось полной победой Алексея Орлова. Никогда вражеский флот не терял столько людей и кораблей... Чесменский порт был усеян обломками турецких кораблей. Обгорелые трупы на воде среди дымящихся корабельных обломков... Это было величайшее морское сражение века. Жаль, что вы всего этого не видели, — сказал месье Антуан и продолжил: — После Чесменской победы графа Сен-Жермена видели сначала в Венеции, потом в Пизе. Там он жил в великолепном мраморном дворце Алексея Орлова. Впрочем, об истории, произошедшей в Пизе, Сен-Жермен рассказал только в «Записках»!

ПОСЛЕДНЯЯ
ИЗ РОДА РОМАНОВЫХ

В это время в Италии появилась загадочная красавица. Она выдавала себя за дочь императрицы Елизаветы от тайного брака с ее любовником графом Алексеем Разумовским. Если знать, что Павел I был рожден Екатериной от князя Салтыкова, сия красавица оказывалась последней из рода Романовых.

В ее руках было убедительно подделанное завещание императрицы Елизаветы, передававшей ей трон русской империи. Впоследствии ваша императрица Екатерина честила ее побродяжкой, но зря. Никто не знал истинного происхождения красавицы, но ее тогдашнее положение в свете было завидное. Ей сделал предложение князь Лимбург, и она стала невестой князя Священной Римской империи. Кстати, куда более родовитого, чем родители Екатерины. О завещании Елизаветы эта смелая дама объявила в опаснейшее для императрицы Екатерины время Пугачевского бунта. Она называла Пугачева, объявившего себя спасшимся Петром III, родным братом, писала ему приказы и забрасывала врага Екатерины султана требованиями о помощи. Вокруг нее вертелось множество поляков, ненавидевших Екатерину, пожравшую несчастную Польшу. Граф Сен-Жермен встретил нашу красавицу в Венеции. Она уже знала о дружбе Сен-Жермена с Алексеем Орловым и упросила его передать Орлову ее послание. Она писала Орлову о своих правах на русский престол и приглашала встретиться.

В это время Европа были наслышана о переворотах в России. Знали, что достаточно сотни верных гвардейцев, чтобы занять престол самой большой страны в мире. И красавица верила: тот, кто посадил на трон одну императрицу, посадит и другую. Тем более что та отплатила ему неблагодарностью.

Сен-Жермен отказался передать письмо, пытался ее отговорить от встречи с Орловым. Но не только потому, что знал ее будущее. С ним случилось частое для смертных и необыкновенное для графа — он влюбился. Граф Сен-Жермен, соблазнивший красоток без числа, был влюблен только в двух женщин. Это были Мария-Антуанетта и наша красавица. И в обеих безответно. Он, конечно же, знал, что она самозванка, но... Она была обольстительна. Необыкновенное лицо. Оно горело лихорадочным румянцем и вдруг становилось бледным, как снег! У нее был профиль итальянки с иссиня-черной копной волос и тонким носом с горбинкой, но... вот она повернулась... глядит прямо на вас, и перед вами очаровательная веснушчатая славянка с огромными зелеными глазами русалки!! У нее все время менялось лицо... Постоянным было лишь ее тонкое тело с длинными стройными ногами (она обожала мужские костюмы) и тонкими пальцами пианистки. Тело это все время жаждало любви. И ее любовь... — Здесь месье Антуан усмехнулся и сказал с какой-то беспредельной грустью: — ее нельзя забыть. Но, даже владея этим божественным горячечным телом, вы не могли никогда завоевать ее. Она...

как линия горизонта... она всегда далеко от вас. Но с ней... незабываемо! Она была великолепно образованна, прекрасно играла на клавесине, замечательно рисовала. Сен-Жермен, будучи сам искусным и в музыке, и в живописи, наслаждался ее обществом.

Она продолжала просить его устроить ей встречу с Алексеем Орловым. Но он был неумолим.

Тогда, минуя Сен-Жермена, она сумела передать письмо графу Орлову. Излишне говорить, что уже вскоре красавица оказалась в Пизе, в мраморном дворце Орлова. Граф арендовал дворец, принадлежавший семье Медичи, столь хорошо знакомой Сен-Жермену.

В необъятной кровати красного дерева, принадлежавшей когда-то Лоренцо Медичи Великолепному, все и случилось.

В те дни в театре давали новую оперу Сальери. Сен-Жермен был в театре. Но, как и весь зал, не смотрел на сцену. Он глядел на ложу, где разыгрывалось представление куда блистательнее. Алексей Орлов в камзоле, усыпанном бриллиантами, и принцесса в нежно-голубом платье, с оголенными, какими-то беззащитными хрупкими девичьими руками, в бесподобном ожерелье из сапфиров. За ними, в глубине ложи, как бы в почетном карауле, выстроились русские офицеры в парадных мундирах. Сен-Жермен узнавал лица героев Чесмы. В лорнет он отчетливо видел лицо Орлова. Алексей Орлов смотрел на нее безумными, хмельными от любви глазами.

На следующий день Сен-Жермен увидел, как влюбленная парочка, обнявшись, каталась вдоль реки в роскошной коляске с золотым гербом Орлова. За коляской графа ехала другая — с театральными музыкантами, игравшими нежные мелодии модного итальянца Сальери. Замыкала поезд Любви третья коляска — с эскортом морских офицеров. Сомнений не было — она победила. Граф Орлов был страстно влюблен, впрочем, как и все мужчины, которых она решала подчинить. К ее блестящей коллекции разбитых сердец присоединилось и это могучее сердце. Она получила русский флот.

Сен-Жермен наблюдал происходящее с изумлением: обезумевший от любви Алексей Орлов не мог совершить то, *что Сен-Жермен ясно видел в ее будущем...*

На следующий день граф Сен-Жермен уехал в Венецию. Но вскоре ужасные слухи заставили его вернуться в Пизу. В Пизе он все и узнал! В первый и последний раз всепонимающий, всезнающий граф Сен-Жермен так обманулся. Оказалось, несколько дней назад граф Орлов предложил красавице руку и сердце. Он отвез ее на адмиральский корабль русской эскадры — торжественно венчаться. Но вернулся с корабля на берег граф Орлов один. На следующий день на рассвете русская эскадра поспешно снялась с якоря и покинула Ливорно. И более несчастной никто не видел. Она исчезла вместе с русским флотом.

Сен-Жермен отправился во дворец графа. (Всю последующую сцену он описал в «Записках».)

Во дворце шли сборы, стояли раскрытые сундуки, и слуги укладывали в них бесчисленные камзолы графа. Алексей Орлов возвращался в Россию.

Сен-Жермен нашел Орлова в кабинете, у огромного стола, заваленного бумагами. Он был пьян. Но уже не от любви. Огромный, до дна опорожненный штоф водки стоял на столе. Рядом другой — тоже пустой. Орлов сказал: «Гляди, Ваше сиятельство. Здесь ее бумаги, весь стол заняли. Кому только не писала. Султану... Королю шведскому... Королю прусскому — всем нашим врагам. — Он перебирал письма. — А это уже к ней... Польская нечисть ей пишет. Все мятежники — Огинский, Радзивилл... Но никаких доказательств о высоком рождении! Никакой бумажонки! Одна пыль в глаза... Самозванка она! Не ошибся... Но девка небывалая! Я нам с вами завидую... и всем нам, кто ее ёб. Что смотришь, граф... Венчаться со мной на корабль позвал. Там мы ее и арестовали. Теперь к матушке-императрице везут... в крепость. Очень авантюрера сия государыню волновала. Велела матушка своему рабу привезти ее! Я исполнил! Обманул я девку, Салтыков. Впрочем, какой ты Салтыков! Ты думаешь, наше имя взял и нашим стал? Шалишь! Ты рабом стать сможешь? То-то! Великое это искусство!! Но ох непростое! Хотя мы все им владеем, все с рождения наделены! Все холопы... Красавица княгиня Лопухина императрицу Елизавету на бале затмила, та язык ей велела отрезать. Знай, холопка, свое место! Императрица Анна Иоанновна по щекам придворных дам била. Чуть недовольна — по морде. А они ее руку, оплеухи раздававшую, целовать спешили. А в шуты себе императрица отрядила самых родовитых. Князь Волконский, князь Голицын, граф Апраксин. И все они, потомки великих родов, согласились. И когда императрица шла с придворными мимо, потомки великих родов должны были блеять и кукарекать. И блеяли и кукарекали, а она им углем на морде усы рисовала и со смеху помирала. Князя Голицына, потомка королей Гедиминовичей, на уродке-карлице женила, шутовскую свадьбу устроила. Князя с уродиной в клетке в церковь на слоне везли, а гости из диких народностей на собаках и свиньях за ними ехали. И князь, потомок королей, от калмычки-уродины произвел на свет потомство. И могучие родственники поношение фамилии терпели, потому как мы — рабы. Так что девку любимую отвезти к матушке-царице мне очень даже нетрудно... **Мы служим государям нашим не по-вашему!** Вон ты рассказывал, как железную маску на опасного человека надевать придумали. А у нас императора всероссийского Иоанна Антоновича без всякой маски в тюрьме десятилетия держали и, когда надо, удавили. Мы холопы царя сегодняшнего, но для вчерашнего, безвластного, мы звери лютые. Я вот этой самой рукой свергнутого внука Петра Великого удавил. Как его горлышко жалкое хрустнуло... помню! Прощай, граф, и не поминай лихом верного раба царицына Алешку Орлова!

И, как рассказали потом Сен-Жермену, всю ночь Алексей Орлов бил зеркала... за отражением своим охотился. Так что Сен-Жермен понял — он не ошибся. Граф Алексей Орлов любил самозванку. Любил ее страстно, но... увы, по-вашему!

ПРЕДСКАЗАНИЯ

Граф Сен-Жермен продолжил ездить по Европе. Не забывая время от времени появляться во Франции.

После смерти маркизы де Помпадур к постаревшему королю пришла последняя любовь. В Версале появилась другая Жанна. Это была Жанна-возмездие, истинная карикатура на Жанну Помпадур. Такая же божественная фигура, столь же безупречный овал лица, столь же ослепительно-белая кожа, такая же копна белокурых волос, которую не удержать двумя руками... Но при этой красоте она была фантастически необразованна, глупа и с самым неудобным прошлым. Ее взял из борделя некто граф Дюбарри, пройдоха и картежник. И когда ему не везло за карточным столом, расплачивался с кредиторами ее прелестями... Я не буду пересказывать всю ее историю и как она попала на глаза королю Людовику. Но ее прошлое, столь богатое бесчисленными мужчинами, оказалось главным достоинством. Ибо вскоре Король Любви с восторгом сказал фразу, оставшуюся в анналах Галантного века: «Мне шестьдесят, я любил очень и очень многих! Но она, мое сокровище, научила меня таким любовным изыскам, о которых даже я не подозревал». Она была безмерно простодушна и безмерна развратна! И уже вскоре счастливый французский народ весело запел:

— Ах, плутовка, старого развратника заманила ловко.

Как тогда сказал Сен-Жермен: «Это и есть наказание истинных ловеласов. Их первая любовь никогда не бывает последней. Зато последняя любовь часто бывает первой. И, как правило, самой постыдной». Влюбившийся король устроил ее брак с младшим братом графа Дюбарри. Новоиспеченную графиню следовало представить ко двору. Придворные дамы дружно сказывались больными, никто не хотел представлять свету вчерашнюю шлюху.

Именно тогда и произошел таинственный эпизод, описанный в мемуарах современников.

Мария-Антуанетта, тогда еще дофина, открыто ненавидела бывшую потаскуху. Как-то ночью красотка Дюбарри с подругой шли по версальскому парку и встретили проходившую мимо дофину. Антуанетта молча прошествовала мимо, а Дюбарри сказала спутнице:

— Ты видела, как посмотрела гордячка Антуанетта! Испепелила меня взглядом. Поверь, она с удовольствием отправила бы меня на костер!

В этот момент мимо них в темноте проскользнул мужчина, который прошептал:

— Да нет, сударыня, вы умрете куда обыкновенней. Вас убьет топор... Как, впрочем, и ту, несравненную, несчастную...

Он не договорил и замолчал.

Обе испуганно обернулись и в свете луны увидели... лицо графа Сен-Жермена. Он смотрел на них с невыразимой печалью. Уже в следующее мгновение исчез в темноте.

Известно также, что в семидесятых граф вновь тайно появился в Париже, чтобы встретиться с Марией-Антуанеттой! Все та же придворная дама Антуанетты, любовница Сен-Жермена графиня д'Адемар пишет об этом в своих мемуарах: «В те дни Людовик XV заболел оспой... врачи объявили ему, что он безнадежен. Король должен был приготовиться к встрече с Богом — покаяться и получить отпущение грехов. Но для этого королю надо было отослать из дворца свой самый любимый и самый сладостный грех — красотку Дюбарри. Людовик написал ей трогательное прощальное письмо. Но уже на следующий день почувствовал себя лучше. Он тотчас захотел призвать свой грех обратно. Но красотка, боявшаяся оспы, уже укатила из дворца в свое имение.

В этот же день графиня д'Адемар провела к Антуанетте графа Сен-Жермена.

— Я много слышала о ваших способностях. И хочу у вас узнать: король выздоровеет? — спросила графа Антуанетта.

— Нет, король умрет... Очень скоро... Царствовать будете Вы, Ваше королевское Высочество.

Она испуганно посмотрела на него и как-то нерешительно сказала:

— Тогда попробуйте предсказать... нашу судьбу на троне?

Сен-Жермен долго молчал, потом сказал:

— Есть рок, Ваше Высочество... Но Господь дает нам свободу воли — возможность его преодолеть. И перед нами всегда два пути. Один предначертанный, но не неизбежный... И второй, когда усилием воли, чувствуя беду, уготованную судьбой, человек меняет предначертанную судьбу. Вам придется от многого отречься, чтобы изменить назначенный вам путь!

Месье Антуан еще что-то говорил, но я уже не слышал.

Я опять мог патетически прокричать: «Я вижу... я вижу!»

Я видел! Булыжник... перед дворцом. Люди меня окружали, но их я не видел. Я знал — это толпа придворных. Стоят перед дворцом в Версале. Глядят на окна королевской спальни... Знал, что к больному оспой королю не пускают. Боятся эпидемии.

Я видел окно спальни — за стеклом горела огромная свеча... Рядом со мной стоял кто-то, была видна рука в кружевных манжетах... Рука лежала на эфесе шпаги... Наступали сумерки... Свеча в окне горела ровным светом... Потом кто-то подошел к окну и задул свечу. Толпа заревела, и!..

Тотчас исчезла картинка, раздался голос месье Антуана. Сказал насмешливо:

— Орут: «Король умер и да здравствует король!» Новый... Несчастный... нет, несчастнейший Людовик XVI!

Граф Сен-Жермен покинул Париж той же ночью. Продолжал ездить по Европе. Наконец осел в герцогстве Шлезвиг у знаменитого покровителя алхимиков князя Карла Гессен-Кассельского. Он «не выезжал никуда из герцогства», — как пишут историки. Однако в 1783 году никуда не выезжавшего графа дважды видели в Париже. Графиня д'Адемар подробно описывает свою встречу с графом и его посещение королевского дворца.

Всю дорогу в Тюильри граф молчал или односложно отвечал на вопросы графини. Она провела его в покои Антуанетты. В тот вечер Антуанстта тайно приехала из Версаля в Париж на ночной маскарад в Оперу. Безумная в жажде развлечений, ночами она теперь часто тайно покидала Версаль и в Париже танцевала до утра и до упаду. Она была в знаменитой прическе из павлиньих перьев, которую педавно ввела в моду. Парикмахер Леонар, стоя на лесенке, делал последние штрихи на головке Антуанетты. Наконец он удалился. Граф тотчас начал говорить, на этот раз без обычных своих витиеватых любезностей. Он был очень бледен, говорил медленно, будто слушая чьи-то слова и повторяя их. Он сказал, что та смертельная опасность, которая грозит королевской семье и Франции, та беда, о которой он намекал прежде, она «уже на дворе». Антуанетта слушала нетерпеливо. Торопливо поблагодарив графа за заботу, велела закладывать лошадей. Она спешила. На маскараде в Опере ее ждал любовник, шведский дворянин граф Ферзен по прозвищу «Картинка», самый красивый мужчина века.

Графиня д'Адемар вывела Сен-Жермена тайным ходом на площадь Карузель.

Она пишет в мемуарах: «Было совсем темно. Сен-Жермен постоял на площади, потом сказал: «Я больше не увижу нашей Прекрасной Дамы... Но такой же ночью, тем же тайным ходом наша бедная Антуанетта в платье служанки выйдет на эту площадь Карузель, чтобы бежать из собственного дворца... И в карете за кучера будет сидеть тот, к кому она сегодня так стремится»... Так оно и случилось! Это произошло уже после революции, во время неудачного бегства королевской семьи. В огромной карете, в которой они бежали из Парижа, за кучера сидел ее любовник, граф Ферзен... Но это все будет потом. А тогда у нас на дворе стоял 1783 год, и Людовик XVI еще правил Францией.

— В ноябре того же 1783 года, — продолжал месье Антуан, — братья Монгольфье запустили первый воздушный шар с людьми... Вы его уже видите!

...Огромный светло-голубой шар высотой метров тридцать. На шаре вызывающе-ярко, каким-то нагло-желтым цветом — монограмма Людовика XVI. Теперь шар был уже в воздухе... медленно летел над Парижем. Летел на небольшой высоте — на высоте взмывшей ввысь птицы. В корзине в серых камзолах для прогулки, в париках без шляп — двое. Один из них учтиво поклонился и помахал рукой. И тогда кто-то рядом со мной... я почему-то видел только его локоть, спину и шляпу, снял эту шляпу и ответно помахал ею в воздухе...

Шар уносил корзину... Они пролетели надо мной и медленно растворились в небе... В небе 1783 года! И я услышал голос месье Антуана:

— Граф Сен-Жермен, стоя рядом с вами, приветствовал пролетавшего над ним маркиза д'Арланда, своего друга. Великий ловелас и спортсмен маркиз д'Арланд пролетел над Парижем. Шар загорится в полете, но они погасят огонь, эти двое в корзине... Первые люди, поднявшиеся в небо...

Я плохо его слушал, я был как безумный! Я видел небо 1783 года!

ВСТРЕЧИ ПОСЛЕ СМЕРТИ

Месье Антуан продолжил свой рассказ:

— В январе следующего, 1784 года милейший художник, точнее, милейший человек, а художник он был не особенный... Жан-Батист Готье-Даготи по заказу князя Карла Гессен-Кассельского написал портрет графа Сен-Жермена. Тем не менее портрет вышел отменный. Князю Карлу портрет настолько понравился, что он заказал копию для своего брата, большого почитателя Сен-Жермена. Это тот самый портрет, который вы видите сейчас на стене.

Разглядывая портрет, князь спросил: «Сколько вам лет, граф?»

Сен-Жермен, прежде странно избегавший отвечать на этот вопрос, впервые ответил: «Мне минуло 88 лет. Я сообщаю вам об этом, Ваше Высочество, ибо в нынешнем, 1784 году я умру». Князь Карл был изумлен, потому что граф выглядел лет на сорок с небольшим, никак не более. Но к словам о смерти, зная способности графа, отнесся серьезно.

Так оно и случилось. Осталась лаконичная запись, сделанная в церковной книге маленького городка Эккенферда. Я нашел ее в городском архиве: «27 февраля 1784 года скончался граф Сен-Жермен». Принц Карл в своих «Воспоминаниях о моем времени» подтверждает эту дату. Но, как вы наверняка слышали, история на этом не закончилась.

В 1788 году, как сообщает в мемуарах все та же графиня д'Адемар, ее родственник маркиз Шалон встретил графа Сен-Жермена... в Венеции! Граф преспокойно сидел за столиком знаменитого кафе на площади Сан-Марко... Они долго беседовали. Сен-Жермен совершенно не изменился, только был вызывающе бледен среди опаленных южным солнцем смуглых горожан. В том же году Антуанетта в своем дворце в Трианоне нашла на столике в гостиной письмо от неизвестного лица. Когда королева показала письмо фрейлине графине д'Адемар, та тотчас узнала почерк Сен-Жермена! В письме, написанном белыми стихами (Сен-Жермен обожал этот жанр), говорилось:

Оно уже на пороге, Беспощадное Время,

Когда с обезумевшей Францией

Случатся беды

И ваша несчастная страна

Станет дантовым адом.

Безумие будет править людьми.

Я вижу победу царства крови,

Я вижу монстров, провозглашенных новыми богами,

И отрубленные головы ваших друзей на пиках.

Я вижу, как острое железо обрушилось на короны!

Чего так желал несчастным Бурбонам

Человек без Лица,

Человек в бархатной маске.

Перепуганная Антуанетта тотчас отнесла письмо Людовику, но король только пожал плечами и рассмеялся:

— Я слышал, что граф умер. Я не знал, что мертвецы пишут письма, да еще в стихах.

Антуанетта опять спросила его о Железной Маске, и король рассказал. Оказывается, помня любопытство Антуанетты, он еще раз заговорил с дедом о странном узнике. Людовик XV, как и прежде, рассердился и промолчал, но через пару дней вдруг рассказал сам. Он повторил, что узник не представлял особого интереса. Действительно, он был обязан носить маску. Под маской скрывали похищенного знатного итальянского вельможу, который слишком много знал и слишком много болтал. Кроме того, он бессовестно обманул великого короля (Людовика XIV). В заключение он еще раз попросил внука не тревожить его более разговорами об этой злосчастной и ничего не значившей персоне. Но для Антуанетты осталось непонятным: если узник ничего не значил, зачем было скрывать его лицо?

«И ВОТ ВЫ ДОЖДАЛИСЬ СТРАШНЫХ ДНЕЙ»

В 1789 году в стране уже началась революция. Пала Бастилия, и Людовик написал в тот день в дневнике знаменитое: «Ничего», над этой записью будут много издеваться. На самом деле Людовик был страстный охотник и в дневнике всегда отмечал результаты охоты. «Ничего» — он написал о результатах охоты в те дни. Именно в тот яростно жаркий июльский день Антуанетта получила... письмо от покойного графа. «Мадам!.. И вот Вы дождались страшных дней, о которых я Вам писал. О том, чтобы уклониться от зла, теперь не может быть и речи. Молитесь, и, может быть, Всевышний помилует Вашу семью...» На этом письмо обрывалось. Подобное письмо получила и графиня д'Адемар. В конце письма к графине покойник... приглашал ее на встречу! Они встретились в церкви Святого Роха. На вопрос графини о его кончине Сен-Жермен промолчал. Потом сказал: «Я, как видите, живу. Но королева и король обречены на смерть. Монархию сменит республика, республику сменит империя».

Все последующие годы графиня д'Адемар писала мемуары. Кусок текста был вынут ею из рукописи и скреплен золотой булавкой. Видно, графиня захотела обратить особое внимание на этот текст, написанный характерными ровными, удлиненными буквами. Она пишет: «В эти годы я несколько раз виделась с графом де Сен-Жерменом. Наши встречи были всегда неожиданными. Последний раз граф появился 10 августа, в день конца нашей великой монархии, — в самый страшный день штурма Тюильри. Даст Бог, мы снова увидимся! Я всегда жду его визита». — Месье Антуан замолчал. Некоторое время он сидел, будто ожидая чего-то... Потом тяжелые веки закрыли глаза, и он заговорил хрипло, мучительно:

— Десятое августа... Сейчас пять утра... Стоты-

сячная толпа... Люди бегут ко дворцу... Какой невозможно жаркий день! Багровое солнце. За ре-
шеткой Тюильри швейцарские гвардейцы... добро-
вольцы-аристократы... национальные гвардейцы...
Окружают кольцом дворец... Готовятся отбить
атаку...

Но король! Он не верит в удачу. Король решился сдаться... Отдать себя и семью под защиту
своих врагов — Национального собрания. Сда-
ваться — недалеко. Национальное собрание заседает здесь же, совсем рядом с дворцом, в том же в
саду Тюильри ... — Глухой голос месье Антуана становится еле слышным. Теперь я... увидел!

...Руки на решетке... Тысячи рук мерно раскачи-
вают ограду сада Тюильри... В саду люди со шпагами и пистолетами... Как много их — в красных
ярких куртках, с ружьями... образовали коридор.

— Это дворяне и швейцарцы, — шепчет голос
месье Антуана.

Я вижу их спины, промокшие от пота... Живой коридор тянется от дворца через весь сад Тюильри... поднимается по ступенькам на пандус...
Здесь среди деревьев прячется зал для игры в
мяч... Когда-то там развлекались король и придворные... Сейчас здесь заседает Национальное
собрание.

По этому живому коридору движется процес-
сия... Впереди толстый человек... Король!.. За его
руку держится, то подпрыгивая, то вырываясь,
мальчик-дофин... Опавшие листья собраны садов-
никами в кучи. Вот мальчик, смеясь вырвался из
отцовской руки и шаловливо, ударом ножки разо-

рил кучку... За мужем и сыном, в белом платье, перехваченном высоким поясом, в шляпе с перьями, грациозно, будто танцуя, идет Антуанетта под руку с молодой красавицей...

Голос месье Антуана, но совсем странный, искаженный, будто в гулкой пустоте шептал:

— Герцогиня Ламбаль... Она любимая подруга Антуанетты... Чуть сзади... бледная молодая женщина. Она держит за руку испуганную девочку. Елизавета, сестра короля... дочь короля, — шептал голос. — Сейчас они разговаривают... Вы не слышите... но слышу я... Король: «В этом году удивительно рано падают листья... Когда мы вернемся во дворец, надо непременно сделать замечание садовникам».

И в ответ кто-то сзади, не вижу кто:

— Вы никогда туда не вернетесь. Молитесь, Ваше Величество...

Обрушилась решетка сада Тюильри.

Я вижу: толпа... хлынула в сад. Окружила идущих... Швейцарцы, дворяне отталкивают напирающих... Толпа теснит живой коридор, сжимает. Раскрытые рты кричат, но я не слышу... Руки тянутся через плечи защитников... Испуганное мальчишечье лицо дофина... Семья уже у лестницы, ведущей на террасу... Там, наверху, — вход в зал. Но на ступенях лестницы вопящие женщины размахивают кулаками... Над их головами, совсем рядом с Антуанеттой... качается на пике... голова швейцарского гвардейца... Сверху, сквозь толпу, по лестнице навстречу королевской семье спускаются, пробиваются... вышедшие встречать депутаты...

Испуганные глаза Антуанетты... Женская рука сорвала ее косынку... Руки тянутся к ней, пытаются вырвать ее из группы... Депутаты расталкивают толпу... Толпа остервенела, напирает... Швейцарцы... Какие-то два-три шага до спасительных дверей. Швейцарский гвардеец поднял ребенка над толпой, врывается с ним в вестибюль... За ним — королева, король... Вся группа протискивается в вестибюль Национального собрания... Толпа пытается ворваться следом. Один из дворян отражает натиск, пронзил шпагой нападавшего... Тотчас хватили топором по голове... Упал у входа... Захлопнулись двери Национального собрания... За порогом остались те, кто защищал Семью. Стоят с обнаженными шпагами. Теперь у толпы появилось дело... Убивают топорами... Под общий беззвучный гогот... будто выключен звук — одни разинутые рты... Рубят трупы. Как рубят туши на рынке... руки, ноги... Четвертовали, как когда-то беднягу Дамьена... Какой-то весельчак гигант... придумал игру: швыряет ноги, руки в толпу... Головы на пиках взлетают ввысь...

Виден дым... бегущие по площади люди... Должно быть, грохот пушек и рев сотни тысяч глоток... но я ничего не слышу, только чей-то шепот:

— Началось! Штурм дворца Тюильри.

Я вижу разгромленный дворец... Я лечу над залами дворца. Сломанная мебель вперемешку с трупами... выбитые окна... разбитые зеркала... Трупы повсюду... Я достиг ее спальни... Вещи разбросаны по комнате — чулки, подвязки, платки, сорочка. И груда женских туфелек. «Платья украли, — шепчет голос. — Поосторожней, не наступите!» — Я чуть было не наступил на ожерелье, валявшееся на полу, — жемчуг Анны Австрийской... — «Она оставила его для будущих королей Франции», — слышался шепот. И чья-то рука в камзоле торопливо схватила жемчуг.

И опять услышал шепот:

— Какой день! Восьмисотлетняя монархия исчезла в несколько часов, 33-й король Франции низложен, и королевскую семью поместили в башню дворца Тампль... В этом дворце когда-то играл маленький Моцарт. Незадолго в Вене его увидела очаровательная маленькая эрцгерцогиня Антуанетта... Она так понравилась мальчику, что Моцарт предложил ей руку и сердце... Как потешались придворные: нищий маленький музыкант, предложивший руку наследнице властителей Римской империи. Но, прими его предложение, была бы живой, — все шептал голос. — Солнце зашло... гигантский багровый шар, обещая такую же завтрашнюю жару, пал за горизонт. Люди, свершившие революцию, сейчас расходятся по домам. Народ напился кровью досыта. Никто тогда не знал, что революцию кровью не насытишь... Она вечно жаждет — убивать. Своих врагов и своих детей! И он наступил, день 10 сентября. День новой крови, день радостного побоища, голодного до смертей, свободного от узды народа. Теперь вы научились... вы поймали... Вы видите!

Я увидел огромные ворота. У ворот — горка из трупов... Здоровенный парень взгромоздился на эту горку мертвецов, очищает карманы убитых, снимает перстни с пальцев... и кровь сочится из-под его сапог... течет по булыжнику.

«Это вход в тюрьму Ла Форс!.. Толпа поджидает... тех, кого помилует правосудие», — шептал голос.

Огромная толпа сгрудилась у входа... Из ворот тюрьмы выходит на улицу она... Боже мой — та самая красавица принцесса Ламбаль. Общий рев. Топор летит ей в голову.

Упала, набросились. Вмиг раздели... Кто-то заслонил спиной. Насилует умирающую... Пьяное, изуродованное шрамом лицо... Харя. Под ним — неподвижное лицо принцессы... Теперь насилуют умершую...

Игра с трупом принцессы продолжается. Двое держат ее голое тело, третий прибивает гвоздями руки к доске... Подняли распятое, голое тело... Что-то обсуждают! Дсловито отрубили голову.

Голова лежит на булыжнике мостовой. Вырезают сердце... Не забыли о желанном органе, вырубили его вместе с куском окровавленной сорочки... Несут!.. Остановились по пути у какого-то дома... Навстречу выходит некто в белом фартуке, с щипцами в руке... Распахнутые в безмолвном хохоте рты... Он завивает локоны на голове, обрызганной кровью и грязью...

И я смотрю, боясь потерять сознание... А они уже принесли свои пики... И на пики накалывают мертвую голову с безумными развевающимися локонами, кровоточащее сердце и кусок женской плоти вместе с сорочкой.

Бегущие картинки стремительны. Антуанетта в Тампле в кружевном чепчике, в коричневом платье с белым воротничком.

Вопли за окном — чего-то требуют. Кто-то торопливо закрывает ставни... Внизу у входа в башню вывешивают трехцветную ленточку.

И как волки не могут пройти за флажки, толпа с пиками останавливается, топчется перед трехцветной ленточкой — цветами революции...

Трое с пиками лезут на крышу дома напротив башни Тампля. Голова принцессы, измазанная кровью, с завитыми локонами, сердце и кровавая сорочка с куском плоти пляшут на пиках против окон.

В башне перед закрытыми ставнями Антуанетта лишилась чувств...

И опять шепот... «Свершилось! Проклятие узника в маске!.. Гильотина и сошедший с ума народ ждут Бурбонов».

Я видел... Все пространство так хорошо знакомой мне площади Конкорд — безмолвно ревущие человеческие глотки... Счастливые, радостные лица. Король стоит на эшафоте — толстый, с выпадающим животом, в нижней рубашке, этакий добрый буржуа перед сном... Неуклюже укладывается на доску... Лежит... толстый, живот висит по обе стороны доски, и... Сверху с грохотом полетел... топор. Удар... Глухой стук. Голова короля в корзине. Ревет толпа. Палач, пританцовывая, обносит эшафот королевской головой. Руки с платками тянутся к эшафоту... Он кропит их королевской кровью...

Узкая улица Сент-Оноре, такая знакомая, заполнена народом... Громыхает телега... Антуанетта со связанными руками... сидит на высоком стуле в грязной телеге... Качается вместе с телегой от неровностей булыжника... Жандармы на конях с обеих сторон... Телега пробирается в густой толпе... Руки тянутся — тащить ее со стула... Озверевшие лица... Плюют ей в лицо... Я хочу ее рассмотреть, запомнить... Не успеваю — проехала телега... Художник спиной ко мне сидит у входа в кафе за столиком... торопливо набрасывает с натуры. Я вижу из-за спины его рисунок. На рисунке в белом платье, белом чепце с черной траурной лентой — старая некрасивая женщина. Боже мой, Антуанетта! С прямой спиной, узким носом, выпяченной губой и надменным лицом повелительницы...

Та же площадь, так же до краев заполненная толпой... Такие же счастливые, радостные лица в безмолвном вопле... Палач выставил руку с ее головой... Он держит ее за остатки стриженых жалких седых волос... Капает кровь... Тянутся руки с платками... И тогда голова... открывает глаза! Ужас на лицах, закрылись безмолвно вопящие рты. Лазоревые глаза недвижно глядят на толпу.

Я очнулся. Месье Антуан сказал:

— Это посмертное сокращение мышц... Такое бывает, правда редко. Несчастная королева. Счастливая королева. Что такое Антуанетта без гильотины?.. Жалкая кокетка на троне... Но зато с гильотиной... Есть список самых популярных в мире французов. Ненавистная «австриячка» идет на втором месте — вслед за корсиканцем Наполеоном... О человечество!..

Я ничего не ответил. Я был ТАМ?!

— Жаль... — сказал месье Антуан, — но более сегодня не смогу вас побаловать путешествием ТУДА... Я истощен... (Значит, *все-таки он*?! Благодаря *ему*?!)

Месье Антуан усмехнулся.

— На сегодня довольно, — сказал он. — Заканчивая, мы простимся с Сен-Жерменом. Последний его визит к графине д'Адемар состоялся 12 мая 1821 года. Через 35 лет после официальной смерти графа ушла от нас и графиня, с ней случился удар, отнялась речь. В этот самый момент слуга и внес букет. На роскошном букете красных роз была надпись на черной траурной ленте: «Графине д'Адемар от графа Сен-Жермена. *Удачного вам путешествия домой*».

Графиня д'Адемар «отправилась домой» в тот же вечер. Она умерла удачно, во сне.

До самого конца XVIII века имя графа периодически встречается среди участников крупных масонских конгрессов. Его имя можно увидеть в списке присутствовавших в Париже на Великом конгрессе 1785 года. Он числится среди членов Ложи Общественного Согласия святого Иоанна Экосского с 1775 по 1789 годы. Уже в XIX веке граф руководит канониками Святого Гроба Господня и благодетельными Рыцарями Святого Града... Очень интересна запись некоего Франца Гюснера. Он будто бы встретил графа... в 1843 году!

И тот будто бы ему сказал: «Мне еще придется побыть здесь какое-то время... Но в самом конце вашего века я вернусь в Гималаи. Я должен отдохнуть там от человеческих мерзостей и крови. Но появлюсь здесь у вас через 88 лет». И действительно, осталось описание заседания Ложи Великого Востока в 1899 году. Заседание проходило в полночь в подвале лютеранской церкви. Стены были завешены красными и белыми холстами с традиционными масонскими знаками — циркуль, угольник и молоток. На возвышении стоял стол, за которым сидел председатель. Зал был полон, когда появился... граф Сен-Жермен! Все взгляды устремились на графа. На его груди был знак Ложи Великого Востока. Граф молча простоял у стены все заседание. Он покинул подвал только по окончании, на рассвете, обняв на прощанье каждого из присутствовавших членов ордена. Более графа никто никогда не видел. Ваша знаменитая Блаватская, как и мадам Елена Рерих, весьма почитала графа. Блаватская написала: «Как обошлись западные писатели с этим великим человеком, этим учеником индийских и египетских иерофантов и знатоком тайной мудрости Востока — позор для всего человечества!»

— А что думаете вы сами, месье Антуан? — спросил я. Надо было видеть его насмешливую улыбку.

— Я думаю, что граф Сен-Жермен имел отношение к некоему секретному братству. В учение этого братства входят такие заманчивые понятия, как эволюция духовной природы человека, реинкарнация и Божественная Вездесущая Сила... Не все термины, которые я употребил, для вас понятны, но вы готовы им поверить. Точнее, жаждете поверить. — Он замолчал, посмотрел на меня и вдруг расхохотался: — Люди не могут без сверхъестественного... Господь определил нам краткий век, и люди всё ищут любую тропку в бессмертие. Не понимая, какая это была бы мучительная тоска. Наблюдать одну и ту же пьесу, которую из века в век разыгрывает человечество, и не иметь возможности перестать в ней играть... Вы вправду поверили, что путешествовали в прошлое? — Он хохотнул. — Разочарую вас... Это всего лишь самый обычный гипноз.

РАЗОБЛАЧЕНИЕ ФОКУСА: ПРИКАЗЫ *ДРУГОГО*

Думаю, я посмотрел на него изумленно. А он, продолжая насмешливо улыбаться, говорил:

— Запомните, реальный мир куда фантастичнее любых человеческих выдумок. Но он очень опасен. К примеру, вы ежедневно рискуете подчиниться приказам *другого*, даже не сознавая этого. И многие подчиняются, даже не ведая об этом. Причем этот *другой* может быть куда менее сильный духом, но зато... Зато овладевший гипнозом. Я говорю не об обычном гипнотизере, который по вашей просьбе погрузит вас в сон, и пообещает во сне победить ваши фобии и болезни. Куда страшнее встретиться с человеком, который сумеет гипнотизировать наяву, то есть передавать приказы из мозга в мозг. Те, о которых вы ничего не знаете. Для этого ему достаточно суметь проникнуть в ваше подсознание. **Вход** в подсознание человека бдительно охраняется *сознанием*. Сознание я сравнил бы с заботливой матерью, которая охраняет подсознание. Подсознание — это ребенок, доверчиво верящий всему, что ему внушают. Цель гипнотизера и состоит в том, чтобы отключить ваше сознание и вступить в контакт с подсознанием — с этим доверчивым дитятей. Самый легкий путь отключения сознания, которым владеют обычные гипнотизеры, — это погрузить вас в сон. Куда труднее то, чем в совершенстве владел граф Сен-Жермен и владеет ваш покорный слуга, — **внушение наяву.** Для этого разработан целый ряд техник. К примеру, надо сначала заставить вас расслабиться, затем при помощи многих физических действий, подстроившись к вашей позе, к вашему дыханию начать снимать с вас защитный панцирь, то есть постепенно отключать сознание... Граф Сен-Жермен смеялся над всеми этими предварительными «штучками», как он их называл. Он умел отключать сознание мгновенно при помощи одного взгляда — глаза в глаза... И этим же владеет ваш покорный слуга. **И, глядя в ваши глаза, я заставлял ваше подсознание конструировать путешествие в прошлое. Вы сами создавали его из того, о чем вы когда-то читали, видели на картинах, о чем думали. Вы отправлялись в прошлое, созданное вашим же подсознанием. Вы всего лишь видели вами же созданную картинку.**

— Но я чувствовал запахи... ужасный запах пота от платьев королевской семьи, когда они продирались сквозь толпу...

— И об этом вы тоже, видимо, когда-то где-то читали... — Он засмеялся и позвонил в колокольчик. Вошел все тот же молодой слуга. — Уберите все это, — он показал на шкатулку. — Здесь тесно от людей, о которых мы говорили и которые до сих пор толпятся в этой комнате.

Молодой человек молча собрал разбросанные вещи и удалился.

— И он был здесь тоже? — спросил я.

— Нет, графа Сен-Жермена среди них не было. Возможно, потому, что он не имеет отношения к навсегда ушедшим.

Именно в этот момент я почему-то вспомнил фразу: «И вновь появлюсь здесь через 88 лет». Я похолодел — на календаре был май 1988 года! Он, как всегда, прочел мои мысли и засмеялся:

— Это жалкое совпадение, не более. А то, что я читаю ваши мысли... Уменье читать чужие мысли — вещь нередкая. Этим заурядным даром обладали многие. В том числе ваш Сталин, Наполеон... и, конечно, граф Сен-Жермен. И для моей профессии дар этот весьма желателен. Боже мой, я забыл представиться. Я в некотором роде следователь... но по очень особым делам. — И он гаерски поклонился.

ГЛАВА ВТОРАЯ

Железная Маска: расследование начинается

ДЖЕК ПОТРОШИТЕЛЬ

Он продолжал:

— Я расследую убийства, похищения и прочие загадки. Мне безразлично, когда произошло преступление — вчера или тысячу лет назад. Главное, чтобы оно случилось **в прошлом и осталось загадкой.** Я обожаю ИГРЫ РАЗУМА. К примеру, раскапывая Вавилон, я постарался разрешить загадочную гибель царя Валтасара. Перед нашей нынешней встречей, перед тем как отправиться в Париж заниматься историей Железной Маски, я был позван в Лондон, где провел изыскания по поводу самого знаменитого из серийных убийц, Джека Потрошителя. Он убивал, как вы знаете, проституток. Но Джек Потрошитель не просто убивал несчастных жриц любви. Он аккуратно расчленял их мертвые тела, демонстрируя навыки опытнейшего хирурга. Он был дерзок и нагл. Однажды он послал в полицию почку несчастной жертвы с письмом, издевавшимся над беспомощностью полиции. Он так и умер непойманным... И жертвы тщетно взывали о возмездии. Нынче есть десятки версий — кто же он. Недавно английское общество было взволновано сенсационным исследованием некой богатой дамы. Она сделала открытие, будто таинственным убийцей был знаменитый английский художник XIX века Уильям Сиккерт. Он любил рисовать трупы. Дама была очень богата и в поисках ДНК Сиккерта начала скупать и бессовестно потрошить его замечательные полотна. Это заставило другого очень богатого джентльмена, почитателя художника, предложить мне немедленно проверить версию дамы. И коли она ошибается, узнать самому: кто скрывался под этим колоритным псевдонимом Джек Потрошитель. Сейчас мои поиски закончены, и вскоре будет объявлено во всеуслышание: «Художник Сиккерт невиновен». Впрочем, мне это было совершенно ясно и до расследования. Тому, кто рисовал подобные картины, незачем убивать... Рисуя мертвецов, он уже убивал, то есть освобождался от наваждения, от демона тайной жажды убийства, которое таится во всех нас, смертных.

— И вы нашли виновника?

— Мои Игры Разума обычно заканчиваются счастливым финалом.

— И кто же он?

— Разгадка всегда принадлежит заказчику. Но уверен, сей джентльмен захочет ее опубликовать, и вы о ней прочтете в самом скором времени. Конечно, без моего имени, таково мое постоянное условие... Сначала я выяснил обстоятельства фантастической неуязвимости преступника. Я понял, что неуязвимость убийцы была не столько результатом его ловкости, сколько следствием несогласованности действий полиции. Как вы знаете, Лондон разделен на лондонское Сити — этот город в городе, банковский центр империи, у которого своя полиция. И остальной Лондон, также со своей полицией, где и находился зловонный Ист-Энд — царство нищеты и грязных, грошовых проституток. Здесь маньяк совершал свои преступления: в этой страшной клоаке, позоре империи. Расправившись с жертвой, он мог тотчас улизнуть в соседнее Сити, будто в другой мир, в другой город. Как только паника спадала, он мог вернуться в Ист-Энд и продолжать убивать несчастных. Это и позволило ему однажды зарезать в один день двух проституток. Причем все его жертвы были сначала удушены, потом разрезаны. Он разрезал им горло от уха до уха. После чего заботливо вскрывал живот и оставлял внутренности рядом с трупом — короче, блестяще умел обращаться с хирургическим инструментом и человеческим телом. Все проститутки были убиты на улице, кроме последней. Она относилась к обеспеченным жрицам любви — у нее была своя комната. И произошло невероятное: тотчас после гибели этой пятой проститутки полиция... закрыла дело (!!), не давая при этом никаких объяснений. Лишь через некоторое время в частном разговоре газетчикам сообщили, что убийца обнаружен, но он утопился в Темзе. Именно в это время утопился в Темзе член известной аристократической семьи — Монтегю. Его мать сошла с ума, и бедняга страшился, что с ним случится то же. Ее безумие было семейным недугом, результатом наследственного сифилиса, полученного дедом от проститутки. За что ее сын будто бы мстил жрицам любви.

После его самоубийства *будто бы* осталась посмертная записка с признанием, которая почему-то не была опубликована. Но так или иначе после внезапного самоубийства Монтегю и закрытия дела серийные убийства проституток и вправду прекратились. Потрошитель исчез. Так что этот сэр Монтегю возглавил длиннейший список претендентов на звание Джека Потрошителя.

Однако уже в наше время обнаружились дневники двух следователей, ведших это дело. В Викторианскую эпоху неторопливого XIX века у людей было время писать подробные дневники. В этих дневниках обоих следователей находилось имя обнаруженного ими убийцы — еврейского хирурга Аарона Козьмински, нищего женоненавистника, ютившегося в комнатушке поблизости от мест убийств... Итак, оказывается, Потрошитель был ими разоблачен? Но тогда вопрос: почему не было процесса? Исследователи предполагали, что, выяснив причастность хирурга-еврея к убийствам, следователи зашли в тупик. Хирург не признавался, улики были только косвенными, и дело в суде могло развалиться. Кроме того, оно могло вызвать взрыв антисемитской кампании, разжечь расовую ненависть, опасную для многонациональной империи. Так что они *будто бы* поступили мудро — тихонько упрятали обнаруженного Потрошителя в сумасшедший дом, где он и умер... И потому убийства тотчас прекратились.

Месье Антуан помолчал и добавил:

— Но я... доказал совсем иную версию: **убийц было двое.** Один убивал. Другой тотчас после убийства расчленял трупы. Причем первый убийца был идейный женоненавистник и гомосексуалист. Он ненавидел проституток, ибо они соблазнили любимого им мужчину, наградив его страшной болезнью. Это он написал в полицию насмешливое письмо: «Я охочусь на женщин определенного типа и буду их резать, пока меня не накажут. Мои убийства сопровождаются великолепной работой. В последний раз леди не успела даже вскрикнуть... В следующий раз я отрежу уши и отошлю их в полицию просто так, ради шутки. На этом письме впервые стояла подпись, ставшая бессмертной: «Джек Потрошитель». Свое письмо этот великолепно образованный господин написал нарочито неграмотно, измененным почерком, уводя следствие на ложный путь. Но сделал это слишком неграмотно. Итак, повторюсь, их было двое. Один главный, идейный. Он выбирал жертву, нападал на нее и душил. После чего в дело вступал сопровождавший его второй. Это и был нищий хирург-еврей. Он уже работал за деньги. Выполняя задумку первого, он артистически разрезал трупы, окружая мистическим ужасом совершенные злодеяния.

Полиция схватила нищего хирурга. И тогда произошло самое интересное. Он преспокойно выдал им другого, главного убийцу, арестовать которого не посмели. Слишком высок оказался статус господина. Более того, им пришлось тотчас закрыть, засекретить дело. И вместо суда тихонько отправить хирурга в сумасшедший дом в весьма комфортабельные условия, чтобы тот держал язык за зубами. Тем самым они лишили убийцу главного сподвижника и одновременно дали понять могущественным родственникам убийцы, что полиции все известно. Но именно тогда слухи о главном убийце начали просачиваться. И чтобы направить общественное мнение по ложному следу, пустили выдумку про несчастного самоубийцу лорда Монтегю, придумав историю с посмертной запиской. Именно поэтому до сих пор не публикуют эту посмертную записку, ибо в ней нет никакого признания...

Я усмехнулся и сказал:

— Я тоже занимался этим делом. Я слышал, что в числе основных подозреваемых, «по тогдашним слухам», был Альбер Виктор, герцог Кларенский и Эвондейлский, старший сын английского короля Эдуарда Седьмого, бисексуал, зараженный сифилисом проституткой. И оттого *будто бы* полный ненависти к этим несчастным.

Месье Антуан только улыбнулся:

— Может быть, да, но может быть — нет. В викторианской Англии было достаточно влиятельнейших людей и кроме принца.

— Хорошо, пусть будет так. Но какова дальнейшая судьба принца?

— О ней ходили самые темные слухи. Имею право сообщить лишь то, что известно всем. Его решили женить, чтобы он остепенился. Кстати, вначале в невесты ему прочили вашу будущую императрицу, Алису Гессенскую. Но жениться он не успел... Скоропостижно умер то ли от инфлюэнцы, то ли от сифилиса, который в те времена был практически неизлечим. То ли... — И торопливо, не давая мне больше задавать вопросы, сказал: — Однако довольно, вернемся к тому, зачем я вас пригласил. К Железной Маске.

ЗАКАЗ ПРИВИДЕНИЯ

Я не зря вам рассказывал об истории Джека Потрошителя. Именно занимаясь этой историей, я часто выезжал в Лондон и всегда останавливался в С-ль-клубе, членом которого имею честь являться.

Сей клуб находится в центре Лондона, в старинном особняке, принадлежавшем когда-то принцу Ларошфуко, участнику Фронды и *современнику волнующего нас человека*. Я говорю о Железной Маске...

Клуб — особняк XVII века, с деревянными панелями, остатками мебели Галантного века и, конечно же, с привидением. Правда, в виде дамы, что является вызовом старинному уставу клуба. Ибо с начала XIX века дамам разрешалось переступать порог клуба лишь один раз в неделю — в пятницу. Но привидение посещает клуб, когда ему заблагорассудится. Оно обитает на втором этаже, где обычно я и останавливался. Каждый раз, ночуя в клубе, я сталкивался с привидением в коридоре. У вас вопрос: как согласовать мое неприятие мистики с подобным? Дело в том, что привидения к мистике отношения не имеют. Они — самые что ни на есть реальные существа, но из Непознаваемого. И оттого такой ужас при виде неведомого образа. Никогда не забуду нашу первую встречу. Я шел по коридору и вдруг почувствовал, что за мною стоит кто-то. Обернулся... и вдалеке, в самом конце ночного коридора, под светом тусклой лампы, висевшей под потолком... возникло нечто колеблющееся. И вот уже *оно* соткалось в неясную, зыбкую женскую фигуру... Но постепенно силуэт стал отчетлив. Я узнал! Я много знал о XVII веке, мне хорошо знаком был подобный женский силуэт. Юбка, высоко поднятая на боках, узкая талия, лиф, стянутый китовым усом... Лица не видно... Холод... смертный холод... дрожь и ощущение липкого ужаса пронзают вас... вместо того чтобы радоваться. Ведь вы видите посланца иного мира, о котором мы ничего не знаем... Однако вместо радости встречи с Непознаваемым мы так его страшимся... И вот уже фигура... точнее тень, медленно растворяется в стене... Я встречал эту Даму из XVII века много раз. Кроме меня, в доме останавливась переночевать провинциальные члены клуба, закутившие в Лондоне. Все эти джентльмены отметили одну особенность: призрак Дамы обязательно появлялся, если в доме ночевал ваш покорный слуга!

Я понял — она требовала, чтобы я узнал о ней. Я занялся историей дома и выяснил, что здесь, в

Лондоне, в доме герцога Ларошфуко, в XVII веке несколько раз находила приют бежавшая из Франции герцогиня Мария де Шеврез... Знаменитая интриганка при дворе Людовика XIII, участница всех заговоров против кардиналов Ришелье и Мазарини, старшая фрейлина королевы Анны Австрийской.

Я уже не сомневался: это была она — Дама из XVII века... Но почему не находит покоя эта прославленная красавица, которую месье Дюма сделал одной из героинь своей всем известной мушкетерской трилогии? Я начал исследовать жизнь великой интриганки, любовниками которой были два самых знаменитых Франсуа XVII века. Один из них — тогдашний хозяин этого дома, герцог Франсуа Ларошфуко, главный мудрец века. Другой — герцог Франсуа де Бофор, главный донжуан века, которого многие исследователи до сих пор считают тем самым Человеком в железной маске!!

Железная Маска! Я почувствовал! Как чувствуют собаки, берущие след. Связь этой печальной тени с той загадочнейшей историей! С тайной, которая, возможно, и не дает спокойно почивать в могиле этой несчастной! Истлевшая в земле красавица верит, что я, неутомимый следователь прошлого, открою тайну, которую вот уже 300 лет безуспешно пытаются раскрыть множество ученых! И тем самым... помогу ей вернуться в Вечный Покой, в мир спящих теней!

Вы справедливо улыбнетесь игре воображения. Но именно с этих пор история Железной Маски завладела мною.

Я принял заказ Привидения.

Обычно во время моих расследований я всегда выбираю спутника, чтобы размышлять вместе с ним. Конан Дойл справедливо придает Шерлоку Холмсу доброго доктора Ватсона... Как вы уже поняли, я выбрал вас. Потому что вы совершенно не знаете предмета, которым я собираюсь заняться. Это важно для свободы моих размышлений. К тому же в вас есть необходимое... простодушие.

«Он не посмел сказать «глупость», — успел подумать я, но месье Антуан засмеялся, погрозил пальцем и продолжал:

— Однако после ваших путешествий в кровь революции... вы слишком взволнованы. Потому перед началом расследования мы сделаем маленький перерыв на «манже». Мы отправимся в знаменитый ресторан «Ле Гран Вефур». Я предпочитаю именовать его старинным названием «кафе Шартр». Этот ресторан в Пале-Рояль сохранил росписи XVIII века. Есть даже столик, за которым сидел Наполеон. И хотя для размышлений о Железной Маске его стены несколько молоды, но ресторана старше с такой отличной кухней я не знаю.

Мы вышли на улицу, и все тот же молчаливый молодой человек отвез нас в «Ле Гран Вефур».

Ресторан был переполнен. Но к моему другу, как обычно, бросился официант, чтобы проводить — «за ваш столик, сударь» (как он выразился).

Официант принес меню. Мне месье Антуан заказал мясо «Шатобриан», оказавшееся громадным куском говядины, который мог съесть только Гаргантюа. Сам же он съел немного моркови и спаржи.

Насмешливо наблюдая, как я справлялся с куском говядины, он сказал:

— На самом деле человеческая история старше той, которую мы изучали в школе, на многие сотни тысячелетий. Из темноты незнания выглядывает лишь Атлантида — кусочек одной из множества исчезнувших працивилизаций. В начале подлинной истории человечества возраст людей измерялся сотнями лет... и возраст библейских патриархов — напоминание о том баснословном времени. Но люди начали есть **чужую** пищу. **Наша пища, то есть предназначенная нам Богом, растет на полях,** — так нас задумал Творец. Из мясной пищи нашему организму разрешено только мясо ягнят... И потому оно годилось в жертву Творцу. Все же остальное мясо, наполненное бесчисленными бактериями разложения, губительно для нашей плоти. Но люди начали его есть. Ведь на полях надо было трудиться. Охота — нечто быстрое, требовавшее сноровки, силы и удачи, а не упорного тяжелого труда в поте лица. Грязная животная пища, к которой пристрастился человек, порождает животные грязные помыслы. Веками количество избыточной половой энергии росло в нашем теле и возросло в тысячи раз. Тело сначала слилось с духом, потом его победило. Половой акт сделался главным двигателем человеческой истории. Возраст особей вырождающейся человеческой расы стал стремительно уменьшаться, и сейчас он похож на возраст мотыльков, бабочек-однодневок. Люди рождаются, ничего не успевают толком понять, и вот уже, как мусор, их выметает Время... Однако день повернулся к вечеру, и нам следует поторопиться обратно в мой кабинет. Столько лет тщетно расследуют историю «Человека в железной маске»! У нас с вами всего два дня. На третий я должен покинуть... — Он помолчал, потом добавил как бы нехотя: — ...покинуть Париж.

ГЛАВА ТРЕТЬЯ

Герцог де Бофор

НАЗАД В XVII ВЕК

Мы вернулись в его кабинет. И он сразу приступил к делу. Он начал как-то даже торжественно:

— Из Галантного века графа Сен-Жермена мы отправимся на столетие назад, в век XVII.

Первым претендентом на право считаться «Железной Маской» был один из самых блестящих кавалеров XVII века, герцог Франсуа де Бурбон Вандом, вторым — герцог де Бофор... Обычно его называют кратко — «герцог Франсуа де Бофор». Для начала мы пролистаем биографию этого красавца, который имел право стать героем увлекательнейшего романа, но стал всего лишь эпизодическим лицом трилогии Дюма.

Начну, как и положено, с удивительной родословной героя.

И месье Антуан позвонил в колокольчик...

Вошел все тот же молодой человек. Как всегда молча, повесил над клавесином небольшую картину в роскошной раме. Обнаженная красавица сидела в ванне. Великолепная грудь, мраморные плечи бесстыдно смотрели прямо на нас.

НЕВОЛЬНИК СТРАСТИ

— Это эскиз знаменитого полотна, висящего в Лувре. Красавицу зовут Габриэль д'Эстре... За красоту и неправдоподобную, совершенную фигуру ее прозвали при дворе «Прекрасной Статуей». Легендарный ловелас король Генрих IV увидел Габриэль и тотчас «пал к ее ногам»! Король влюбился без памяти, до потери рассудка... Сказать точнее, «влюбился, как всегда», иначе он не умел влюбляться. В его крови жило солнце... И когда оно загоралось, честь, разум и даже интересы королевства не имели значения. Чтобы овладеть желанной, он готов был унижаться, лгать, становиться смешным, раздаривать титулы и деньги сговорчивым мужьям и родителям, но своего добивался непременно... К тому времени 27 красавиц пали в постель короля... Хочу уточнить — 27, известных историкам. А сколько было безвестных жертв знаменитого соблазнителя... когда солнце в крови загоралось всего на одну ночь, чтобы погаснуть с первыми лучами настоящего светила... Король Генрих был истинный демократ в любви. Отнюдь не знатность, но прекрасное личико и пышные формы были верным пропуском в его постель. И оттого в донжуанском списке великого короля царит столпотворение классов — герцогини, графини, маркизы, аббатисы соседствуют с булочницей, горничной, монашками, буржуазками — женами трактирщика и сборщика налогов — и дешевыми куртизанками.

При всем этом мы с вами знаем, что Генрих был великий король с великими идеями, твердостью характера и милосердием. Как он говорил: «Одна рука наносит удары врагам, в то время как другая раздает милостыню». Но постоянные битвы в постели, к негодованию соратников Генриха, сильно отсрочили победу в битвах на поле брани — в гражданской войне, которой была охвачена Франция. К тому же они были опасны... У брошенных возлюбленных, не забывавших щедрые (и, поверьте, искренние) клятвы Генриха в вечной любви, любовь сменялась ненавистью и даже заговорами убить нашего «невольника страсти нежной»...

Пожалуй, только одна из его женщин благодушно наблюдала за этой бесконечной каруселью Любви. Это была его жена, знаменитая красавица Маргарита, вошедшая в историю и литературу под именем королевы Марго.

Ах, мой друг, редко соединялись в браке так подходившие друг другу супруги — Маргарита, дочь французского короля Генриха II и Екатерины Медичи, и Генрих де Бурбон, тогдашний король Наварры и будущий король Франции.

В крови Маргариты жило точно такое же солнце, как у ее супруга. Причем разгорелось оно весьма рано. В 11 лет у Марго появился первый любовник, и с тех солнце в крови пылало только жарче и жарче. В постели Марго мужчины буквально теряли рассудок. И следы мужских зубов — сумасшествия похоти — остались на ее белоснежном теле, как некое прекрасное клеймо Любви... Ее брак с Генрихом был браком политическим и не имел никакого отношения к любовной страсти, которой оба так преданно служили.

Их свадьба произошла во время кровавой резни Варфоломеевской ночи, и Марго сумела спасти молодого супруга. Тем самым обязанности жены она выполнила раз и навсегда. На этом взаимные обязательства закончились, и они предоставили друг другу свободу. Теперь супруги с большим интересом наблюдали бесконечные любовные похождения друг друга и даже помогали в любовных бедствиях. Он отводил от ее любовников гнев отца-короля, она старалась, чтобы любовники помогали мужу на его тернистом пути к трону Франции. Генрих с благодарностью вспоминал, как «полезны были ему друзья Марго».

Марго не могла быть верна своим любовникам при жизни, зато не забывала их после смерти. Вы, конечно, слышали эту мрачную историю, будто она выкупила у палача голову казненного любовника, бальзамировала, целовала его в мертвые уста. Граф Сен-Жермен в «Записках» потешался над этой легендой и над множеством других, окружавших знаменитую женщину. На самом деле добродушная Марго, как и все добрые женщины, очень боялась мертвых, и никаких отрезанных голов быть не могло. Но сердце любовника, в котором царила она, Марго действительно выкупила, бальзамировала и держала в золотом сосуде...

Беспощадное время не пощадило красавицу. Исчез ее легендарный гибкий стан, поредели знаменитые пылающие антрацитовые волосы, потускпели зеленые глаза газели. В конце века, когда Марго приближалась к пятидесяти, вся Франция заговорила о новом страстном романе ее супруга — о любви к красавице Габриэль д'Эстрэ...

РОЖДЕНИЕ ГЕРЦОГОВ БОФОРОВ

Вначале «Прекрасная Статуя» Габриэль д'Эстрэ решительно отвергла ухаживания Генриха. Она была влюблена в молодого красавца герцога Белльгарда. Но Генрих, как всегда, не уступил. Она решила бежать. От беспощадной страсти влюбчивого короля Габриэль спасалась в родовом замке...

Как я уже говорил, шла гражданская война, и Генрих усмирял мятежную Францию. Военные действия разворачивались недалеко от замка д'Эстрэ. Но вечный раб страсти и здесь настиг беглянку. Бросив поле боя, с горсткой друзей он поскакал в ее замок, рискуя нарваться на пикеты неприятеля.

У замка д'Эстрэ он переоделся крестьянином и предстал перед нею в этом маскараде. Он думал позабавить ее, но вызвал отвращение. Она попросту посмеялась над королем и посмела выгнать Его Величество. Но мученик любви снес и это. Генрих был непреклонен. Он изменил тактику осады. Во-первых, избавился от соперника герцога Белльгарда (очень выгодно его женив), во-вторых, склонил на свою сторону отца (очень щедро его наградив), и уже вскоре (в который раз!) — победная ночь!!

Его жена Марго с усмешкой выслушала рассказ об очередной «вечной» любви супруга. Сколько было этих вечных любовей, вошедших в галантную летопись Франции... Госпожа де Сов, маркиза Нуармутье, Франциска де Монморанси-Фоссе, Диана д'Андуэн, графиня Грамон, прозванная «Прекрасною Коризандою»... и прочие, и прочие.

Но на этот раз произошло воистину удивительное. Семь лет Габриэль оставалась единственной женщиной Генриха. Марго узнала, что любовница стала исполнять обязанности королевы. Габриэль сидела рядом с Генрихом, когда король принимал депутации покоренных городов. Она была с Генрихом в минуту высшего торжества, когда Генриху покорился Париж. И в ее присутствии ради взятия Парижа король решил изменить веру — он стал католиком.

Он писал ей песенки, настолько сентиментальные и бездарные, что их с восторгом распевала толпа:

> Мне сердце грусть терзает
>
> Красавица моя,
>
> Ах, слава призывает
>
> На ратные поля.
>
> На это расставанье
>
> Могу ли не роптать,
>
> Когда за миг свиданья
>
> Готов я жизнь отдать!

Но далее... — Месье Антуан остановился и сказал торжественно: — Далее я расскажу вам то, что сохранилось в «Записках» Сен-Жермена и осталось неизвестным исследователям...

Всю свою небольшую жизнь, с самого детства Габриэль слышала рассказы о победах Марго, о мужчинах, сходивших с ума от страсти. И она ревновала. Ей казалось, что ее Генрих сохранил любовь к жене... скрывает ее и все время сравнивает их. Видно, поэтому она полюбила издеваться над постаревшей Марго. Да, Марго постарела, но огонь солнца в крови не погас, он стал — жарче. И ее новые любовники становились все многочисленнее и... юнее. Так было и с вашей постаревшей императрицей Екатериной, так бывает со многими стареющими Мессалинами. Только теперь вместо прежних знаменитостей в постели Марго трудился молодой лакей. Так что в разговорах с королем Габриэль насмешливо называла Марго не иначе как «наша любвеобильная старушка» и отпускала бессердечные шутки молодости по поводу разрумяненной, разряженной королевы. Упоенный страстью весельчак Генрих хохотал над шутками любовницы. Доходили они и до Марго. Эти обидные, бездарные шутки и смех супруга... Издеваясь, Габриэль смела рассказывать тайны Марго, и рассказы эти тотчас распространялись парижскими сплетницами, чтобы из века в век их повторяли в своих книгах историки и романисты.

Габриэль рассказывала, как Марго, помешанная на красоте своего тела, лежит голой на черном бархате у открытого окна, соблазняя мужчин своим когда-то белоснежным... а нынче рыхлым и толстым телом. Как она неуемна в своих страстях. Влюбившись в кавалера Ш., заставляла беднягу удовлетворять ее желания в парке, в коридорах Лувра и (не однажды) на лестнице.

Габриэль была красива и, как нередко бывает с красавицами, глупа. Она не понимала, с каким огнем играет.

Граф Сен-Жермен писал в «Записках»: «Когда до королевы дошли все эти рассказы, впервые в жизни добродушная Марго пришла в ярость. Она металась по залам замка. Кричала: «Эта королевская подстилка, бездушная статуя, посмела насмехаться над королевой, дочерью и сестрой королей!.. Тупая дрянь не может понять, что голой бывает девка, а принцесса — обнаженной... как обнажен бесценный мрамор. Эта тварь с воображением кухарки посмела отдать на суд толпы неведомую ей великую страсть!..» Марго вспоминала, как пересыхало горло в разлуке с кавалером Ш., будто она жила в пустыне. Как утром и вечером писала ему, повторяя, как заклинание: «Помните! Вся моя жизнь — вы!.. Вы — моя совершенная красота, вы — мое единственное и сладостное богатство; я целую тысячу раз ваши прекрасные волосы и миллион раз ваши обожаемые уста»... И как бросилась к нему после долгой разлуки и уже не было сил дойти с ним до спальни... И оттого на лестнице...»

В это время, чтобы окончательно унизить королеву, Габриэль попросила короля подарить ей великолепное аббатство, принадлежавшее Марго. И Генрих упросил Марго продать аббатство... Ну что ж, она перенесла и это унижение, даже написала Его Величеству: «Мне доставило удовольствие узнать, что некогда принадлежавшее мне аббатство будет теперь доставлять радость Вашей подруге и докажет мою решимость любить и почитать все, что будете любить и почитать Вы».

Думаю, она решила это написать, ибо уже тогда *задумала...*

Но Габриэль хотела большего. Она не желала исполнять роль королевы, но захотела ею стать. Вслед за аббатством она решила забрать у Марго титул.

И влюбленный Генрих посмел предложить королеве Марго двести пятьдесят тысяч экю для оплаты ее огромных долгов и щедрую пожизненную ренту за согласие на развод... На этот раз Марго промолчала. И тогда Генрих обратился к папе. Хотя для развода были весомые причины (Марго была бездетна), Генрих предпринял, как говорят в вашей стране — «самые эффективные меры, — *подкупательные*».

Вскоре Марго узнала, что папа готов дать согласие.

Но легкомысленный весельчак-король посмел забыть, что такое обида женщины, в которой текла опасная кровь Екатерины Медичи, устроившей самую кровавую ночь века — Варфоломеевскую резню!

Именно тогда добродушная Марго записала в дневнике: «Я всем делала только добро. Прости меня, Боже, но я имею право на одно малюсенькое злодейство». «Малюсенькое»!.. Видно, сравнивала задуманное с тем, что устроила ее матушка...

Это было время, когда злодейство, присущее человеческой природе, проявлялось искренне и бесстыдно. Время бесконечных войн, костров инквизиции, тайных ударов кинжалом и драгоценных кубков с ядом в дворцовых покоях... Граф Сен-Жермен рассказывал о ядах, которые хранились во дворце его покровителя, последнего из славного рода Медичи. Целая стометровая зала была обита полками, уставленными флаконами и ларцами с ядовитыми порошками и травами. На иных красовались весьма знаменитые имена... Это были *клиенты* – те, кому пришлось узнать их действие... И Марго, дочь Екатерины Медичи, имела подобную славную фамильную коллекцию. Здесь были экзотические яды, привезенные в Европу конквистадорами из Нового Света. Восхитительный наркотический яд, который индейцы получают из редкого серовато-зеленого лысого кактуса (жертва, умирая, испытывает наслаждение) и яд «ололиукви», которым индейцы по завещанию Монтесумы травили испанцев (жертва отправляется на тот свет с чудовищными муками). И, конечно, знаменитый фамильный яд Медичи, секрет которого открыл граф Сен-Жермен. Во вспоротое брюхо убитого кабана щедро насыпали мышьяк и тушу оставляли под полуденным раскаленным солнцем. Из разлагавшейся плоти начинала медленно капать смертельная жидкость, убивающая мгновенно... Но Габриэль д'Эстре слишком жестоко обижала королеву Маргариту. Эта жестокая обида потребовала яда *медленного*.

В начале апреля 1599 года приближалась Страстная неделя и Пасха. Король и Габриэль говели, и по настоянию духовника короля должны были разлучиться. Она отправилась в Париж, король остался в Фонтенбло.

7 апреля 1599 года Габриэль пообедала с большим аппетитом «любимейшими блюдами и лакомствами и отличным вином»... После обеда она прогуливалась, когда вдруг упала в обморок. После чего начались три дня мук. Невыносимые судороги кривили прелестный ротик и буквально заворачивали голову к пяткам. На теле выступили черные пятна, и несчастная истошно кричала от нечеловеческих мук.

Только 10 апреля 1599 года бедная Габриэль наконец-то скончалась.

Она не успела шагнуть в XVII век, который сулил ей так много прекрасного.

После смерти Габриэль королева Марго прислала Генриху добровольное отречение от супружеских прав.

Но теперь развод ему был не нужен. Генрих был безутешен. Ему остались только воспоминания и дети Габриэль.

Старшего сына, его любимца, Генрих назвал победительным именем Цезарь.

Цезарь родился в счастливом году — через пару месяцев после взятия Парижа. Генрих издал тогда королевский манифест, где объявлял народу Франции: «Богу угодно даровать нам сына». Король не только узаконил новорожденного, Цезарь стал принцем крови, и король даровал ему титул «герцог Цезарь де Бурбон де Вандом, герцог де Бофор».

Цезарь де Бофор и родил главного героя сегодняшнего вечера — несравненного Франсуа де Бофора.

Франсуа де Бофор, перенявший красоту бабки Габриэль и страстное женолюбие Генриха, своего великого деда, увы, не увидел.

КОРОЛЕВА МАРИЯ

После смерти Габриэль д'Эстре Генрих написал сестре: «Иссох корень моей любви и не даст более ростков НИКОГДА».

Известно банальное: «Никогда не говори никогда».

Весной король был во власти воспоминаний, и «слезинки короля часто падали в бокал с вином», но уже летом... запылало солнце! Ее звали Генриетта д'Антраг, она была дочерью орлеанского губернатора.

Началась страстная и тщетная любовная осада красавицы. Генриетта не соглашалась... Король пылал и привычно не сдавался. Были испробованы все те же «эффективные подкупательные средства». И опять тщетно. Наконец сама Генриетта объявила цену ночи. Это была... корона! Красавица потребовала у короля письменного обязательства жениться, если она понесет ребенка.

Как любил говаривать граф Сен-Жермен, «старые безумцы еще безумней безумцев молодых...». Король, сгоравший (как всегда) от страсти, готов был отдать что угодно за вожделенную ночь. Генрих написал знаменитую бумагу: «Мы, Генрих IV, Божьей милостью король Франции и Наварры, клянемся перед Богом и заверяем честным королевским словом...» Он клялся в случае беременности подруги сделать ее законной женой и королевой Франции.

И свершилось! О желанная ночь! Генрих овладел наконец возлюбленной... чтобы вскоре попасть в труднейшее положение.

Именно в это время разоренная войнами казна, интересы страны потребовали выгодного династического брака. Об этом постоянно твердили королю министры. И вдруг наметилась великолепная партия.

Мария Медичи, тосканская принцесса из хорошо знакомого Генриху рода, была готова вступить в брак и пополнить опустошенную казну Франции. Она могла принести приданое, невиданное в истории браков французских королей, и прощение всех долгов Франции семейству Медичи.

Когда королю показали портрет пышной тосканской принцессы, солнце привычно разгорелось в королевской крови... Так что теперь Генрих писал длиннейшие нежные любовные послания одновременно обеим — любовнице и невесте.

Накануне выгоднейшего (и столь желанного) брака Генриетта объявила королю, что она беременна.

Но отказаться от брака с Марией Медичи Генрих не мог и не хотел. Какова была ярость Генриетты, когда она узнала!.. Никакими деньгами и посулами нельзя было заставить ее отдать бумагу с королевским словом. Осыпаемый проклятьями Генриетты, нарушив священную клятву, Генрих женился на Марии Медичи.

Мария быстро исполнила мечту короля и его соратников — родила Генриху наконец-то законного сына. К незаконным детям (граф Сен-Жермен считал, что их было 12) король прибавил 6 законных.

Но страсти продолжали повелевать...

Мария после родов сильно растолстела. Ее длинный фамильный нос, бесформенное располневшее тело, увы, уже не пленяли. Остались лишь фамильные умные глаза Медичи — но, к сожалению, навыкате... Теперь все чаще эти глаза были в слезах.

Ибо солнце непрестанно пылало в груди короля, и три десятка возлюбленных придется вынести новой королеве...

Вначале Мария закатывала сцены любовницам, осыпала оскорблениями, толстуха даже пускала в ход свои крепкие кулаки.

Но, к радости короля, она постепенно-постепенно... и привыкла к его изменам, и перестала закатывать скандалы возлюбленным. Более того, стала покровительствовать некоторым из них. Генрих узнал, что у нее появился любовник, что очень устроило весельчака-короля. Ибо позволило желанное — перестать посещать постылую спальню супруги.

В это время Генрих собрался на очередную войну. На этот раз с могущественной Австрией. Снаряжалась армия, и гусиные перья его министров приготовились перекроить европейскую карту.

И тогда Мария потребовала, чтобы он позаботился о троне и детях.

— Все в руках Всевышнего! И на войне как на войне!

На случай его гибели она должна стать королевой-регентшей при дофине Людовике... Чтобы вечно мятежные принцы крови не пытались захватить престол. Но для этого она должна быть коронована.

Генрих согласился. Марию короновали в соборе Сен-Дени.

Но уже на следующий день... уехать в армию ее мужу не пришлось. Короля оставили в Париже навсегда.

Здесь месье Антуан прервал монолог и, как всегда, с изумлением несколько секунд смотрел на меня. Наконец будто вспомнил причину моего присутствия и сказал:

— Я вас предупредил: у меня нет более сил отправить вас ТУДА... Но я вам расскажу... я часто вижу эту картину... — Тяжелые веки месье Антуана закрыли глаза, он медленно заговорил:

— Середина мая, страшная жара в Париже. Уезжая на войну, король должен посетить Арсенал — осмотреть новые орудия.

Карета, украшенная лилиями Бурбонов, катит по улице Железных рядов — узкой, извилистой нищей улице. По бокам кареты скачут королевские гвардейцы. На переднем сиденье — толстая женщина с двумя мальчиками. Королева Мария с детьми — дофином, будущим Людовиком XIII, и младшим Гастоном...

Король Генрих сидит на заднем сиденье... торчит его игривая бородка. Рядом — худощавый, в камзоле с золотым позументом, любимый обер-егермейстер герцог де Монбазон с точно такой же бородкой... Беспощадное солнце заставило короля спустить кожи на окнах... они заменяли тогда стекла.

Карета подъезжает к перекрестку. На солнцепеке рыжий детина с всклокоченной бородой... переминается с ноги на ногу, чего-то ждет. Навстречу королевской карете из маленькой улочки на перекресток выезжает огромный воз, груженный сеном... Воз перегородил дорогу королевской карете. Она остановилась. И моментально на колесо мимо оторопевших гвардейцев вскочил рыжий детина. Считаные секунды — и его голова, подняв кожу, просунулась в окно, и уже длиннющая рука с кинжалом бьет в грудь короля...

— Боже мой, — хрипит король.

Но герцог де Монбазон удара не видит, в этот миг он возмущенно кричит на возницу. Услышав вскрик короля, повернулся к Генриху, спросил:

— Что, Ваше Величество?

В это время вновь просунулась рука с кинжалом. Детина наносит второй удар... третий... Король откинулся на сиденье, кровь хлынула горлом... Крики... Кричат герцог... жена... дети... Король недвижимый сидит в карете... Убийцу схватили, бьют пришедшие в себя гвардейцы... Но тот и не пытается бежать, лишь защищается руками от ударов...

Так погиб этот веселый и умный женолюб-король. Как сказал ехавший с ним в карете его любимец герцог Монбазон: «Бог дал ему все, кромс смерти в своей постели».

Герцог де Монбазон, свидетель смерти короля Генриха, и *был отцом той самой герцогини де Шеврез*.

Месье Антуан остановился, помолчал, потом продолжил равнодушным тоном лектора:

— У короля было много врагов, и до этого было восемнадцать неудачных покушений; почти все покушавшиеся были четвертованы.

Удачливым убийцей оказался простолюдин по имени Франсуа Равальяк, фанатик-католик... Которому *кто-то* внушал, что король Генрих — тайный протестант, сменивший веру только ради власти, что он готовит войну с папой и завоевание мира протестантами... И которого *кто-то* предупредил о поездке короля в Арсенал. *Кто* внушал? *Кто* предупредил? Протестанты, ненавидевшие короля за то, что стал католиком, католики, подозревавшие, что он остался протестантом, или королева, уставшая от измен Генриха и сама мечтавшая о власти? Или ее тогдашний любовник? Или аристократы, недовольные усилением королевской власти? Или кто-то из брошенных любовниц, так и не простивших короля? Или... Всегда найдется много «или»... у кого много врагов. Нужен лишь один безумный, который поменяет ход Истории... Сколько их было и будет!

Но тогда следствие подозрительно быстро закончилось обычным выводом: убийца был одиночкой. Зрелище казни сделали обычно устрашающим. Несчастного четвертовали: четыре лошади рванулись в разные стороны и разнесли тело Равальяка. Францией начала править королева Мария. Она — регентша при девятилетнем сыне Людовике XIII.

Теперь Мария всегда в черном — в вечном трауре, доказательстве любви к мужу, который ее не любил и которого не любила она, измученная его изменами и сама ему изменявшая. Очередная человеческая комедия, столько раз бывшая под солнцем. Семь лет будет править королева-регентша, и править, как давно мечтала: всю власть Мария Медичи передает тому, кого так страстно любила.

Ее любовник, красавчик флорентинец Кончино Кончини приехал из Италии в ее свите. Для приличия королева женила его на своей молочной сестре — дочери кормилицы. Прехорошенькая, хитрющая пройдоха — простолюдинка Леонора с детства закадычная подруга королевы Марии.

Уже вскоре после убийства короля по Парижу поползли стыдные слухи. Будто семейная жизнь четы Кончини должна прикрывать отношения сорокалетней королевы-регентши с красавцем флорентинцем. Эта ситуация тоже часто повторялась в истории. Точно так же семья вашего временщика Бирона прикрывала его ночи с вашей царицей Анной Иоанновной... Но обезумевшая от любви регентша перестает стесняться. Стареющая королева щедро оплачивает ночи Кончини. Любовник становится Первым камергером; никогда не воевавший, он получает звание маршала Франции. Флорентинец из бедной дворянской семьи обезумел от открывшихся возможностей. Что делать — «жаднее богатых только бедные». Он беззастенчиво обирает казну! По приказу королевы исполняются все его алчные прихоти: для него выбивают драгоценные камни из короны покойного короля.

Роскошный дворец фаворита и королевский Лувр разделял глубокий овраг. Королева велит построить через него мостик, который парижане тотчас насмешливо прозвали «мостиком любви». Каждое утро фаворит идет по этому мостику во дворец, чтобы засвидетельствовать почтение королеве, и каждую ночь крадется туда же, чтобы оставаться там до рассвета. Такое же безродное ничтожество, как и ваш Бирон, он нагло помыкает первыми фамилиями Франции. Но в отличие от вечно покорной Руси в стране вечно мятежных галлов такое долго продолжаться не могло. Знатнейшие фамилии радостно начинают бунтовать. По Парижу гуляют непристойные сочинения о фаворите и королеве с похабными рисунками.

Ее сыну Людовику пошел уже шестнадцатый год. Дети вырастают незаметно, но родительницы продолжают относиться к ним как к детям. История также обычная под солнцем и очень опасная, коли ребенок — король.

Юный король проводит много времени на охоте. Здесь он и приобрел старшего друга с очень смелыми замыслами.

«ФАВОРИТ УМЕР, ДА ЗДРАВСТВУЕТ ФАВОРИТ!»

Герцог Альбер де Люинь — прирожденный царедворец, то есть великий интриган. Каждый день он сопровождает короля на любимую охоту и становится неразлучным с юным Людовиком XIII. Шестнадцатилетний король ненавидит любовника матери и страдает от позорных слухов, которыми услужливо и ежедневно снабжает его герцог вместе с постыдными памфлетами и непристойными рисунками.

И однажды герцог предлагает юноше покончить с фаворитом. Людовик колеблется: он привык подчиняться матери, он боится. И тогда де Люинь играет по-крупному. Он сообщает юноше: терпение знати закончилось — готовится бунт, который может стать не только гибелью фаворита, но и концом великой династии. Есть только один выход: опередить знать и убрать итальянца, которого ненавидит весь Париж. И стать, наконец, королем!

Людовик соглашается.

Утром герцог передает капитану королевских гвардейцев приказ короля: арестовать всемогущего фаворита. И коли он будет сопротивляться...

Капитан улыбается — дальше продолжать не стоит.

Гвардейцы встретили Кончини на «мостике любви»... «Разодетый итальянский павлин» шел во дворец королевы, как всегда, окруженный шумной толпой стражи и прихлебателей-придворных. Именем короля капитан гвардейцев объявил Кончини арестованным. Взбешенный фаворит выхватил шпагу. Этого и ждал капитан. Выстрелом в упор из пистолета преспокойно застрелил маршала Франции. Прихлебатели и охрана Кончини тотчас разбежались, как всегда бывает под солнцем.

Гвардейцы короля, хохоча, долго пинали ногами тело временщика. Вдоволь надругавшись над тем, кому вчера угодливо служили, гвардейцы закопали труп. Но народ... Добрый народ захотел тоже повеселиться. Народ вырыл из могилы труп вчерашнего повелителя.

Мертвое тело топтали ногами, били палками, женщины царапали ногтями мертвое лицо, мочились на труп. Потом тело поволокли по улицам к Новому мосту, где стояла конная статуя короля Генриха. Здесь труп любовника вдовы Генриха подвесили за голову к статуе ее мужа, и народ отплясывал вокруг трупа, распевая похабные песни о королеве... Потом начали резать мертвое тело ее любовника... Нос, пальцы — брали на память. Жалкие останки, точнее — остатки, торжественно сожгли на Новом мосту перед статуей Генриха. Эта дьявольская радость черни, ее упоение зверством, надругательством над вчерашним властелином... в нем уже мерещилась будущая революция... Точнее, все революции, и ваша в том числе. Ибо нет ничего нового под солнцем. Герцог де Люинь до конца дирижировал переворотом. Королеве-матери было запрещено покидать Лувр. Вчерашняя всесильная королева Мария беспомощно наблюдала в окно, как рушили все, что осталось от несчастного любовника, — «мостик любви». Ее любимую подругу, жену убитого, хранительницу ее интимных тайн, герцог де Люинь приказал арестовать и пытать. Несчастная молила прекратить пытку — признала все, в чем ее обвинили: колдовство, полеты на шабаш, совокупление с дьяволом и попытку извести короля! Молочную сестру королевы сожгли на костре при счастливых криках тысячной толпы.

Королева-мать покорно перенесла гибель подруги, она смирилась со всем... Но Людовик помнил, как опасен яд Медичи. По совету все того же герцога де Люиня юноша отправил родную мать в замок Блуа, где она должна была жить на положении арестованной. Она сумела бежать оттуда только через пару лет.

(Была грозовая ночь, хлестал непрерывный дождь и охрана спасалась от непогоды, когда отважная женщина спускалась по веревке из окна замка. Здесь ее ждали оседланная лошадь и верный слуга.)

После гибели фаворита Кончини начинается стремительное возвышение фаворита нового — герцога де Люиня.

Как только были зарыты останки фаворита королевы, и сама она отбыла в ссылку, в Лувре началось непрерывное празднество... Людовик XIII (а точнее, герцог де Люинь) праздновал обретение власти. Великолепные балы следовали один за другим. Как положено при новом правлении, при дворе появились вчерашние жертвы — впавшие в немилость при правлении прежнем.

Именно тогда на очередном балу появился знаменитый герцог де Монбазон. Тот самый герцог де Монбазон, который находился в карете в злосчастный миг убийства Генриха IV.

ГЕРЦОГИНЯ МАРИЯ

Герцог де Монбазон происходил из древнего рода Роанов, владетелей Бретани. Этого любимца убиенного монарха королева Мария заставила покинуть двор тотчас после гибели его благодетеля. Герцог де Монбазон затворился в своем великолепном замке в Бретани. Именно здесь он написал свой знаменитый трактат «О поведении впавшего в опалу», где был и список книг, которые следует читать опальному в печальное время, и, конечно, список вин, которые следует пить для поддержания духа. Никаких мрачных поучений Сенеки — утешайте себя чтением шаловливых Петрония и Овидия и веселыми «золотыми брызгами» шампанского — любимого Аи. И с усмешкой наблюдайте из своего изгнания за покинутой вами ярмаркой тщеславия. «Ирония и сострадание» — ваш девиз.

И вот он снова появился при дворе со своей неизменной насмешливой улыбкой и вечными латинскими изречениями.

Но появился он не один, он привез ко двору «свое сокровище» — семнадцатилетнюю дочь Марию.

На первом же балу случилось: ослепительная юная красавица овладела сердцем нового фаворита. Уже через неделю любимец короля герцог де Люинь смиренно просил ее руки. Состоялась свадьба века: всесильный фаворит и красавица из древнейшего и богатейшего рода... Однако на брачном ложе произошло самое неприятное — красавица не смогла обагрить свадебные простыни положенной кровью невинности. Драгоценный плод оказался надкушенным.

Но такие невинные, такие огромные, полные слез глаза умоляюще глядели на взбешенного супруга. Заливаясь слезами, Мария поведала де Люиню о девичьей любви к бедному прекрасному рыцарю... конечно же, погибшему на войне. И о своей нынешней любви — к нему, к супругу. Короче, герцогу пришлось простить это досадное обстоятельство. Тем более что невеста принесла в приданое вместе со своей любовью и красотой огромное состояние.

(Если бы герцог знал, что он получил в приданое также немалый опыт новобрачной. Этот опыт помогли приобрести многие в имении Роанов. Например, молодой красавец конюх и другой молодой человек — дворецкий. И немолодой граф Рошфор, друг отца.)

Вот так великий хитрец-интриган герцог де Люинь был легко одурачен семнадцатилетней девицей, ибо он... любил!

Началось стремительное возвышение юной Марии. Уже вскоре юная жена фаворита становится старшей фрейлиной юной жены Людовика XIII — королевы Анны Австрийской.

И, как отмечают все современники, обворожила молодую королеву. Они с королевой ровесницы и теперь неразлучные подруги. Наступает четырехлетняя гармония при дворе: жена фаворита короля — любимица молодой королевы Анны, ее муж — любимец короля. Но все эти четыре года могущества юная Мария не только наслаждалась счастьем. Она старательно училась хитросплетениям дворцовых интриг у своего великого интригана-мужа. Она оказалась способнейшей ученицей — с отличием окончила мужнины университеты.

ИСТИННАЯ АННА

Королеву Анну Австрийскую, испанскую принцессу из рода австрийских Габсбургов, ставшую женой Людовика XIII, благодаря роману Дюма знает каждый школьник. Но нам, мой друг, придется забыть о королеве, созданной фантазией Дюма.

Истинная королева Анна... У нее пепельные волосы (которые со временем сильно потемнеют, и она начнет красить их в каштановый цвет), изумрудные глаза нимфы и капризно выпяченная фамильная губа Габсбургов. В моем женевском доме висит прижизненный портрет Анны Австрийской, сделанный безымянным учеником Рубенса. Пышное платье XVII века скрывает трагедию королевы. Да, у королевы Анны была большая проблема. У нее была недопустимо тонкая кость. Сегодня эта беда сделала бы ее эталоном красоты, но тогда... Ее изящная маленькая грудь, худенькие плечи, длинные тонкие ноги были невозможны для красавицы XVII века. Это мучило Анну, и придворным художникам приходилось на картинах рисовать несуществующую щедрую плоть королевы.

Эта чересчур тонкая кость была причиной аристократического недуга Анны. Ее нежнейшая кожа не выносила прикосновения даже благородной льняной ткани. Только тончайший воздушный батист мог безболезненно прикасаться к телу королевы.

Все это раздражало грубоватого охотника-короля. После первой ночи король пожаловался герцогу де Люиню:

— Нельзя было показать больше и увидеть меньше.

Теперь король редко посещал спальню королевы, а потом и вообще перестал там бывать. Целых четыре года тонкое, страстное тело Анны тщетно ждало короля. Верная подруга пришла на помощь. Мария де Люинь заставила мужа «сыграть роль Амура». Фаворит сумел уговорить Людовика. Через четыре года после женитьбы молодой король вновь посетил спальню супруги, нарушив ее печальное воздержание. Счастливое последствие для Франции — Анна забеременела! Но... Как и положено тоненьким девушкам, королева обожала движение. Она придумала прыгать через ров, вырытый недалеко от дворца. Две белокурые подруги — королева и Мария — прыгали по очереди, кто дальше. Легкая Анна улетела далеко. Результатом этого слишком удачного прыжка королевы был... выкидыш. И король снова стал очень редким гостем в ее спальне.

ГЕРЦОГИНЯ МАРИЯ ДЕ ШЕВРЕЗ

Печальным оказался этот год и для любимой подруги. Через четыре года счастья и могущества наша Мария де Люинь овдовела. Король назначил герцога де Люиня коннетаблем (главнокомандующим армии Франции), и герцог отправился в Ла Рошель воевать с протестантами. Но он познал годы власти... власть ослепляет неизменно! И случилось недопустимое: он забыл про яд Медичи и долгую память мстительной королевы Марии. И там, вдали от Парижа, и произошла его таинственная безвременная смерть. Герцог умер от какой-то неведомой болезни. Врачи беспомощно назвали ее «лихорадкой».

Как положено молодой богатой красавице из знаменитого рода, Мария недолго оставалась вдовой. Она вышла замуж за герцога Клода де Шеврез. Он был сыном герцога де Гиза, знаменитого страстного любовника королевы Марго, чьи зубы остались на ее теле и в легендах.

Теперь до смерти наша героиня будет носить имя герцогини де Шеврез. Под этим именем она и вошла в историю.

КАРДИНАЛ РИШЕЛЬЕ

Теперь молодой король должен был управлять Францией один. Должен, но не мог и не хотел. И тогда рядом с королем появился тот, кто станет воистину бессмертным, — кардинал Ришелье!

Прежде чем мы отправимся в Пале-Кардиналь, в этот незабвенный дворец Ришелье, я позволю себе представить, мой друг, кардинала Ришелье таким... — Здесь месье Антуан поправился: — ...каким его описывал граф Сен-Жермен... Во время регентства Марии Медичи Ришелье был безвестным епископом в беднейшей епархии Франции. Здесь его заметила и отличила королева Мария. Ришелье отплатил ей. После смерти де Люиня помог королеве

Марии помириться с сыном. Женщина из рода Медичи не смогла забыть радость власти. Вернувшись из изгнания, королева-мать задумала вернуться на политическую сцену. Она презирает слабовольный характер жалкого сына: Людовик не может и не хочет управлять. И мать возглавила Королевский совет и лихорадочно окружает сына своими людьми. С ее помощью Ришелье становится кардиналом и членом Королевского совета, она приблизила его к королю. Но слишком приблизила. Она не понимала сына. Людовик боится и презирает ее. Он никогда не мог забыть **тот день** — как, обернувшись назад, увидел запрокинутую голову мертвого отца. И другой день, когда, войдя ненароком в гостиную, увидел запрокинутую голову стонущей матери и гнусного итальянца... И король теперь не расстается с умным и жестким кардиналом, в нем его спасение от напора матери... Вместо спины де Люиня он решил спрятаться за спину Ришелье... И кардинал это сразу понял. А мать все ждала благодарности Ришелье. Но благодарности в политике не бывает, и это так банально под солнцем. Королева узнает, что вожделенное место покойного фаворита занято. И занимает его тот, кто должен был помочь занять это место ей! Пылкие любовники Ришелье и Власть нашли друг друга... Я точно не помню... кажется, это было то ли 13, то ли 3 августа 1624 года. Но именно в этот день кардинал Арман Жан дю Плесси де Ришелье стал первым министром короля Людовика XIII.

Теперь до конца своих дней король будет царствовать, а Ришелье управлять. И до конца своих дней королева-мать останется смертельным врагом кардинала.

Впрочем, трудно сказать, кто был искренним другом Ришелье. Как говаривал граф Сен-Жермен: «Бескорыстно кардинала любили только его кошки».

Ибо история Ришелье — обычная и так же бесконечно повторявшаяся под солнцем история Великого Реформатора. У вас в России такими великими реформаторами были Сперанский, граф Витте и Столыпин. Но у них — не вышло. Ваша родовая аристократия, эта вечная дворцовая камарилья, в конце концов свалила их.

У Ришелье вышло. Хотя, повторюсь, во Франции было все то же. Ришелье жестко проводил свои великие реформы. Покончил со своеволием губернаторов, отнял у знати древнее право быть маленькими королями в своих провинциях. Запретил дуэли, отняв у знати другое древнее право: законно убивать друг друга, лишая армию храбрейших воинов. Принял меры против излишней роскоши знати: отнял еще одно древнее право — проматывать состояния предков. Своевольничать стало нельзя, убивать друг дружку нельзя, проматывать деньги — нельзя. Спрашивается, где «сладкая жизнь»?

И аристократы объединяются против выскочки-реформатора.

Как часто бывает под солнцем, самая реакционная оппозиция объявляет себя главной защитницей Бога... Оппозиция Ришелье называет себя

«Партией благочестивых». Они теперь бо́льшие католики, чем пастырь французских католиков кардинал Ришелье. Ибо во внешней политике великий кардинал мечтает сделать обновленную Францию гегемоном в Европе. Но для этого он должен сокрушить могущество Габсбургов, правивших в Испании и Австрии. И глава католиков Франции начинает поддерживать протестантские страны в их борьбе с католиками Габсбургами. Он насмешливо заявляет, что различиями в вере удобнее заниматься на небе, на земле приходится заниматься политикой.

Но француз жаждет бунтовать, иначе он не француз. Эту черту галлов отмечал еще Цезарь. Цвет аристократии ненавидит сильную королевскую власть, которую так умело создает кардинал.

Теперь против кардинала вся голубая кровь Франции! Мать короля (Мария Медичи), жена короля (Анна Австрийская), родной брат короля (Гастон Орлеанский), все принцы крови и многочисленные потомки незаконных детей королей, носящие герцогские титулы.

И против всех — одинокий, мрачный административный гений.

Но Ришелье спокоен. Да, против него королева Анна и королева-мать. Но он, духовник королевы Анны, отлично знает отношения в королевской семье. Анна не любит пренебрегающего ею Людовика, Людовик — Анну. И оба ненавидят королеву-мать, которая, в свою очередь, ненавидит их обоих! Так что, если обе королевы против него, союз с королем будет только прочнее. Тем более (и это главное!) слабый король счастлив своей сильной властью, созданной кардиналом. Кардинал ловко играет в игру, которая также много раз бывала под солнцем. В нее играли и будут играть все великие министры при жалких королях. Ришелье умело демонстрирует, будто все важнейшие решения предлагает... король! Выйдя из королевского кабинета, не устает восхищаться прозорливостью Его Величества. И при этом кардинал исполняет главное правило: не обременять короля скучными государственными делами. Не отнимать у него драгоценное время для любимой охоты. Людовик охотится, а кардинал работает. Хотя он вечно болен, этот хилый Ришелье. То радикулит, то камни в печени, то слабые легкие валят кардинала в постель. Это значит? Он продолжал работать в постели! Он плохо спит по ночам от постоянной боли в печени. Это значит? Он работает по ночам тоже. И довольный король не устает осыпать усердного кардинала знаками своей милости.

Но обе королевы знают: в тайниках души Людовик ненавидит Ришелье, как ненавидит ленивый, жалкий ученик строгого учителя. И они ждут своего часа.

Но умнейший Ришелье также понимает, что король *сегодня* осыпает его милостями. И неустанно следит за погодой *на завтра*. Несколько раз в день к Ришелье приходит иссохший монах в сером плаще. Это знаменитость — отец Жозеф, монах ордена капуцинов. Он возглавляет... службу безопасности кардинала! Да, мой друг, Ришелье уже тогда понял то, что только нынче известно всем: подлинная власть начинается с информации, точнее, с тотального шпионажа. Отец Жозеф великолепно наладил эту работу. Его называют «серым кардиналом» за цвет носимого им плаща. Его влияние на государственные дела и на самого Ришелье таково, что прозвище «серый кардинал» станет синонимом человека, вершащего все дела за широкой спиной могущественного патрона. Щедро оплаченные шпионы «серого кардинала» теперь повсюду — во дворцах, в трактирах, в борделях. Ришелье первым узнает и о дворцовых сплетнях, и о готовящихся заговорах. И беспощадно их подавляет. Или успевает в ответ разыгрывать свои знаменитые провокации. Они должны доказать врагам тщетность борьбы с Ришелье. Одна из таких провокаций вошла в историю Франции.

ЗАГОВОР ОДУРАЧЕННЫХ

В это время Людовик заболел... Нежданно болезнь приняла опасный характер. И королева-мать тотчас запретила врачам сообщать Ришелье о болезни. Но «серый кардинал» знает свое дело. Его шпион (один из главных врачей) ежедневно доносит о новостях у королевской постели. Врачи считают безнадежным состояние короля. Королева-мать и королева Анна не отходят от ложа больного.

Они внушают умирающему: его болезнь — Божья кара. За противную Господу политику Ришелье против верных католиков-Габсбургов, против угодной Богу «Партии благочестивых»... Людовик уже исповедался и приготовился к смерти...

Но врачи вовремя сообщают «серому кардиналу», что кризис болезни счастливо миновал. Болезнь отступает, королю уже ничто не грозит, и на днях он пойдет на поправку.

Теперь Ришелье успокаивается — он опасался решений короля больного, но не сомневается в решениях короля выздоровевшего.

Я пропускаю все дальнейшие подробности шахматной партии кардинала, одурачившего своих врагов... Какие сцены мы могли бы с вами увидеть... И шекспировскую сцену в Люксембургском дворце — сцену троих: королевы-матери, кардинала и выздоровевшего Людовика... Когда вне себя от ярости королева-мать выкрикивает обвинения кардиналу. Ее лицо, распаленное злобой, залито слезами, она умоляет сына выбирать между матерью и Ришелье. Но король трусливо безмолвствует. Он лишь просит кардинала покинуть дворец. И тогда королева-мать выбегает из кабинета и сама объявляет об отставке ненавистного кардинала. Ришелье покидает дворец спокойным. Ришелье оценил молчание короля... Теперь он может ждать... и выявлять врагов. Распространяет слух, что уже написал прошение об отставке. И с усмешкой наблюдает, как придворные, толпившиеся прежде в его приемной, спешат перебежать из

Пале-Кардиналь в Люксембургский дворец. Он сам смиренно является во дворец королевы-матери. Но Мария грубо отсылает его прочь. Тспсрь все окончательно уверились в падении кардинала, уже возобновились желанные дуэли, и мушкетеры буквально охотятся за гвардейцами кардинала... когда Ришелье дождался: король позвал его в Версаль, в свой охотничий домик.

И кардинал явился к королю... с прошением об отставке! Но теперь они наконец-то остались вдвоем. И удаву достаточно было взглянуть на кролика! Ришелье посмотрел на короля своим гипнотическим, мрачным взглядом. И Людовик поспешил... заключить кардинала в объятия! Долго был неумолим кардинал, долго просил об отставке во имя желанного спокойствия в августейшей семье Его Величества... И долго король умолял его остаться. Наконец Ришелье согласился.

Так что на следующий день сиятельные враги еще раз с ужасом поняли — кардинал вечен. Ну а далее началась расплата. Многие из «одураченных» навсегда были удалены от двора, против других затеяны судебные процессы, зачинщики дуэлей отправились в Бастилию. Был арестован и медик королевы, участвовавший в лечении Его Величества. И началась проверка лекарств, рекомендованных им королю. Так что королева-мать не стала ждать дальнейших шагов мстительного Ришелье. Мария Медичи в очередной раз бежит за границу.

Там она и умрет в бедности и забвении.

Но заговоры знати против Ришелье были порой куда опаснее. К кардиналу не раз подсылали убийц, поднимались восстания, в одном участвовала даже армия. Наш реформатор отвечал беспощадно. Герцог Монморанси, потомок знаменитой фамилии, маршал Марильяк, прославленный воин, красавец де Сен-Мар, любимейший фаворит короля, несмотря на униженные мольбы могущественных родственников, отправятся на Гревскую площадь. И палач на глазах толпы рубил головы родовитейшим аристократам, ибо так повелел кардинал Ришелье.

Мне очень хотелось возразить месье Антуану. Я знал куда более подробную и совсем иную историю «Дня одураченных»... но каждый раз, когда я хотел это сказать, месье Антуан смотрел на меня с такой беспощадной иронией... и я молчал!

Но он сам ответил на мои мысли, он их читал, как всегда:

— Мой дорогой друг... Вы хотите мне пересказать свидетельства очевидцев. Я их тоже знаю, но им не верю. Вы, конечно, помните знаменитый рассказ японского писателя, где все участники одного события пересказывают это событие совершенно по-разному. Притом никто не лжет. Просто они так его видели. Вот почему есть формула «врет, как очевидец»... История — это всего лишь роман, написанный врущими очевидцами и еще раз перевранный историками... Причем самое правдивое они пропускают... Самое правдивое — не скандальные выкрики Марии Медичи, которые все изложат по-разному, а шум дождя за окном... и порыв ветра, раскрывший балконную дверь в зале. Этот шум дождя слушал король, пытаясь не слушать, как кричит его мать криком торговки на итальянском базаре... История, как насмешливо писал граф Сен-Жермен, — всего лишь шум отшумевшего дождя... и еще — ветер, который унес опавшие листья... И еще — доказательство вечного: «Что было, то и будет; что делалось, то и будет делаться; и нет ничего нового под солнцем».

Единственное, что развлекает меня в Истории, — это тайны.

ТАЙНА

Осталась тайна, над которой я долго бился. Кардинал Ришелье загадочно нянчился с двумя, пожалуй, главными мятежниками — отцом и сыном герцогами де Бофорами...

Энергичный брат короля по отцовской крови, бастард Цезарь герцог Бофор всегда был в центре заговоров знати. Гордый незаконный сын Генриха IV не мог подчиниться кардиналу. Таким же мятежником воспитал он и героя нашей истории — своего сына, красавца Франсуа.

Однако Ришелье, обычно беспощадный к заговорщикам, удивительно терпим к де Бофорам. В очередной раз раскрыв их участие в очередном заговоре, он странно беспомощно жаловался Цезарю Бофору: «Вы все меня ненавидите. Что ж, это не ново. Реформатор, послуживший своей стране, сродни преступнику. Разница лишь в том, что преступника ненавидят и карают за грехи, а его — за деяния во славу родной страны. Примиряет с ним только смерть. Впрочем, после смерти вы будете преследовать моим именем новую жертву — нового реформатора. Я одинок, очень одинок при дворе... и к тому же очень болен».

Кардинал печалился, вместо того чтобы привычно наказывать! В ответ старший де Бофор только расхохотался.

И кардинал загадочно стерпел.

Но Бофор смеялся не потому, что хотел обидеть кардинала. Как и все при дворе, он хорошо знал, что Ришелье весьма преувеличивал свое одиночество, как и свои болезни. По дворцу кардинала весело порхала прехорошенькая толстушка. Это была племянница кардинала вдовушка Мари-Мадлен, которую Его Высокопреосвященство сделал герцогиней Эгильон. Она вела дом кардинала и была его тайной женой... Кардинал, несмотря на церковный сан, был дитя века и очень падок на женские прелести. Его Высокопреосвященство не оставлял пылким вниманием ни одной хорошенькой просительницы. Впрочем, всем им, обращавшимся к кардиналу, была хорошо известна обязательная плата за просьбу. Но порой и ему, самому могущественному человеку Франции, приходилось становиться просителем у знаменитых красавиц. И за прихоти своего сердца пылкий князь Церкви готов был платить любые деньги. Во время осады знаменитой куртизанки Нинон де Ланкло кардинал бомбардировал ее фантастическими предложениями. Но куртизанка отказывалась пустить в свою постель старого кардинала. Ришелье сражался до конца. Целое состояние — 50 000 экю за одну ночь любви — предложил красавице Нинон пламенный кардинал. Но та отказала — одна из немногих. Нинон спала за деньги, но только... с мужчинами, которых желала! Штурм постели другой красавицы-куртизанки, Марион Делорм, прошел куда удачнее. За ночь с реформатором Марион попросила и получила вполне разумную сумму — 200 пистолей.

Так что, зная пылкость Его Высокопреосвященства, герцогиня Эгильон была постоянно начеку. Чтобы поддерживать страсть столь неугомонного великого человека, она разгуливала по дворцу кардинала в боевой и соблазнительной готовности — с обнаженной грудью, буквально выпадавшей из корсажа... Так что «серый кардинал» отец Жозеф с усмешкой сказал: «Глядя на герцогиню, я тотчас впадаю в детство — вспоминаю свою кормилицу».

Плату просительниц кардинал принимал в великолепной спальне. Дам ждала знаменитая необъятная кровать под балдахином, с гербом Ришелье и зеркальным потолком.

Но в его знаменитом Пале-Кардиналь было несколько зал, где обитал только он. Здесь на стенах были развешаны его любимые Леонардо, Рафаэль, Тициан и Тинторетто. В книжных шкафах его ждали редчайшие книги и древние манускрипты. Потонув в огромном кресле, здесь он работал, читал или просто часами смотрел на огонь в камине. В эти залы было дозволено входить только тем, кто любил его бескорыстно и кого любил он, — знаменитым кошкам кардинала...

Красная мантия на опущенных плечах, красная шапочка склонилась... он зябко сутулится. Худая старческая пергаментная рука с венами перевернула пожелтевшую страницу... Медленно поднялся. Высокая, гнутая, худая фигура движется по залам. Его шаги, гулкие в тишине. Запах свечей и ладана... В пустых залах на мраморных каминах, на креслах — всюду кошки... Кардинал шагает, не забывая гладить, ласкать их, почесывать за ушком. Мурлыкают... ластятся... Одна поднялась, изгибает спинку...

Здесь месье Антуан остановился, с обычным изумлением посмотрел на меня. Потом спохватился, сказал:

— Жаль, что вы этого не увидели. Однако... вернемся к нашей истории. К загадочным отношениям кардинала к отцу и сыну — де Бофорам, которые и поныне непонятны историкам. Граф Сен-Жермен первым разгадал эту тайну, но об этом позже. Итак, как вы помните, у Цезаря де Бофора подрос любимый сын Франсуа — герой нашего сегодняшнего рассказа.

ВЕЛИКИЙ ЛЮБОВНИК

Герцог Франсуа де Бурбон Вандом, второй герцог де Бофор... Франсуа принял боевое крещение в 12 лет — участвовал в военной кампании против Савойи. Именно с тех пор он стал верным сподвижником отца во всех заговорах против Ришелье.

После провала очередного заговора, когда кардинал должен был быть убит, Ришелье арестовал заговорщиков. Все ждали, что будет с организаторами — де Бофорами. Но красавца Франсуа вообще не тронули, а его отца Цезаря де Бофора заточили в Венсенский замок на шесть лет. Точнее, *всего* на шесть лет, ибо двое других участников заговора поднялись на плаху. Старший Бофор отсидел четыре года, когда по приказу Ришелье был неожиданно освобожден и выслан в Голландию. Вместе с ним отправился в ссылку и наш герой — его сын Франсуа. Вскоре, опять же по просьбе Ришелье, оба были помилованы королем и вернулись.

Вернулись, но не унялись.

Если Цезарь де Бофор был воин и заговорщик, то его сын был воин и донжуан. Свою несравненную внешность он называл «*рекомендательным письмом к дамам, врученным мне самим Господом*». Природа славно поработала над своей рекомендацией: Франсуа — красавец, атлетически сложен и дьявольски вынослив. Но, наделив его столь завидными качествами, мать-природа забыла наградить его самой обычной душой. Вместо души она дала ему свирепую чувственность. Франсуа совершенно уверен, что женщина бывает целомудренной лишь в двух случаях: или из тщеславия, или из кокетства. Нет неприступных женщин, есть нерешительные мужчины. О его любовных похождениях ходили легенды. Достаточно ему было увидеть хорошенькое личико — и уже нет ни отца, ни брата. Он отбил любовницу у отца, переспал с возлюбленной брата. Если отец стерпел, то взбешенный брат кричал ему: «По какому праву ты разбил мое сердце?» Франсуа ответил искренне: «По праву моего члена!» Надо сказать, женщины никогда не забывали ночи Франсуа. Понимая и принимая наследственность внука ловеласа Генриха, они не ревновали, но уступали его друг дружке, как дорогой подарок. И конечно, одна из главных действующих лиц нашей истории, Мария де Шеврез, не могла упустить великолепного любовника.

ГЕРЦОГИНЯ ДЕ ШЕВРЕЗ

После прихода к власти Ришелье положение Марии де Шеврез при дворе совершенно изменилось. Главной причиной стала она сама. Гордая дочь знаменитейшего рода Роанов, конечно же, примкнула к борьбе знати против властолюбивого кардинала. «К тому же Его Высокопреосвященство так нехорош!» — жаловалась она королеве. И примерная ученица покойного де Люиня радостно бросилась в море интриг и заговоров. «С некоторых пор моя жизнь посвящена борьбе всех честных людей, решивших избавить любимого монарха от властолюбивого негодяя», — написала она в дневнике.

В свои опасные игры герцогиня вовлекла королеву. Ришелье объявил главным врагом — соперником Франции — родину королевы, католическую Испанию. И она легко уговорила религизнейшую католичку королеву Анну примкнуть к борьбе «Партии благочестивых».

Все эти годы она по-прежнему оставалась главной подругой королевы Анны. Но этого ей было мало. Герцогиня жаждала повелевать. И она захотела повелевать королевой. Случай представился. Во Францию прибыло английское посольство — сватать сестру короля Людовика за английского короля Карла I. Посольство возглавлял первый щеголь Европы, красавец герцог Бекингэм. Прозорливый ценитель красоты опередил свой век: он пришел в восторг от утонченных прелестей Анны. Бекингэм пылал, и Анна также влюбилась в галантного красавца-англичанина.

Мечта герцогини становилась явью: Мария де Шеврез стала наперсницей в этой тайной любовной истории. Через нее шла секретная переписка влюбленных, и письма их становились все нежнее и опаснее. Как ждала герцогиня этого великого мгновения, когда Анна сделает рогатым жалкого короля — покровителя выскочки Ришелье, а она станет хранительницей греховной тайны королевы! Но любовь Анны (увы!) ограничилась письмами. Истинная католичка осталась верной мужу, который ее не любил. Красавец Бекингэм продолжал присылать свои огненные письма, умоляя о тайном свидании, герцогиня нашептывала о страсти англичанина, королева мучилась, перестала спать, но... ничего не происходило. Любовным мучениям положил конец фанатик-протестант. Как много раз бывало (и будет) под солнцем, враги герцога сумели убедить этого воистину верующего человека, что во имя Господа, отвергавшего насилие и убийство, надо убить!

Как сказал о Бекингэме Ришелье, «счастливее всего этот великий модник чувствует себя перед зеркалом».

В то утро, стоя перед зеркалом, герцог решал сложнейшую задачу — выбирал цвет перевязи шпаги для нового камзола. Убийца преспокойно подошел к захваченному волнующим занятием Бекингэму и всадил ему кинжал в живот. Кровь залила камзол герцога. Но умирал Бекингэм с довольной улыбкой. Он окончательно понял, что к его новому камзолу нужна была алая перевязь.

Бедная королева провела несколько дней в безутешных рыданиях. Но неунывающая герцогиня тотчас начала подыскивать нового претендента на роль совратителя подруги.

Искала она его своим, много раз проверенным способом.

ДИАНА-ОХОТНИЦА

Любимый портрет Марии де Шеврез, ныне висящий в Версале: она в образе Дианы-охотницы. Да, лук этой вечной охотницы был постоянно натянут, и стрела, которую она держит на портрете, постоянно устремлена в сердца мужчин. Как часто бывает с дамой, имевшей множество любовников, она была холодна, без темперамента и никогда никого не любила. Это и помогло ей стать истинной мастерицей Любви. Она в совершенстве овладела индийскими практиками — малоизвестной при дворе Камасутрой, и даже разработала несколько новых поз, носивших тогда ее имя и нынче несправедливо забытых... (Упомяну для историков, что все они были связаны с пухлыми губками герцогини.) В постели герцогиня успешно вербовала армию врагов ненавистного кардинала. Сердце к ее любовным забавам никакого отношения не имело. Она беспощадно воевала телом. Красавица умудрилась переспать даже с уродливым стариком маркизом де Шатнефом, переманив в свою армию этого верного сподвижника Ришелье, занимавшего важнейший пост хранителя государственной печати. Побывав в ее объятиях, маркиз стал яростным врагом кардинала. К сожалению, ненадолго: кардинал тотчас отправил слишком пылкого маркиза в Бастилию.

Несравненные чары герцогини оказались бессильны только перед собственным мужем. Герцог де Шеврез, недостойный потомок вечно мятежных Гизов, не захотел принять участие в ее святой борьбе. Он предпочел скучно строить любимый замок, одинаково равнодушно относясь и к ее интригам, и к ее изменам. Он как-то сказал графу Сен-Жермену... — Здесь месье Антуан остановился и, как всегда при таких оговорках, рассмеялся и поправился: — Герцог как-то сказал: «Я слишком стар, чтобы ее ревновать, и *слишком* мудр для ее старомодных заговоров и убийств».

Герцогиня незамедлительно доказала мужу обратное. В это время гремела слава великого мудреца герцога Франсуа де Ларошфуко, чьи афоризмы обожал ее муж. Мария успешно затащила в постель мудрейшего из французов, тотчас втянув мудреца в очередной заговор против Ришелье. Она доказала жалкому мужу, что мудрость и борьба должны идти под руку. К ее сожалению, Ришелье, как всегда, раскрыл интригу и преспокойно отправил философа-герцога в Бастилию.

С любовниками Мария де Шеврез расставалась легко. Мужчинам принадлежали не только ее стрелы Амура, но куда чаще иное украшение. Мудрый художник недаром изобразил рядом с нею оленя *с ветвистыми рогами*. Так что, едва успев проводить в тюрьму мудреца-герцога, Мария позаботилась... Меткая стрела Дианы-охотницы нашла не только самого желанного, но самого ей нужного. В ее постели появился герцог Франсуа де Бофор.

Но он должен был стать не только ее любовником.

ИНТРИГА ГЕРЦОГИНИ

Эту стрелу в сердце де Бофора Диана-охотница пустила, лелея все ту же мечту — наградить королеву любовником. Но на этот раз любовником, который должен был всецело подчиняться ей, герцогине де Шеврез... Герцогиня знала только один верный путь подчинить мужчину. Она любила повторять изречение китайского философа: «Две вещи правят людьми: первая — плотская любовь. Что же касается второй... о второй мне надо еще много думать...»

Кандидатура великолепного Франсуа де Бофора не вызывала у нее сомнений. Пожалуй, только он один, главный донжуан века, мог завоевать одинокое сердце целомудренной католички-королевы.

На балу в Лувре герцогиня пригласила Франсуа посетить ее утром. Мария приняла де Бофора полуодетая, за утренним туалетом. Впоследствии это станет одним из главных обычаев Галантного века. Но в ее время это было ново и, я сказал бы, революционно. Во время разговора, поправляя зацепившийся за софу краешек нижней юбки, она умело изогнулась... Тотчас две стальных руки подхватили ее, и юбка полетела вверх... И, как писалось в модном романе ее века, «он набросился на нее с яростью тигра». Она дала глупцу возможность поверить, что соблазнил ее он!

В то утро ей долго не удавалось произнести ни слова. Лишь по прошествии пяти часов двадцати минут (она всегда отмечала в дневнике цифры Любви) герцогиня смогла заговорить.

И великая интриганка заговорила с новым любовником... о другой!

Она сказала де Бофору, что обязана открыть ему великую тайну: он покорил одинокое сердце королевы. И она, обожающая свою повелительницу, решилась... нет, просто *обязана* верноподданно пожертвовать своею любовью. Короче, она предложила Бофору устроить встречу с королевой.

Как же загорелись глаза Франсуа... Незаконный потомок короля мог наставить рога потомку законному... как бы вернуть должок!

Мария начинает подготовку. Теперь каждый день она рассказывает королеве «обычную любовную дребедень» (ее слова) о пламенных чувствах Франсуа. О великолепных стихах, которые он тщетно пишет в честь королевы, не смея передать ей, передает их Марии (герцогиня была щедра и передала Анне стихи, которые ей самой писал Ларошфуко). И о его несбыточной мечте — встретиться с Анной.

Сердце королевы загорелось!

Все складывалось как нельзя лучше, но...

Но, на беду, мозг нашей великой интриганки всегда вмещал несколько интриг. И во время очередной безумной ночи с Франсуа, умело «страстно» отвечая на ласки, она, как всегда, обдумывала дела. И ей пришел в голову хитроумнейший план. Дело в том, что после бегства Марии Медичи вся коллекция ядов перешла к королеве Анне. И в ней оказался восхитительный яд индейцев майя — этот яд проникал сквозь кожу. Достаточно было дотронуться рукой до смоченного ядом места, и... Вдохновение захлестнуло герцогиню. С трудом остановив страсть Франсуа, она начала излагать замысел гибели их общего врага. Надо только подкупить камердинера кардинала. Он намажет зельем любимую ангорскую кошку Ришелье — белоснежную Мариам. Несчастное животное, подыхая, начинает страдальчески мяукать. Ришелье, сочувствующий в мире только кошкам, конечно же, погладит ее, успокаивая страдалицу, и... И уже через несколько мгновений отправится на то самое небо, о котором слагает такие красноречивые проповеди.

Простодушный Франсуа пришел в восторг. Он тотчас вызвался подкупить камердинера.

Но (как часто бывало с Марией де Шеврез) одна ее интрига погубила другую и главную. Подкупленный Бофором камердинер, конечно же, оказался агентом «серого кардинала». Заговор был раскрыт... К счастью, гвардейцы кардинала странно промедлили с арестом, и королева успела узнать о разоблачении подруги от взбешенного короля. Анна вовремя предупредила подругу.

Герцогине де Шеврез удалось бежать. В мужском костюме, меняя лошадей, она доскакала в карете до Булони. Ее сопровождал маркиз де Лотрек, давний любовник, и отряд его слуг. В Булони Лотрек зафрахтовал судно, на котором герцогиня благополучно переправилась в Англию.

Но обоих Бофоров — отца и сына — кардинал арестовать сумел. Совращение королевы де Бофором откладывалось в очень долгий ящик.

Однако случилось невероятное: Ришелье, обычно требовавший драконовских мер против своих врагов, на этот раз предложил королю совсем иное. Он сочувственно сказал Людовику, что понимает, какие жестокие упреки принцев крови придется выслушать любимому монарху, коли отправить в Венсенский замок обоих де Бофоров. Короче, к полному изумлению короля, кардинал кротко предложил... выслать из Франции отца и сына! Всего лишь — выслать!

Герцогиня де Шеврез жила в Лондоне, куда вскоре прибыли Франсуа де Бофор и его отец Цезарь. Здесь состоялись ее новые свидания с Франсуа... В коротких перерывах между стонами любви они обсудили новый дерзкий план герцогини.

Мария сообщила, что королева настойчиво хлопочет о ее прощении. Как только это удастся и Мария вернется в Париж, она уговорит Анну встретиться с Франсуа. И тогда Франсуа, рискуя свободой, а может быть и головой, должен тайно прибыть в Париж — встретиться с королевой.

Франсуа был счастлив, он обожал опасность не меньше, чем любовь. Впрочем, фраза должна звучать проще. Он обожал Любовь и Опасность.

И все начало получаться! Судьба оказалась удивительно милостивой. Изгнание герцогини в этот раз было до удивления недолгим. Королева не могла обходиться без любимой подруги. Теперь, когда та сообщила Анне столь взволновавшую ее весть о любви красавца Франсуа, королеве было необходимо говорить и говорить о нем с подругой. И Анна приготовилась к борьбе за Марию. Но, к своему (и общему) изумлению, королева очень быстро добилась прощения герцогини де Шеврез. Ришелье и здесь повел себя странно великодушно: посоветовал королю не мучить супругу долгим расставанием с лучшей подругой.

Король объявил (в который раз), что «в последний раз прощает эту дьяволицу герцогиню».

В ночь расставанья в Лондоне герцогиня и Франсуа, эти великолепные бойцы Любви, устроили потрясающее сражение. Только под утро герцогиня смогла перейти к необходимым прощальным наставлениям и советам.

Похвалив ненасытный пыл Франсуа, герцогиня была вынуждена указать ему на некоторые упущения в позах «сзади». Она тут же наглядно продемонстрировала разработанные ею корректировки к указанной позе. Корректировки так увлекли Франсуа, что лишь под вечер Мария смогла перейти к главному.

Дело в том, что красавец Франсуа, как я уже говорил, был одинаково блистателен и на поле брани, и на поле любовного боя. Однако наш храбрый воин и неутомимый любовник отчаянно плохо владел родным французским языком... Что делать, вместо учебы Франсуа принимал участие в военных кампаниях... Но если его военные и любовные подвиги стерло время, то знаменитые оговорки цитируются французами и поныне, через столетия. Например, увидев как-то племянницу герцогини де Шеврез г-жу де Гриньян в глубоком трауре, Франсуа посетовал кому-то из придворных: «Я видел г-жу Гриньян в трауре, она имела очень печальный вид», но вместо lugubre (печальный) наш Франсуа сказал lubrique (похотливый). Этот «очень похотливый вид в трауре» в устах нашего донжуана заставил молодых повес тотчас обратить на госпожу де Гриньян самое пылкое внимание! И послужил причиной множества недоразумений и пощечин, полученных ими от этой добродетельной дамы.

Так что герцогиня объяснила де Бофору главный залог его грядущего успеха: *меньше говорить и больше действовать...*

— Я знаю изысканный литературный вкус королевы и могу вам обещать: ваши слова все погубят. Меньше говорите! Нет, лучше вообще не говорите! «Страсть вместо слов!» Страсть, даже грубую, вам простят, косноязычие — никогда! Повторяйте ей лишь одно слово: «люблю». Остальное, как все мы, она придумает за вас. У нее буйная фантазия, рожденная одиночеством... Ведь все женщины в конечном счете одиноки. Женщины, мой друг, — это иная раса, чего не знают мужчины.

ИСТОРИЧЕСКИЙ РАЗГОВОР

Мария де Шеврез вернулась в Париж в начале 1637 года.

Тотчас между герцогиней и королевой произошел этот важнейший разговор.

— Мы с вами, мой друг, — обратился ко мне месье Антуан, — не смеем присутствовать при этом разговоре, мы оберегаем честь дам былых времен... Мы лишь постараемся его вообразить. Итак, Мария де Шеврез, возможно... заметьте, я говорю «*возможно*»... сказала королеве: «Бедняжка Франсуа! Я никогда не видела его таким несчастным, дорогая Анна (так она называла Ее Величество наедине)... Он безутешен. Я не могла без слез беседовать с ним в Лондоне. Мы проговорили до утра. До утра непрерывно он говорил только о *вас* — прекрасное помешательство влюбленного. Он твердил: «Все ради нее! Ради нее я боролся с ненавистным ей кардиналом. И вот теперь мне суждено томиться на чужбине, не видя ее... Жизнь не мила мне. Мне хочется *не существовать*! Есть лишь одна, единственная награда, способная вернуть меня к жизни — встреча с нею. Я жажду несбыточного — только взглянуть на нее».

Этот монолог, который рассмешил бы прежде королеву, влюбленную королеву взволновал:

— Любовь... Что такое любовь — мне неведомо... Знаю только слова философа: «От любви люди глупеют, а после любви становятся печальными».

— Философ глуп. На свете есть только любовь, дорогая Анна, — вздохнула Мария.

Королева долго расхаживает по комнате. Наконец она говорит то, что должна сказать:

— Нет! И тысячу раз нет!.. — И лишь после этого, вздохнув, добавляет столь ожидаемое, столь желанное герцогиней: — Кроме того, это слишком опасно, Мари. (Она согласна!!!)

— Это безопасно, Анна. Кардинал знает: Франсуа в Лондоне, и если попытается вернуться в Париж, наверняка очутится в Бастилии. К счастью, кардинал не знает, на что способна любовь!

И опять пауза. Долгая пауза.

— Франсуа готов рискнуть не только свободой, но и жизнью за встречу с вами, — не унимается Мария.

— Нет, нет... и нет! К тому же он слишком молод.

— Ваше Величество, от этого любовь лишь безумней, а страсть восхитительней. Пожалейте его! Неразделенная любовь в 22 года часто кончается смертью.

Королева старается вспомнить все унижения: пренебрежение короля, его связь с фрейлиной, которую приказано именовать «платонической»... хотя все, весь двор знает иное. Муж смеет не испытывать любви к ней, к своей жене, в то время как первый любовник Франции, принц королевской крови, изнемогает от любви!

— Пожалейте его, Анна, — шепчет Мария, — всего лишь встреча...

— Могу ли я рассчитывать на его скромность? — вздыхает королева. (Свершилось!!Свершилось!!)

— Он ваш раб. Он выполнит все, только прикажите. Просите жизнь, и вы ее получите.

Герцогиня де Шеврез отослала в Лондон секретного курьера, велев передать одно слово: ждет!

Какая же это была радость для бастарда: узнать, что он может сделать рогатым законного короля.

Историческое свидание, по сведениям графа Сен-Жермена, состоялось в ночь на 2 марта 1637 года. И для этой встречи наша великая интриганка Мария де Шеврез разработала сложнейший план.

ИСТОРИЧЕСКАЯ НОЧЬ 1637 ГОДА

Вы, конечно, помните у Дюма: герцог Бекингэм тайно приплыл из Лондона на свидание к королеве Анне, и его проводит во дворец ее камеристка госпожа Бонасье. На самом деле британский герцог никогда не приезжал тайно на свидание к королеве. К ней приехал ДРУГОЙ. Но что поражает: Дюма, не знавший о визите другого, описал детали пугающе верно. Бекингэм, в воображении Дюма, приплыл из Лондона, и де Бофор в действительности — приплыл из Лондона. На Бекингэме, по Дюма, плащ мушкетера, и на Бофоре был такой же плащ. В воображении Дюма Бекингэма тайно, с опасностью, проводит к королеве жена трактирщика г-жа Бонасье. В действительности так же тайно, с опасностью, в историческую мартовскую ночь герцогиня де Шеврез должна была провести в спальню королевы красавца де Бофора.

Однако по порядку.

Франсуа де Бофор приплыл ночью на английском судне под французским флагом и высадился в окрестностях Булони. Вместе с маленьким отрядом поскакал в Париж. Оставив своих людей у ворот Сен-Дени, он верхом въехал в Париж в половине одиннадцатого вечера. Здесь ждала его в карете Мария де Шеврез. Но Ришелье знал о его приезде.

Гвардейцы кардинала встали у всех входов в Лувр. Ждали *высокого человека в плаще мушкетера*, который попытается проникнуть в Лувр.

О том, что Ришелье стало известно о прибытии Бофора, герцогиня де Шеврез узнала от своего прежнего любовника маркиза де Лотрека. Но узнала поздно, когда Франсуа уже высадился во Франции. Однако великая интриганка сумела подготовиться.

Высокий человек в плаще мушкетера скакал по направлению к Лувру. У площади Карузель остановил коня, привязал к коновязи и направился к потайному ходу в Лувр (он был в парке Тюильри). И тогда гвардейцы кардинала, сидевшие в засаде, напали на него. Он выхватил шпагу. В течение десяти минут он бился один с четырьмя гвардейцами кардинала. В конце концов, уложив двоих, прыгнул в седло и поскакал прочь. Оставшиеся двое дружно бросились в погоню.

Тотчас около оставленного гвардейцами потайного входа появилась парочка, старательно (и страстно) изображавшая влюбленных. Это были герцогиня де Шеврез и Франсуа де Бофор. Она торопливо открыла ключом дверь в подземный ход, и оба исчезли в темноте подземелья.

Между тем всадник, *изображавший герцога де Бофора*, выстрелами из мушкета остановил обоих преследователей. Гвардейцы довольно поспешно предпочли отстать. Нежданно легко избавившись от погони, всадник повернул па улицу де Бак, где снимал в это время квартиру.

Таково было первое появление в нашей истории молодого человека по имени Шарль д'Артаньян. В дальнейшем, дорогой друг, ему придется появиться не раз в нашем повествовании, и я расскажу о нем подробнее.

(К моему изумлению, манера рассказывать месье Антуана сильно переменилась. Он перестал грезить наяву, забывать обо мне и время от времени смотреть на меня с изумлением. Теперь месье Антуан рассказывал как-то обычно, даже бытово, как рассказывают забавную историю, которая произошла с тобой самим и совсем недавно.)

— Сейчас же объясню, кратко, — сказал месье Антуан. — Гасконец в это время уже успел прославиться победным участием в трех дуэлях, точнее, в трех смертях от его шпаги. Он был нищ, к тому же недавно у него случилось несчастье — пала лошадь. Так что, когда герцогиня де Шеврез через своего посланца маркиза де Лотрека предложила молодому человеку нового коня и серьезную сумму в придачу, он согласился. За это вознаграждение наш головорез должен был изобразить некоего неизвестного господина, желающего проникнуть в Лувр через потайной вход в саду Тюильри. После чего, уложив как минимум двоих гвардейцев кардинала, увести всех остальных за собой. И ему, как я уже рассказывал, с легкостью, кстати удивившей его самого, удалось это сделать.

КАК РОЖДАЮТСЯ КОРОЛИ

Войдя в подземелье, герцогиня и Бофор нашли слугу герцогини с зажженным факелом. (Этот потайной ход приказала прорыть королева Мария Медичи для своего несчастного любовника Кончино Кончини.) Бофор взял факел из рук слуги, и они пошли по подземелью. Слуга вышел наружу и вновь запер подземный ход. Ход (который впоследствии уничтожил Людовик XV) вел прямо в спальню Марии Медичи. Теперь эту спальню занимала королева Анна.

Очутившись во тьме подземного хода наедине с герцогиней, неутомимый Франсуа не мог упустить галантную возможность, но... Герцогиня не без труда пресекла его темпераментную попытку, потребовав сохранить весь пыл для исторической ночи.

Герцогиня молча ввела Франсуа в спальню королевы... И так же молча вышла из спальни и до рассвета оставалась на страже в приемной.

Я не смею отправить вас в спальню королевы. Но стыдливо, с большими купюрами, пересказать историческую сцену придется. Ибо такие сцены меняют судьбы государств.

Герцог де Бофор, как и было уговорено, *молча* упал на колени перед королевой. Она протянула ему руку для поцелуя. Он все так же *молча* прижался губами к ее руке, чтобы... Уже в следующее мгновение последовал тот самый фамильный любовный прием отца и сына Бофоров, полученный в наследство от короля Генриха. Одной рукой Франсуа подбросил кверху тоненькую, невесомую Анну, одновременно вскочил с колен и... поймал ее в объятия. Не разжимая железных объятий, рухнул с ней на постель... Всю ночь она слышала его любовные стоны и только одно слово: «Люблю!»...

Он был неутомим. Он твердил свое «люблю» без устали до рассвета. Он доверился урокам де Шеврез. Анна была в восторге. Ее тонкое страстное тело познало наконец «смертельную усталость», о которой столько рассказывала Мария, и она поверила, что познала любовь. Повторюсь, для нее это была не только любовь. Но и месть страстной испанки пренебрегавшему ею Бурбону. Людовик, нервно грызущий ногти, капризный, заурядный, посмел презреть постель потомицы великих Габсбургов, королей Священной империи!! Что ж, теперь в этой постели трудился другой Бурбон — достойнейший, первый красавец Франции и восторженный любовник.

Утром Бофор, сказав все то же заветное «люблю», благополучно покинул дворец.

Далее все было продумано герцогиней. Де Шеврез вывела его на улицу через другой потайной ход. Здесь Франсуа ждала карета герцога де Шевреза, ибо герцог был вне подозрений у Ришелье. В этой карете Бофор благополучно покинул Париж и без приключений приехал в Булонь, где ждал его корабль.

Вернувшись во дворец, герцогиня, глядя на темные круги под глазами королевы, сказала Анне то, что Анна с завистью столько раз говорила ей самой: «Как вы утомлены!»

175

Король по-прежнему редко посещал спальню жены. Когда-то знаменитая красавица Диана Пуатье, любовница его прапрадеда Генриха II, силой приводила Генриха в спальню постылой жены — брюхатить королеву. Она заботилась о пользе отечества — о наследнике. Теперь рядом с королем не было столь рассудительной патриотки. Так что Людовик нехотя, редко, только уступая просьбам Ришелье, посещал «мою костлявую» (как он часто называл супругу). Для короля оказалось радостнейшим сюрпризом, когда королева сообщила о своей беременности. Еще бы! Первенец должен был родиться... через 22 года после свадьбы! Такой удивительный подарок судьбы! Король был счастлив. Был счастлив и Бофор. Когда-то Генрих IV наградил потомством его мать. Он сделал то же с женой законного сына Генриха. Вернул долг. Как он говорил потом: «Долг члена». Было ли это истиной, столь частой под солнцем? Или дофина все-таки зачал король во время унылых экскурсий в спальню жены? Какое это имеет значение. Если проверить зачатие европейских монархов, поверьте, мой друг, большинству династий пришлось бы исправить родословную. Впрочем, в «Записках» графа Сен-Жермена осталась удивительнейшая история. Перескажу ее вам.

КОНЕЦ ВЕЛИКОЙ ИНТРИГИ

В тот счастливый день вслед за королем поздравить королеву с драгоценной беременностью пришел ее враг кардинал Ришелье. Королева приняла его насмешливо:

— Как уныло поздравляет нас Ваше Высокопреосвященство.

— Ваше Величество, поверьте, я готов сделать все, чтобы развлечь Вас. Только прикажите.

— Не могло бы Ваше Высокопреосвященство совершить раз в жизни что-нибудь веселое, например... сплясать! — недобро усмехнулась королева.

И состоялась знаменитая сцена: глава французской церкви, Его Высокопреосвященство кардинал Ришелье... начал отплясывать сарабанду! Придворные дамы хохотали, хлопали в ладоши. Королева умирала от смеха.

Закончив танцевать, кардинал сказал:

— Я был рад позабавить Ваше Величество. Но и это не предел моей готовности служить вам. — Ришелье мрачно и строго взглянул на королеву, и смех застрял в горле Анны. Королева поняла: безумный танец был вступлением к чему-то, видимо, столь же необычному... и грозному!

Ришелье все так же мрачно попросил королеву отослать фрейлин. Герцогиня де Шеврез, старшая фрейлина, попыталась остаться, но кардинал только взглянул на нее, и она торопливо покинула комнату. Они остались одни. Теперь королева глядела на Ришелье почти испуганно. Кардинал сказал:

— Обычно вы исповедуетесь передо мной, вашим духовником. Но сегодня пришел мой черед исповедаться перед вами. — И кардинал подробно рассказал, как он перехватывал письма *некоего гер-*

цога, пожелавшего навестить некую даму, и как узнал о его приезде в Париж.

— Я дал ему возможность высадиться во Франции. В это время мой добрейший отец Жозеф поработал на славу. Сначала *наш человек,* которого известная вам герцогиня почему-то считает «*своим*»... я говорю о маркизе де Лотреке... по моему приказу сообщил герцогине о том, что мне удалось узнать о прибытии *некоего герцога*... И он же сообщил герцогине, что четверо моих гвардейцев должны будут охранять вожделенный подземный ход в Лувр. И он же по просьбе герцогини спешно договорился с неким храбрым гасконцем... Гасконец должен был убить хотя бы половину моих людей, а потом увлечь остальных в погоню за собой. Если бы кто-то остался у входа, его должны были прирезать скрывавшиеся неподалеку слуги герцогини... Довольно кровавый план, согласитесь, Ваше Величество. И тогда отец Жозеф приказал нашим гвардейцам, охранявшим подземный ход в Лувр, исполнить план герцогини... без крови. То есть двое изобразили смерть от шпаги гасконца, а двое бросились в погоню за гасконцем... оставив без охраны желанный ход в Лувр... Желанный для *того, тайно прибывшего из Лондона*... Дальше... я не смею продолжать. — И кардинал низко поклонился королеве. Наступило молчание.

— Зачем вы это сделали? — вот и все, что наконец-то смогла произнести несчастная королева.

Кардинал ответил торжественно:

— Король, королева и Франция — Ришелье служит им. И, служа, сделал все, чтобы Франция получила наконец долгожданного достойного наследника Бурбонов. Линия Бурбонов не должна была прерваться. Именно потому *известные нам с вами герцог и герцогиня* были оставлены на свободе. Именно потому я оберегал Бофоров, этих храбрых потомков короля Генриха.

Свой монолог кардинал закончил достойно:

— На Королевской площади отмечали помолвку Вашего Величества с нашим возлюбленным королем. Нынче в честь рождения долгожданного наследника мы установим на этой площади конную статую его великого отца... нашего возлюбленного монарха, христианнейшего короля Людовика XIII. Да хранит его Бог!.. Я уверен, что теперь Ваше Величество сумеет оценить мою службу. И отныне будет больше доверять своему преданному рабу Ришелье.

И кардинал, вновь низко поклонившись, покинул Ее Величество.

Этой великой провокацией великий кардинал навсегда обезглавил оппозицию и, главное, упрочил трон Франции, которой он всегда верно служил.

ТАЙНЫЙ АГЕНТ КАРДИНАЛА

Королева ничего не рассказала Марии, ведь теперь подруга становилась ее врагом. Ибо с этих пор королева Анна становится главным тайным агентом кардинала Ришелье. И она послужила ему на славу.

Вскоре состоится самый опасный заговор против кардинала. В заговоре будут участвовать фаворит Людовика XIII красавец Сен-Мар, родной брат короля Гастон Орлеанский, герцог Бульонский и прочая великая знать. Через герцогиню де Шеврез они обратились к королеве. И Анна откликнулась... приняла участие в заговоре! Через нее заговорщики вступили в секретнейшую переписку с родственниками королевы, испанской королевской семьею. Испания должна была помочь наступлением армии. Готовился государственный переворот. Кардинал должен был пасть, но...

Историки до сих пор тщетно гадают, каким путем *вся* тщательно законспирированная переписка заговорщиков с испанской королевской семьей оказалась на столе Ришелье... Да, друг мой, участвовавшая в заговоре королева Анна заплатила по старым счетам! Кардинал получил копии документов. И любимец короля Сен-Мар отправится на плаху, брат короля Гастон Орлеанский — в изгнание, в замок Блуа, бежит из Парижа герцог Бульонский. Таков рассказ об этой воистину Интриге Века (до сих пор неведомой историкам), оставшийся в «Записках» графа Сен-Жермена.

ЧУДО

— Однако вернемся в 1638 год. Итак, 22-летний бездетный брак Людовика XIII нежданно счастливо разрешился рождением дофина. Было выработано объяснение-лозунг: «Произошло событие на грани чуда. Это чудо обещает новорожденному жизнь, полную чудес». Родился он в полдень. Людовик Богоданный (как назвала его церковь), или «данный Бофором», как шепотом называли его всезнающие придворные. — Здесь месье Антуан остановился, потом заговорил медленно, напряженно, будто разглядывая некую картину... или вспоминая: — 5 сентября 1638 года... Дождливый, но теплый день. Воскресенье. Ближе к полудню в парадной спальне королевы собрались принцы крови. Согласно этикету дети короля должны появляться на свет в присутствии принцев. Здесь все королевские родственники! Не видно только Франсуа де Бофора. Его нет! Ришелье отправил его с поручением в действующую армию... Началось! Схватки!.. Перекошенное страданием женское лицо. Принцы, толкаясь, лезут на стулья, чтоб лучше видеть. Но кровать плотно окружили повитухи... Стоны матери и... крик! Это крик ребенка. И радостный крик повитухи: «Мальчик!» Счастливый смех... Это смеется король. Родился мальчик! Родился дофин! Будущий великий король! Радуйся, великая Франция! — Месье Антуан поднял тяжелые веки, улыбнулся. Он продолжил спокойно, обстоятельно рассказывать: — Обязанности дофина начинаются тотчас после его рождения. На следующий день после появления на свет младенец давал первую аудиенцию членам Парижского парламента... Пытайтесь увидеть!..

Я закрыл глаза в надежде... Но ничего! Слышался только монотонный голос месье Антуана:

— Дофин лежит на ослепительно-белой шелковой подушке на руках няни... Она стоит на помосте. Над няней и младенцем нежно-розовый балдахин... Высокая балюстрада отделяет их от восторгов пришедших... Они толпятся поодаль, в нескольких метрах от балюстрады с чудесным младенцем... Тишина. Младенец заплакал... Какие рукоплескания, какой восторг толпы! Сравнить можно только с восторженным воплем толпы, когда отрубят голову его потомку. Король радостно прослезился, трет сухие глаза и кардинал.

После рождения сына встречи Анны с возлюбленным продолжались. Уже на следующий год королева подарила королю еще одного «богоданного» сына. Но Людовик XIII, как, несомненно, вы помните, недолго наслаждался счастливым отцовством. Сначала умер Управляющий страной — кардинал Ришелье... Он умер, как редко умирают великие реформаторы, — на вершине славы, победив или умертвив своих врагов. Если щегольнуть точностью — через 18 лет 3 месяца 19 дней 8 часов и 16 минут врач, державший руку всемогущего кардинала, ощутил последний удар его пульса.

Перед тем как навсегда закрыть глаза, Ришелье успел попрощаться со всеми любимыми существами — с белоснежной ангорской кошкой Мариам, серебристым котом с пышными баками Фенимором, черным как ночь котом Люцифером и племянницей герцогиней Эгильон. В своем завещании кардинал щедро одарил и племянницу, и всех своих кошек. Великого Реформатора торжественно похоронили в университетской церкви

Сорбонны, которую он столь великолепно пере-
строил, придав ей нынешний блеск.

Король не скрывал своего счастья! Уже па следующий день он написал слова игривой песенки в
ознаменование избавления от ярма великого человека. Свой дворец кардинал завещал королю, и
Пале-Кардиналь стал Пале-Рояль... Король посетил великолепные залы и увидел жалобно мяукаю-
щих кошек. Обожавший собак, страстный охотник, король ненавидел кошек. Людовик приказал
немедля очистить дворец «от мерзких тварей». Богатых наследниц попросту придушили.

Парижане, как их король, плясками и песнями
радостно встретили смерть великого сына Франции. Что ж, такова под солнцем народная благодарность реформаторам. Люди помнили то, что
он сказал и осуществлял: «Велик тот правитель,
который не боится сечь свой народ во имя его же
пользы». И через полтораста лет народ не забыл
свою ненависть к кардиналу. В дни революции
чернь выбросит его труп из могилы. Граф Сен-
Жермен рассказывал графинс д'Адемар, как па-
рижские гавроши развлекались около Сорбонны.
Они устроили чудовищный футбол — хохоча, пинали ногами по булыжной мостовой череп того,
кто столько лет создавал славу Франции. Граф попытался разогнать маленьких мерзавцев, но ве-
сельчаки сбежали, прихватив с собой и знаменитый череп.

Но король недолго наслаждался обретенной
свободой. Уже на следующий год Людовик XIII
последовал вслед за кардиналом.

ФРАНСУА БОФОР
ПОСЛЕ СМЕРТИ КОРОЛЯ

Остался пятилетний Людовик XIV. Мальчик ростом и мужественными античными чертами пошел в красавца де Бофора. Опасные слухи о том, что покойный король не был его отцом, будут тревожить Людовика XIV до конца его дней... Подобные слухи преследовали и вашего императора Павла. Все похоже под солнцем. Ваш Павел, борясь с этими слухами, не уставал говорить о своей любви к убиенному отцу Петру III. Ту же защиту избрал и Людовик XIV. Он будет постоянно вспоминать отца, их любовь друг к другу. Как и ваш Петр III, он создаст культ отца. Во время строительства грандиозной резиденции в Версале он демонстративно сохранит жалкий охотничий замок Людовика XIII, несмотря на все возражения архитекторов...

Но это — потом. Сейчас Людовику всего пять лет и наступило долгожданное время для Анны. После смерти не любившего ее мужа она царствует. По постановлению парламента Анна становится всесильной регентшей при малолетнем сыне. Она оставила Лувр, где пережила столько горестных одиноких ночей. Королева-регентша переселилась во дворец своего покойного врага-друга Ришелье — в великолепный Пале-Рояль. Здесь ее ждут совсем иные ночи.

Итак, королева-регентша Анна Австрийская получает неограниченную власть. Эти женские монархии! Регентша Мария Медичи при малолетнем Людовике XIII призвала управлять своего любовника. И сейчас двор нервно замер в ожидании всесильного фаворита.

Как этого ждал герцог Бофор, помнивший про власть флорентийца Кончини. Герцог не сомневался, что станет таким правителем. Он ликовал.

НОЧЬ ЛЮБВИ
ПО-ИТАЛЬЯНСКИ

Ликует Франсуа (Бофор), ликует и Мария (де Шеврез). Нет более могущественного врага; Ришелье мертв, и правит их Анна! Оно пришло, их время. Воспитание Людовика Анна поручает, конечно же, де Бофору.

Воспитывая мальчика, Бофор все больше чувствует себя отцом короля. Франсуа уже не хочет быть временщиком. Ведь он тоже — Бурбон. Он уже мечтает о браке с королевой. Незаконный внук короля хочет стать королем законным. «Но бойтесь слишком верных надежд в этом неверном мире», как любил повторять граф Сен-Жермен... Уже вскоре Анна перестает приглашать Бофора в спальню. Занятый очередной новой пассией, Бофор вначале этого не заметил. Встревожился он слишком поздно. Однажды утром приехавшему во дворец Бофору королева продемонстрировала разгадку: из покоев Анны, ни от кого не таясь, вышел *он*. В пурпурной мантии, отороченной великолепными кружевами, перед Бофором стоял Его Высокопреосвященство кардинал Мазарини!

НОВЫЙ ФАВОРИТ

Так и должно было быть! Сорокалетний Джулио Мазарини сменил множество профессий, пока стал наконец довереннейшим папским дипломатом. Ришелье из Парижа оценил успехи Мазарини на папской службе и, главное, — его знание папских секретов. Он переманил итальянца во Францию. Здесь Мазарини получил кардинальскую мантию. На смертном одре Ришелье завещал Людовику XIII передать Мазарини пост первого министра. Ришелье знал, какой подарок он оставлял знати, ликовавшей по случаю его смертельной болезни.

Когда король последовал за Ришелье в царство теней, вдовствующая королева поверила рекомендации своего великого врага. Она оставила Мазарини первым министром. Но умный Мазарини не забывал: на троне — страстная женщина. И только ее ложе — путь к истинной, долговременной власти. Уже вскоре Мазарини решился... Во время своих ежедневных докладов итальянец обрушил на королеву все искусы галантного ухаживания. Для бедной королевы это было впервые. За ней никто никогда по-настоящему не ухаживал. Герцог Бекингэм? Но были всего лишь письма. Франсуа де Бофор? Он попросту овладел ею! Ее никто по-настоящему не желал. Желала она. И вскоре Анна разглядела: немолодой итальянец хорош собой и крепок. Его лицо чем-то напоминало ей красавца Бекингэма. Итальянец тотчас почувствовал... И вот уже он посмел дотронуться... Его пугающе длинные пальцы умело сыграли божественную любовную симфонию на королевской шейке, не причинив самой нежной в мире коже никакой боли.

В ту первую их ночь королева оценила разницу. Бофор любил себя и в любви дозволял женщине доставлять ему счастье. Взамен предлагал красоту и бычью силу. Итальянец заботился о счастье женщины. Он не только усердно работал в постели внизу... но не забывал о труде наверху — о поэзии, о *словах любви*. Бедняга Бофор был косноязычен. Анна уже не могла забыть, как во тьме алькова Джулио шептал стихи на нежнейшем языке своей родины. Первый раз королева испытала настоящее женское счастье. Да, мой друг... Слова для Прекрасной Женщины важны не менее, чем ... Только если вы вооружены и тем и другим, вы истинный победитель.

Каковы же были ярость, изумление Бофора, когда он понял: пока он трудился, воспитывая юного короля, в постели королевы усердно работал другой. И кто? Ему, потомку королей, предпочли безродного, немолодого итальянского пройдоху. Каково было бешенство де Шеврез, узнавшей от Бофора о новом любовнике подруги. Опытнейшая интриганка поняла — она пропустила главную интригу! Впрочем, и это много раз бывало под солнцем. Ваша Екатерина Дашкова помогла Екатерине сделать переворот. На второй день после переворота она обнаружила у спальни Екатерины нежданную картину: Григорий Орлов, гвардейский офицер, небрежно перебирал государственные бумаги. И Дашкова поняла: она не знала главного. У обожаемой подруги, которую она посадила на трон, оказался любовник. И он пожинает плоды сотворенного ею заговора. Последовал взрыв девичьей ревности. Екатерина тотчас удалила Дашкову из дворца. Но то, что простительно 18-летней Дашковой, непростительно великой интриганке де Шеврез. Но и она не сдержалась. Подвел темперамент. Посмела выразить королеве негодование, посмела издеваться над безродным любовником. Анна молча выслушала подругу и повелела герцогине «впредь никогда не появляться во дворце». Главная подруга до конца своих дней была удалена из покоев королевы. Конечно, не сдержался и де Бофор. Когда Анна, волнуясь, начала рассказывать ему о новом порядке в ее спальне, он решил проблему привычно. Он швырнул Анну на кровать и взял ее силой. Однако *после* вместо обычной покорной нежности, получил яростную пощечину. Ему было запрещено появляться во дворце под страхом отправиться на Гревскую площадь — в гости к палачу.

ВОСКРЕСШИЙ РИШЕЛЬЕ

Уже вскоре Анна поняла: она не зря выбрала Мазарини, и не зря великий Ришелье завещал его королю. Прошедший все ступени вверх, освоивший папскую школу коварства — только такой мог управиться с вечно мятежными аристократами. Изумленные принцы, приготовившиеся после смерти короля управлять страной и преспокойно расхищать казну, увидели перед собой знакомую тень! Ришелье воскрес перед знатью в облике Мазарини! Столь же всезнающего и столь же беспощадного! Только наглого, болезненно жадного и куда менее талантливого. Как с усмешкой сказал Ларошфуко: «Нынче только жулики крупнеют, люди мельчают». Это был загробный подарок покойного кардинала ненавистной знати.

Бофор в бешенстве начал готовить восстание знати и принцев — «Заговор высокомерных».

Но Мазарини только этого и ждал. Он представил королеве доказательства заговора и потребовал ареста мятежного герцога. Бофор не береГся: ярость ослепила. Он и представить не мог, что вчерашняя любовница посмеет. Но отец предупреждал его: «Женщина — та же змея, она не помнит о сброшенной коже». Королева преспокойно подписала приказ... Каково было бешенство Франсуа, когда безродный итальяшка преспокойно арестовал его, внука Генриха IV! Франсуа отправили в Венсенский замок, где прежде сидел его отец.

Замковый ров, толстенные стены камеры, решетки на окнах в ладонь толщиной стерегли теперь удалого воина. Пятеро караульных день и ночь дежурили у дверей его камеры. Герцога лишили самого необходимого — общества и побед. Главная беда несчастного Бофора была в том, что он, как и многие, совершенно не выносил одиночества. Победа над дамами, зависть соперников... наш павлин не мог без этого. Только внешнее будило его дух. Когда о нем говорили, когда ему завидовали... Он не мог остаться наедине с собственными мыслями, их у него попросту не было. Он был из тех молодых людей, которым мудрец советовал: «Учитесь играть в карты, иначе у вас будет печальная старость». Перепробовав жалкие способы бежать, Бофор впал в жестокую тоску. Часами сидел за столом, уставившись в одну точку и барабаня пальцами по столу. Оживлялся только во время прогулки, когда играл в мяч с охранниками. Или болтал с ними о чепухе, или ел. Хитрый Мазарини приказал готовить ему обильную еду. Бофор безобразно жирел.

ЕЩЕ РАЗ О ЛЮБВИ

Помогла бежать (излишне говорить!) женщина. Это была его любовница, герцогиня Монбазон, вторая жена отца герцогини де Шеврез. Как все переплетено в нашей истории!

Марии д'Авогур было восемнадцать, когда ее выдали замуж за шестидесятилетнего герцога Монбазона, отца Марии де Шеврез. Так вторая жена герцога Монбазона оказалась моложе своей падчерицы герцогини де Шеврез на целых 10 лет... Тогда же, на свадебном балу, новоиспеченная герцогиня Монбазон увидела своего сверстника Франсуа де Бофора. Герцог Монбазон обожал Франсуа, не раз спасал его от гнева короля, он был ему вместо отца. И Франсуа любил старого герцога. Но когда Франсуа желал женщину... Черноокая красавица с роскошными алебастровыми плечами и пышной грудью тотчас свела его с ума. На следующий день после свадьбы герцог Монбазон отправился на охоту... Франсуа сказался больным и остался в замке. Она пришла навестить больного. Как он и предполагал, «нарядилась, чтобы понравиться». Это означало — три роскошные юбки стерегли желанный плод. Модницы именовали первую «скромницей». Вторая, чуть видневшаяся из-под первой, игриво именовалась «шалуньей». И третья — самая сокровенная — называлась «секретницей». Оценив диспозицию и не проронив ни слова, Франсуа бросился в атаку. Она оторопела. Как и положено невинной девушке, нелепо защищала рот от поцелуев, но он приготовил наступление в ином месте. Последовал знаменитый «бросок Генриха IV»... И она лежала на диване с бесстыдно задранной «скромницей», накрывшей лицо... «Шалунья» и «секретница», отброшенные дерзкой рукою Франсуа, открыли путь в крепость. Стыдливость была повержена. Насладившись желанным, он опустил ее юбки и, глядя на заплаканное лицо, спросил, понравился ли ей восторг. Она ответила:

— Вы совершили невозможное — вы убили мою любовь к вам... вы убили меня.

Он расхохотался и сказал:

— Милая девочка! Какой-то англичанин сочинил стихи, которые так любит повторять ваш мудрый муж... Я не мастер запоминать стихи, но эти заучил наизусть... «Что наша жизнь? Всего лишь пьеса, в которой весело играть, сперва костюмы подбирать... Десяток реплик, мизансцен, два-три

191

удачных монолога... Кто доживет до эпилога, тому невесело совсем!» Я всегда помню об эпилоге — о старости. Не забывайте о нем и вы... Мы с вами далеки от него сейчас, но, как утверждает мой отец, проклятый эпилог подкрадывается очень быстро! Так что предадимся веселью, пока молоды, и будем счастливы снова и снова!»...

Атака последовала вновь, и нежный «враг», конечно же рыдая, на этот раз сам отворил ворота крепости!

В тот день герцогине пришлось много плакать... и много раз быть счастливой. Она любила его, и он был неутомим, как всегда с новой женщиной.

Франсуа стал ее любовью на всю жизнь. Все 15 лет до его ареста она преданно его любила. Сначала, как и положено при первой любви, безумно ревновала. Но со временем научилась покорно делить его со многими красавицами, появлявшимися на широченном ложе знаменитого донжуана, и столь же стремительно оттуда исчезавшими. Шестидесятилетний муж, в традициях века, уважал эту связь молодой жены. Он был мудрец, почитатель Монтеня. Когда его дочь, герцогиня де Шеврез, узнала о ситуации (в это время ее недолгий роман с Франсуа еще не начался), она приехала к отцу. В бешенстве попыталась раскрыть ему глаза. Мудрец только расхохотался и произнес такой монолог:

— Милая дочь, если бы ты видела себя со стороны, когда впервые знакомилась с моей красавицей-женой! Когда мужчины знакомятся друг с другом, они по большей части равнодушны. Но не вы, женщины... У вас в глазах главный вопрос, ради которого создала вас природа: я или она? Кто привлекательнее для самца? Вы, женщины, как правило, не любите друг друга, и причина этой нелюбви — мужчина! Ты боишься, дорогая, что жена уронит мою честь? Не бойся, милая. Природа обделила вас в сравнении с нами и мощью разума, и мощью тела. Среди вас нет великих зодчих, знаменитых философов, гениальных писателей. Зато великие актрисы среди вас не редкость. Как хорошо ты знаешь по себе, природа дала вам непревзойденный талант — притворяться. Так что, поверь, моя жена великолепно сыграет роль Верной Жены... как замечательно играешь ее в свете ты... Что же касается того, что на деле она не соблюдает обет верности мужу... Для вас куда важнее обет, который вы даете природе. Этот обет называется продолжением рода. И потому, когда молодая самка видит полного сил молодого самца, она влюбляется... Нет, не в его смазливое лицо, оно лишь витрина. Она влюбляется в его плодоносный орган. Забыв свой долг перед мужем, она жаждет исполнить куда более важный долг — перед природой... Так что я не имею права насиловать верностью мою молодую жену... Я могу лишь благодарить ее за то, что она покорно позволяет мне ласкать свое божественное тело, одаривая наслаждением и меня! Надеюсь, уже вскоре исполнит свой долг перед природой... одарит меня вдобавок детьми... Здесь я не могу ей помочь, но очень надеюсь на помощь нашего молодого друга.

— Как, однако, вы плохо думаете о нас, грешных, — усмехнулась дочь.

— Ну что ты, милая дочь. Как бы плохо ни думал мужчина о женщинах, вы друг о дружке думаете еще хуже.

Здесь герцогиня рассмеялась и обняла отца.

Действительно, вскоре молодая герцогиня Монбазон родила герцогу двух прелестных отпрысков. Как сказал старик с грустной усмешкой, «очень удобно — не сеять, а жать». Впоследствии у него появится и третий сын. Но если происхождение первых двоих было ясно, то третий появился на свет при удивительных обстоятельствах. Эти обстоятельства использовал господин Дюма в романе «Виконт де Бражелон». Хотя, на мой вкус, подлинная история интересней.

Как я уже рассказывал, у Марии де Шеврез будет роман с Франсуа де Бофором. Роман недолгий, но, как всегда у Бофора, весьма *плодотворный*... Мария де Шеврез родила сына, которого ее мудрец-отец объявил... своим. Так его внук стал его третьим сыном. Жена старого герцога обожала и третьего «сына», она боготворила все, что имело отношение к де Бофору.

ПОБЕГ

Когда де Бофора отправили в Венсенский замок, все многочисленные любовницы, как положено под солнцем, постепенно забыли великолепного донжуана. Только герцогиня Монбазон все пять лет преданно ждала его. За эти годы она так и не смогла сбросить кожу, хранившую яростные ласки Франсуа. Хотя и пыталась, но... «Есть много способов избавиться от любви, но ни одного верного», как с печалью утверждал философ. Так что все эти долгие пять лет герцогиня Монбазон готовила побег любимого.

Она постоянно писала ему нежные письма, но слишком длинные. Бофор не терпел долгого чтения и вскоре начал бросать их в камин. Писал любимцу-герцогу и рогатый муж. Эти письма герцог сжигал чертыхаясь, ибо они были полны мудрых поучений философов, которых Бофор не переносил.

Первое время все эти письма вначале отправлялись на проверку Мазарини. Но, узнав судьбу этих непрочитанных посланий, кардинал посмеялся и перепоручил проверку писем коменданту Венсенского замка.

Так прошло пять томительных лет.

В тот день герцог получил очередное длиннющее письмо Монбазона, каковое мучитель назвал «Мысли для утешения».

«Всякий, кто приближен к Власти, должен заранее научиться сносить опалу. Ибо чем больше вы любимы нынешним королем, тем вернее попадете в опалу при наследнике... Ведь каждый новый король стремится побыстрее отречься от прошлого царствования. Лучший способ держать в подчинении народ — это внушать ему, что его предкам жилось еще хуже... Да, с новым царствованием наступает и конец прежним фаворитам.

Но стоит ли тосковать по потерянному рабству... Ибо кто пребывает в большем рабстве, чем приближенный к Власти. Только тот, кто еще приближенней! Все изменчиво в этом мире. Неизменна только смерть. Она уравнивает всех нас, и потому было бы очень досадно узнать, что кто-то может ее избежать!.. Жаль, что мудрые мысли приходят нам в опале, и мы тотчас забываем о них, снова войдя в милость...»

На этих словах Бофор мстительно поднес мудрые поучения к горящему пламени свечи, но увидел как явственно между строк начали проступать буквы! В письме была тайнопись.

Тайнопись оказалась от его любезной. Герцогиня сообщала, что наконец-то сумела устроить в охрану Бофора своего человека.

Уже вскоре «свой» передал в камеру Бофора пистолет, веревочную лестницу и кинжал. В очередном письме верная любовница просила Франсуа терпеливо ждать дальнейших шагов, ее посланец собирался подкупить новых тюремщиков. Но как только кинжал очутился в руке де Бофора, сдавленная пятилетним заточением пружина распрямилась. С оружием в руках герцог — прежний великий воин. Он не мог ждать. Он велел подкупленному стражнику сообщить на волю одно слово — завтра! И на следующий день, когда стражник принес ему обед, Бофор молча набросился на беднягу с кинжалом. Как он мечтал, что тот станет сопротивляться, и он перережет ему глотку. Но несчастный испуганно взмолился о пощаде. И дальше было то же. Когда наш яростный воин выскочил из камеры с кинжалом и пистолетом, тюремщики дружно попадали на колени. Он запер их в камере, пообещав награду, коли будут послушны. Те знали — их ждут хорошие деньги... Совсем не те, что платил им скряга Мазарини. Так что покорно дали себя связать. Уже через несколько минут веревочная лестница полетела на стену замка, и по ней взбирался де Бофор... Внизу ждали лошади и друзья-фрондеры. Потом была бешеная скачка. Он яростно загнал двух лошадей. Ворвался в замок герцога Монбазона. Она бросилась к нему на шею. Он швырнул ее на постель... К счастью, герцога не было в замке, он охотился. (Впрочем, возможно, старый мудрец все знал и потому охотился.) Уже приближалась погоня, когда через четыре восхитительных часа Бофор покинул замок. Она позвала детей проститься, но дети его не интересовали. Все мысли де Бофора были заняты теперь одним — как расплатиться с Мазарини за пять лет черной скуки, за целых пять лет отсутствия побед в постели и на поле брани.

Франсуа Бофор расплатился щедро. Он стал одним из главных вождей знаменитой Фронды — восстания знати против Мазарини. Французы умеют бунтовать. Многочисленные любовницы Бофора — жены родовитейших французских аристократов — с легкостью заставляли присоединяться к этому бунту своих мужей и любовников. Кто только не участвовал во Фронде! Брат покойного короля и первый принц крови, знаменитый полководец герцог Конде, его младший брат герцог Конти. Вместе с косноязычным быком Франсуа де Бофором бунтовал великий мудрец и блистательный острослов герцог Ларошфуко.

«УМ ВСЕГДА В ДУРАКАХ У СЕРДЦА»

Герцог де Бофор и герцог Ларошфуко. За спинами этих двух столь разных мужчин стояли две общие любовницы. Две самые опасные красавицы века. Две белокурые ведьмы-соблазнительницы, две законодательницы мод с пышной грудью и осиными талиями.

Это уже известная нам Диана-охотница Мария де Шеврез и знаменитая Анна де Лонгвиль, родная сестра принца крови великого полководца Конде.

Анна много моложе Марии, но уже не менее опытна. Как и у Марии де Шеврез, муж Анны был намного ее старше... И лук Анны так же без промаха бил мужские сердца... Если Мария де Шеврез была бывшей подругой королевы, то Анна де Лонгвиль, принцесса королевской крови, сама мечтала стать королевой. И она стала главной бунтовщицей Фронды... Анна Австрийская называла ее «дьяволом с ангельским личиком». Белокурая копна волос, обворожительное нежное личико с прелестным носиком, трогательная ямочка на подбородке... Женственность и слабость. Под этой нежной маской скрывалась «похотливая дьяволица, беспощадная в любви и ненависти». С легкостью всепобеждающей молодости отбила она у Марии де Шеврез герцога Ларошфуко.

Если интрига против Ришелье, в которую вовлекла его герцогиня де Шеврез, отправила мудреца в камеру Бастилии, то интриги, задуманные де Лонгвиль, могли отправить на эшафот. Так что великий острослов долго колебался, участвовать ли в интриге, но... Он печально сказал: «Глупо считать, что мы управляем собой... И если умом мы стремимся к одной цели, то сердце незаметно увлекает нас совсем к другой... Ум всегда в дураках у сердца». Но философа спасло то, что всегда спасает: измена любимой. Он узнал, что его возлюбленная не избежала неминуемого — одновременно с Франсуа Ларошфуко она спала с Франсуа де Бофором... Причем оба Франсуа узнали о ситуации одновременно. «Чем больше мы любили красавицу, тем больше будем ее ненавидеть», — сказал тогда Франсуа Ларошфуко. Анна де Лонгвиль была беременна, причем уверила в отцовстве обоих Франсуа. И сделала это с чистым сердцем, ибо правду не знала сама. Так что оба Франсуа считали своим мальчика, которого она родила прямо в парижской Ратуше во время буйств Фронды. Что же касается ее мужа... о нем было не принято думать.

Разочаровавшись в возлюбленной, философ разочаровался и во Фронде. Ларошфуко с отвращением наблюдал то, что всегда бывает во время вельможных смут. Ничто не ново под солнцем, и низость «власть имеющих» так похожа. Во время вашей Смуты ваши бояре бегали между лагерем Самозванца и царем Василием Шуйским. Так же во время Фронды принцы и вельможи нагло предавали друг друга, бесстыдно бегая между королевой-регентшей, Мазарини и заговорщиками. Короче, герцог Ларошфуко пресытился заговорами, бунтами, предательствами и любовными изменами. Великий мудрец стал великим мизантропом. Он полюбил повторять: «Порок правит миром. Даже наши добродетели зачастую не более чем хорошо замаскированные пороки». К примеру, наша скромность. Уклоняясь от похвал, мы всего лишь жаждем восхвалений... уже за это!» Кстати, тогда он сказал *мне*... — Тут месье Антуан остановился и, как всегда, извинился за оговорку... Засмеявшись, добавил: — Вот так же порой оговаривался граф Сен-Жермен, поселяя в собеседниках ложную иллюзию своей вечной жизни... На самом деле, как я вам уже говорил, вечная жизнь была бы самым ужасным приговором. Обреченный жить вечно уже вскоре понял бы, как тоскливо одинаковы времена и люди, ибо одинаковы пороки... Постоянным под солнцем остается и грозное видение — крест, на котором мы, люди, умудрились распять Бога... в компании с разбойниками! — И, помолчав, месье Антуан продолжил: — Но вернемся к Бофору. Этот Голиаф был неутомим в мятеже. Он пил его, как вино. Он жил в бунте. Он не брезговал возглавлять даже бунты парижской черни, этот «король рынков», как его насмешливо называла знать. Могущественному Мазарини дважды пришлось спасаться бегством из Франции.

КОРОЛЬ ВЫРОС,
ДА ЗДРАВСТВУЕТ КОРОЛЬ!

Но что же юный король? После изгнания де Бофора из дворца воспитанием короля занялся Мазарини. Королева-регентша привычно назначила нового любовника на должность нового «суперинтенданта при особе короля». Заполучив место Бофора на ложе, Мазарини унаследовал и его обязанности.

Под присмотром кардинала королю преподавали латынь, французский язык, курс античной и мировой истории, математику и живопись. Ученис было строгим, но в меру глубоким. Мазарини исповедовал мудрость Монтеня: «Пусть у него будет здравая голова, нежели забитая всевозможными знаниями». После занятий мальчиком-королем не занимались. Никогда не забывал Людовик, как его кормили знаниями, лишая развлечений. Как завидовал он веселью, праздности и роскоши, в которых росли его сверстники, сыновья вельмож. Кардинал был чудовищно скуп, поэтому мальчик имел только пару платьев. И когда на одном появились дыры, Мазарини обстоятельно рассказал камердинеру короля, как их надо залатать. Скупердяй объяснил королеве-матери, что воспитываст мальчика-короля в строгости и бережливости. Впоследствии Людовик показывал своей любовнице де Лавальер простыню с дырами, на которой спал в детстве. Этой жалкой бедности, заброшенности, в которой рос мальчик-король, сопутствовал постоянный страх. В стране шла Фронда — гражданская война. Королевская семья жила на краю пропасти, против ополчились знатнейшие фамилии Франции. Иван Грозный в детстве, наблюдая воровство и своеволие бояр, возненавидел их, подросши убивал беспощадно. Вот так же во время грозной Фронды формировался опасный характер маленького Людовика. Испытания и страх рано превратили ребенка во взрослого мальчика-короля. Но Людовик XIV был европеец и, став государем, в отличие от вашего царя-азиата, не рубил головы, не сдирал кожу и не поджаривал на костре своих вельмож. Но у Людовика была отменная память, в ней хранился длинный перечень знатнейших фамилий и их бунтарств в дни Фронды. Он не простил он им до конца, и они до смерти это чувствовали.

Не простил Людовик и восставшему Парижу, заставившему его с матерью бежать из столицы. Холодная снежная ночь была в тот день. Юного короля тепло одели. Но бежать не удалось. Их предали, и по Парижу полетел слух: король и королева-мать собираются бежать из своей мятежной столицы.

Толпы горожан окружили Пале-Рояль, где жила королевская семья. Люди требуют показать им короля. Это был призрак того, что придется когда-то увидеть его несчастному потомку. Королеве-матери пришлось допустить депутацию в спальню сына...

Лицо месьс Антуана приблизилось... Закатившиеся глаза... и изменившийся, хриплый голос... хриплый шепот:

— Там полутьма, горят две свечи... У кровати мужчина в плаще... лица не видно... стоит спиной... Мальчик, одетый в дорожное платье... торопливо ныряет в расстеленную постель... Женщина — это королева Анна — натягивает на него одеяло, подоткнула края... Мальчик, спеленатый, недвижно лежит под одеялом. Мужчина в плаще вышел из спальни... Снова вернулся, встал в темноте у изголовья... Входят по одному, на цыпочках... Это члены депутации города Парижа... Скрипят сапоги... В полутьме склоняются к самому лицу мальчика. Мальчик ровно дышит, притворяется спящим!

Лицо месье Антуана стало красно и мокро, как после парной. Он на глазах терял силу. Тусклый, еле слышный голос:

— Удовлетворенные горожане покидают дворец... Ушли... Мальчик выскакивает из постели... В январском рассвете, в падающем мокром снеге, в полутьме отъезжает карета... Рядом с каретой скачет тот человек в плаще и несколько гвардейцев... Вслед за ними выехала еще карета с министрами. Подросток-король и королева-мать уехали... точнее, бежали из Парижа.

Уже вскоре мальчик с матерью входили в нетопленный дворец Сен-Жермен-о-Лэ. Никогда не простит Людовик Парижу, что его, короля, заставили притворяться, дрожать от страха! Именно поэтому впоследствии он отстроит Версаль и переведет туда из столицы королевский двор. Что ж, он получил в юности отличное образование для будущего диктатора — предательство родственников, своеволие и безумство черни, гамлетовское презрение к матери, осквернявшей королевское ложе с безродным итальянцем... Он должен был ненавидеть Мазарини... Но пройдоха-итальянец был единственным вельможей, на кого они с матерью могли всецело положиться. Мальчику пришлось учиться этой важной науке любить... ненавидя!

Но иногда ненависть прорывалась. Ему было всего шесть лет, когда, увидев кардинала, окруженного свитой, он весело-насмешливо выкрикнул: «А вот и наш султан!» На строгие расспросы матери он ответил, что его научили так выкрикнуть, но, к сожалению, он забыл, кто его научил. И стал необычайно нежен с Его Высокопреосвященством. С детства жизнь воспитала в нем двоедушие... умение, а потом и коварное желание скрывать свои намерения. Важнейшее качество будущего тирана.

НАСТОЯЩИЙ Д'АРТАНЬЯН

Во время побега из Парижа сопровождал и охранял юного короля и королеву-мать тот самый человек в плаще, стоявший у кровати мальчика, — гасконец по имени д'Артаньян. Я часто вижу в моих снах его лицо... подкрученные усики и хищный гасконский нос. Шарль Ожье де Бац де Кастельмор — таково настоящее имя человека, ставшего бессмертным под именем д'Артаньян. Шарль де Бац Кастельмор, как и герцог де Бофор и герцог Ларошфуко, — это поколение десятых годов XVII века. Он родился в Гаскони в 1611 году 23 сентября, — то есть в день, когда встречаются Дева и Весы... Опасный день, ибо смертный подчиняется двум столь противоположным знакам. Его прапрадед, обычный мещанин, попросту присвоил себе дворянский титул. Отец, Арно де Бац, продолжил этот путь во дворянство — женился на Франсуазе д'Артаньян, происходившей из известной в Гаскони дворянской семьи. Наш герой впоследствии справедливо предпочтет аристократическую фамилию своей матери — д'Артаньян.

Для поддержания престижа семьи Арно де Бац купил Кастельморский замок. Если быть точным, купил и назвал замком много раз перестроенный одноэтажный дом. Чтобы сооружение хоть как-то напоминало замок, отец украсил одноэтажное строение башней, над которой гордо развевался королевский флаг. В башне «замка» обитали голуби и его сын Шарль.

Голуби со стоном взлетали под потолок, и он гонялся за ними с отцовской шпагой, безуспешно пытаясь поразить летучих противников. Куда успешней научился он прыгать с башни со шпагой в руках точнехонько в седло несчастной старой клячи. Она стояла, привязанная к коновязи под башней «замка». Сколько раз это умение будет спасать ему жизнь во время опасных переделок! Я давно не был в тех местах. «Замок», как я слышал, стоит и поныне, но, кажется, сильно перестроенный.

Месье Дюма прочитал апокриф — лжевоспоминания д'Артаньяна, написанные на самом деле каким-то литератором. Эта беллетристика и стала «исторической» основой его бессмертного романа. Но тем не менее он загадочно точно описал характер *истинного* д'Артаньяна и даже прибавил некоторые *истинные* обстоятельства жизни гасконца, которые не были известны ни автору апокрифа, ни ему. Все потому, что люди, подобные месье д'Артаньяну, не исчезают *совсем*. Их тени прячутся в природе, и работа пишущего о них — спиритический сеанс. Умейте вызывать из небытия их тени, и вы услышите их голоса.

Юный Шарль де Бац действительно отправился в Париж под фамилией своей матери д'Артаньян и действительно доблестно заколол на первой же дуэли некоего знаменитого дуэлянта, гвардейца кардинала. Наш забияка в свой первый год в Париже принял участие в трех дуэлях, и трое несчастных отправились на небо. Он стал знаменит. Королева действительно наградила его великолепным перстнем, но за историю с приездом Франсуа де Бофора, о которой я вам рассказывал. Этот подарок королевы (гасконец не снимал его до смерти) упоминает и Дюма! Правда по иному, придуманному им поводу. Как и в романе, наш сорвиголова поступил в роту королевских мушкетеров благодаря покровительству командира роты гасконца Жана-Армана дю Пейре, графа Труавиль, большого друга семьи матери. После смерти Людовика XIII д'Артаньян персшел под знамена и покровительство кардинала Мазарини. В это время королевская мушкетерская рота лишилась денежных привилегий: скряга Мазарини попросту отменил их. Рота посмела роптать и была тотчас расформирована бережливым кардиналом. Но осмотрительный гасконец предчувствовал будущее. Избранные умеют слушать голос Судьбы. Д'Артаньян остался сторонником Мазарини. Во время Фронды, как и в романе Дюма, наш д'Артаньян доблестно защищал королевскую семью и кардинала. Пять лет после смерти Людовика XIII продолжалась кочевая жизнь королевской семьи, полная опасностей и лишений. И все эти годы рядом с королевской семьей был д'Артаньян. Наш сорвиголова не раз выполнял секретные поручения Мазарини и королевы, и были они, поверьте мне, куда опасней фантазий Дюма. Исполнить эти поручения и остаться живым — большая неожиданность.

Но наконец наступило совершеннолетие короля и закончилось регентство Анны. Официальная церемония состоялась, если не изменяет память, в сентябре 1651 года, во время заседания Парижского парламента... — Здесь месье Антуан остановился. Я уже приготовился к его путешествию во Время, но он сказал каким-то глухим голосом: — Я не в силах сегодня. Оставим путешествия ТУДА на завтра, — и продолжил нарочито скучным тоном учителя: — На церемонию были приглашены принцы крови Конде и Конти, и, конечно, Франсуа де Бофор, и прочие знатные мятежники.

ТАЙНА ДЕ БОФОРА

В тот знаменательный день Бофор впервые увидел Людовика совсем по-иному. Первый раз в жизни он почувствовал... отцовство. С отцовской гордостью он смотрел на красивого молодого человека, своего короля и... сына! Сына!!! Он попытался поймать взгляд вчерашнего воспитанника в надежде, что тот почувствует... Он даже выступил вперед... Но Людовик лишь пробежал по нему глазами и равнодушно кивнул. Ему было не до Бофора. Молодой король явно нервничал, подпрыгивал, чтобы казаться еще выше. Однако сумел взять себя в руки, заговорил властно, кратко и жестко. Бофор с восторгом слушал решительные слова сына: «Господа, я пришел в **мой** парламент заявить вам, что, по закону **моего** государства, я беру правление в свои руки. Я надеюсь на милость Божью и буду править **моей** страной со страхом Божьим и по справедливости». И мятежники вынуждены были понять: теперь во Франции правит король. Регентство матери закончилось, и должна быть закончена Фронда. Ибо раньше мятеж считался мятежом против своевластия кардинала, отныне он будет считаться мятежом против власти короля. Фронда становилась государственной изменой —

путем на эшафот. Королевская власть возвращалась во Францию.

Началось всеобщее бегство вчерашних фрондеров к королю. Поспешил вернуться в Париж и переждавший Фронду за границей кардинал Мазарини. Молодому королю пришлось поделиться властью со своим крестным отцом, страной начал править триумвират — мать, Мазарини и молодой король. Пока править.

Франсуа Бофор, как и остальные принцы крови, покорно подчинился этому трио — неверной возлюбленной, выскочке Мазарини и королю. Себе он объяснил, что делает это не из-за жалкого страха, недостойного потомка королей, но из-за... любви к сыну! Так что честь Бофоров была спасена.

Как он ждал, что сын его призовет. Но вместо короля герцога позвал Мазарини.

Они встретились впервые после его ареста и бегства из Венсенского замка.

Мазарини был само радушие, будто никакого тюремного замка не было. Кардинал торжественно объявил герцогу, что король поручает ему один из важнейших военных постов... Правда, в действующей армии (шла война с испанцами), то есть далеко от Парижа. Вечного мятежника Бофора высылали из столицы. Коварный итальянец посыпал изгнание сахаром — произнес целый монолог, как ценят мужество герцога король и королева.

Бофор медлил с отъездом. Он все еще надеялся, что его примет сын или.... хотя бы *она*. Но король его не принял... Не позвала его и *она*. Она его попросту забыла.

Теперь Бофор служил далеко от великой столицы. Он страдал. Он жаждал вернуться ко двору в любимый Париж. Но в Париже продолжали заботиться, чтобы мятежный отставной любовник был от столицы как можно подальше и главное — подольше.

Только через три года он вновь увидел сына! Герцога наконец-то позвали. В древнем Реймском соборе состоялась священная церемония: торжественное помазание на трон и коронация Людовика XIV. Стоя невдалеке от трона, Бофор увидел этот величайший миг в жизни сына: святое масло из священной ампулы коснулось головы его Людовика. Чудо миропомазания свершилось. На его глазах сын переставал быть обычным смертным. Теперь он был человеком только отчасти. И отчасти стал божеством.

Как положено божеству, он обязан излечивать больных. Уже на второй день Бофор и принцы крови почтительно наблюдали древний обряд божественных королей. Две тысячи больных ждали его сына в парке церкви Сен-Реми. Людовик медленно обходил длиннейшую очередь страждущих. Касаясь рукой каждого, произносил тысячелетнее заклятие помазанников Божьих: «Король касается тебя, и Господь излечивает тебя».

«Излечивает»! И это — его сын!

Уже вернувшись в армию, Бофор узнал главную придворную сплетню: у сына начался страстный роман с Марией Манчини, племянницей Мазарини. Людовик захотел на ней жениться... «Нет! Тысячу чертей — нет! — расхаживая по палатке, кричал Бофор самому себе. — Потомок великих королей не может жениться на родственнице безродного пройдохи. Да и вообще, зачем жениться королям! Если любишь, надо попросту ее отодрать!»

Он решил поговорить с сыном о его заблуждении. Он написал в Париж, попросил аудиенции у Людовика. Но ни аудиенции, ни ответа он не получил. Впрочем, к счастью, ситуацию с женитьбой сына исправил... сам ненавистный Мазарини! Хотя Джулио Мазарини должен был быть в восторге от возможности породниться с королем, но премьер-министр Джулио Мазарини был в большом негодовании. Интересы Франции требовали совсем иного брака. Франция вела войну с Испанией. Выгодный мир и примирение между домами Бурбонов и испанских Габсбургов могло быть скреплено только браком французского короля с испанской инфантой Марией-Терезией. Именно об этом вел тайные переговоры с Испанией кардинал. И переговоры обещали закончиться успехом.

Состоялось решительное объяснение молодого короля и кардинала. Людовик XIV сидел как раз за этим столом. — Месье Антуан кивнул на стол с атлантами. — Он повторял одно и то же: «Я люблю ее и женюсь. Я так хочу». Но сзади него расхаживал кардинал и тоже повторял одну и ту же фразу: «Во имя Вашей славы, сир, Вы не должны...»

Так продолжалось добрых полчаса. Наконец кардинал несколько изменил и расширил текст: «Во имя Вашей великой славы, сир... молит Вас Франция».

И король замолчал. Он покорился. Он расстался с Марией Манчини, женился на испанской инфанте... и еще больше возненавидел кардинала! За то, что кардинал увидел минуту его слабости, и за то, что посмел перечить королю. Следствием скучного брака стал знаменитый Пиренейский мир. Испания уступала французской короне богатые провинции. В мире произошла глобальная перемена: Пиренейский договор закончил столетнее величие Испании. В Европе остались теперь только две сверхдержавы — Франция и Англия. Мечта Ришелье сбылась. И это сделал его наследник, кардинал Мазарини. И король, ненавидя, был вынужден славить ум кардинала! Но прошло время, и Бофор узнал радостную весть. Сын отнял у кардинала важнейшие дела — внешнюю политику и армию. Кардинал не сопротивлялся, он тяжко болел. И вскоре из Парижа пришло письмо герцогини Монбазон. Она захотела первой сообщить любимому столь желанную весть: кардинал Мазарини умер. Читая письмо, Бофор испытал это счастье воина: он пережил врага! Герцогиня Монбазон описала Бофору Государственный совет, который созвал молодой король. Он обратился к Совету со знаменитыми словами, о которых теперь говорил весь Париж: «Я пригласил вас сюда, чтобы объявить вам: я беру *всё* управление в свои руки. Вы будете помогать мне советом, но только... *только если я вас об этом попрошу*. Отныне я запрещаю скреплять печатью любой документ без моего на то приказа. — После чего король помолчал и добавил: — Я за многое благодарен покойному кардиналу, но жизнь идет вперед, господа. И в управлении **моим** государством, **моими** финансами и **моей** внешней политикой я буду придерживаться **совсем иных** принципов, чем покойный кардинал. Теперь у вас только одна задача — стараться понять, чего хочет ваш король».

Бофор с гордостью прочел эту речь сына — манифест абсолютной власти монарха.

Правда, в конце письма герцогиня процитировала слова мужа («моего великого мудреца»): «И как не надоест им эта вечная круговерть: новый правитель порицает старого! Нет ничего нового под солнцем... И кто прожил день, считай, прожил вечность».

(Герцог уже успел умереть, и, как нередко бывает, герцогиня страстно полюбила мужа... после смерти. Теперь он именовался не иначе как «мой великий мудрец». И Бофор теперь не получал ни одного письма без обязательного изречения «моего великого мудреца».)

Бофор был счастлив. Главное свершилось. Пусть после смерти, но Мазарини был повержен, и это сделал его сын!

Двор и армия тотчас поняли: о покойном кардинале следовало забыть, и побыстрее. Имя Мазарини исчезло из обихода, и даже королева Анна редко вспоминала о нем. Разве когда надевала знаменитые бриллианты, завещанные ей покойным любовником.

Людовик демонстративно воскресил столь любимую его отцом роту королевских мушкетеров. Услуги д'Артаньяна не были забыты, и король назначил гасконца вторым лейтенантом роты возрожденных мушкетеров. Первым лейтенантом по традиции был сам король. Так что д'Артаньян стал фактическим командиром роты мушкетеров... Как это было красиво: гарцующие мушкетеры на лошадях серой масти... Серебряные кресты на плащах... Их так и прозвали: «серебряные мушкетеры». И впереди роты — наш гасконец с уже серебряными кудрями, ниспадающими на плечи.

Быстро летело время для стареющего Бофора. Умер отец. В Париже умерла королева Анна. Франсуа стукнуло полвека. Уходили и старели его возлюбленные, удалялись от двора в свои поместья стареющие сверстники. Но неизменным оставалось его положение. Франсуа де Бофора по-прежнему держали вдалеке от Парижа. Ему позволили участвовать в непрерывных победоносных войнах, которые вел его сын. Он храбро бился на полях Фландрии... После смерти отца в знак монаршей милости ему передали наследственное звание адмирала. Но в Париж по-прежнему не пустили. Его отправили командовать флотилией в Средиземноморье... В Ливорно он принял командование над жалкой флотилией. С нею он должен был сражаться с турками.

Обиженный невниманием сына и своим забвением, герцог много пил и во время слишком веселых застолий на его адмиральском корабле сообщал собутыльникам... лишнее. Особенно после того, как узнал о смерти королевы Анны. Выросший во времена Ришелье, он, конечно же, знал, что «стены слышат», но сдержаться, увы, было свыше его сил.

До короля стали доходить пьяные разговоры герцога... о королеве и о неблагодарности... *некоего высокого лица, обязанного ему рождением!*

И вскоре Людовик вызвал герцога де Бофора в Париж.

Франсуа приготовился к последствиям. Он уже был наслышан о новых суровых порядках при дворе. Должно быть, впервые вечный фрондер почувствовал некоторый трепет. Он даже раздумывал, стоит ли ехать в Париж. Но поехал. Он слишком хотел увидеть сына. С возрастом в нем все громче говорили чувства отца.

Король жил в Тюильри, но уже началась грандиозная перестройка маленького замка его отца в Версале. О будущем дворце рассказывали чудеса.

Король пригласил герцога на обед. В час дня Бофора торжественно ввели в столовую залу. Здесь толпились избранные придворные, удостоенные чести наблюдать обед короля.

Вошел Людовик, и вся зала церемонно склонилась в долгом и низком поклоне. Бофор был потрясен. Как изменился сын! Куда делся тот юноша, которого он так хорошо помнил, — неуверенный, затравленно озиравшийся по сторонам, смешно подпрыгивавший, чтобы, будучи высоким, казаться еще выше! Перед ним стоял молодой человек с беспощадными холодными голубыми глазами. Людовик сухо поздоровался. Повелительным жестом указал Бофору на стул за столиком, сервированным на двоих.

Король в своей великолепной шляпе сидел напротив. Из-под шляпы торчал фамильный крупный нос Бурбонов. Король молча начал есть. Напротив него так же молча ел герцог, с точно с таким же фамильным носом. Как шутила герцогиня де Шеврез о незаконных детях Бурбонов: «Все пройдет, даже сплетни, но нос останется». Придворные молча, почтительно стояли поодаль полукругом. Согласно этикету никто не имел права сесть. И дофин, и принцы крови в благоговейном молчании наблюдали за трапезой повелителя. Оба Бурбона, свесив в тарелки фамильные большие носы, молча съели популярные ранние овощи — теплый салат с ботвой и сыром фета, затем суп из зеленого горошка, потом кролика с молодыми огородными овощами и умело обглодали ножки пулярки... Когда бесконечный обед подошел к концу и слуги убрали остатки еды, король наконец прервал молчание:

— Я назначаю вас, герцог, гроссмейстером, шефом и главным суперинтендантом *всей* нашей навигации в Средиземноморье. Отныне вы должны не только воевать с флотом наших врагов турок, но и примерно наказать постоянно нападающих на наши торговые корабли алжирских пиратов... Десятки наших судов захвачены мерзавцами. Вам будет помогать флот наших союзников-венецианцев.

Итак, сын по-прежнему запрещал ему вернуться в Париж... Людовик прочел его мысли. Он ласково улыбнулся, встал, вышел из-за стола и обнял герцога. И хотя Людовик постарался, чтобы объятие было кратким и формальным, однако объятие было! Сын-король впервые обнял отца!

Когда счастливый Бофор, пятясь спиной к двери и отвешивая низкий поклон сыну, покидал залу, он услышал властный голос:

— Я жду от вас подвигов, герцог. Я надеюсь как можно скорее услышать о ваших героических делах *вместо глупых пьяных фантазий.*

Встреча была окончена.

Эти грубые слова-угрозу Бофору пришлось проглотить, он постарался их не понять.

Но, вернувшись домой, ему пришлось повторить себе печальную правду: вернуться в Париж ему не дадут. Впрочем, для него открывалась возможность вернуться в столицу иным способом — в гробу. Он знал, что, несмотря на пышный чин, у него в подчинении будет все та же потрепанная штормами, малочисленная средиземноморская эскадра. С этими жалкими судами он мог сражаться с турецким флотом, но не с алжирскими флибустьерами. В Алжире правила династия, основанная знаменитыми пиратами. Они превратили порт Алжир в мощную морскую державу, лишь номинально подчинявшуюся туркам... Здесь прятались награбленные сокровища, проживало 150 000 человек, трудились под палками 30 000 рабов-христиан, захваченных пиратами, и процветал крупнейший невольничий рынок. В алжирском порту, защищенном мощной линией укреплений, стояли сотни захваченных судов и десятки отлично вооруженных корсарских кораблей с командами, составленными из отчаянных головорезов.

Перед отъездом Бофора вдруг навестил один из старых забытых друзей молодости, маркиз де Ля Гар.

Маркиз сначала сообщил ему, что король ждет от него скорейших действий против разбойников (то есть скорейшего отъезда!). После чего маркиз вдруг начал рассказывать герцогу галантную сплетню из прошлого царствования. Оказывается, покойный король Людовик XIII был платонически влюблен в одну из фрейлин королевы. Будучи от природы на редкость застенчивым, Людовик XIII после долгих колебаний все-таки решился объясниться даме в любви. Но во время объяснения благородная дама прервала речь короля. Она начала умолять монарха не только перебороть свои чувства к ней, но вернуть эти чувства достойнейшей — перестать быть холодным к королеве. Ее словами, очевидно, говорил сам Господь. Ибо в сердце короля тотчас возродилась любовь к венценосной супруге. Король провел следующую ночь в спальне королевы.

— Ровно через девять месяцев королева Анна родила нашего великого короля, на радость и счастье Франции, — закончил свой рассказ маркиз и пристально взглянул на де Бофора.

Франсуа де Бофор понял: ему передали официальную версию. Так и только так должна была теперь звучать история рождения его сына.

Вот так герцога *предупредили дважды.*

ТАИНСТВЕННЫЙ ФИНАЛ

В Европе стояла холодная зима, когда Бофор вернулся на свою жалкую флотилию. Но вскоре судьба смилостивилась. К счастью для герцога, во главе финансов Франции встал новый человек, о котором завтра мы будем много беседовать. Его звали Жан-Батист Кольбер. Этот новый министр финансов занялся французским флотом. Самым популярным наказанием преступников Кольбер сделал отправку на галеры — гребцами. Кольбер нашел деньги и на реконструкцию флота. В короткий срок Бофор получил необходимое: средства на ремонт кораблей, большое пополнение гребцов и четыре новых, прекрасно вооруженных фрегата.

Бедный герцог был готов обменять все эти фрегаты, все свои титулы на возвращение в Париж. Но туда его не звали, так что, несмотря на предупреждение, «пьяные фантазии» продолжились.

В самом начале 1669 года Бофор со своей обновленной эскадрой пошел к берегам дружественной Венеции. По пути сумел нагнать пиратский корабль и освободил французский фрегат, развесив пиратов на реях. В Венеции герцог пополнил запасы провианта и готовился отплыть — охранять караван французских торговых судов, плыть с ними мимо пиратского Алжира и Туниса. Но в Венеции он неожиданно получил новое задание: Людовик благодарил за первые успехи и приказывал идти к острову Кандии (так тогда именовался Крит). Здесь Бофор должен был помочь осажденным венецианцам, воевавшим с армией турок. Король сообщал, что венецианский гарнизон будет подчиняться приказам Бофора.

— Но он отправляет нас на верную гибель, — сказал его друг и помощник граф Л., — на острове целая армия турок!

Бофор только усмехнулся: он понял: от него решили избавиться! Он помолчал и сказал графу:

— Мой отец любил повторять завет древних мореплавателей: «Плыть всегда необходимо, а жить не так уж необходимо». Так что мы выполним приказ Его Величества.

25 июня 1669 года Бофор высадился со своим отрядом у окруженного турками главного города острова (Ираклиона, как именуют его нынче). Венецианцы в ту пору именовали его Кандией, как и весь остров.

Венецианцы прятались за мощной стеной, построенной ими еще в прошлом веке. Окружив город плотным кольцом, у стен стояла армия турок во главе с великим визирем. Его войска взяли город в кольцо больше двадцати месяцев назад и потеряли к нынешнему времени более ста тысяч убитыми. Но от города не отступали. Бофор решил попытать счастья — внезапной дерзкой атакой с тыла опрокинуть осаждавших.

Он послал голубя к осажденным — приказал одновременно с началом атаки организовать вылазку венецианцев.

На стене зажгли костер, означавший, что приказ они получили.

Ночью перед сражением Бофор был смутен. Он сказал в палатке своему адъютанту: «Мой отец долго болел. И когда мне сообщили, что он простил всех своих врагов, я сказал — значит, отец скоро умрет. Самый верный признак смерти воина — это примирение с врагами. Сегодня, когда я проснулся, мне мучительно захотелось простить всех их — Ришелье, Мазарини и, главное, ее, покойницу...» Адъютант посмотрел на него испуганно.

Сражение началось, как только рассвело. Бофор, как всегда, был впереди. Но венецианцы так и не показались из-за стен. Бофор не знал, что они уже вели тайные переговоры с турками о сдаче города и обговаривали мирную, почетную эвакуацию населения.

Атака захлебнулась. Французам пришлось отступить. Но отступили они без своего командира. Во время этого сражения один из самых блестящих воинов Франции, внук короля Генриха IV, герцог Франсуа де Бурбон Вандом, второй герцог де

Бофор, таинственно, бесследно исчез — пропал без вести!

НЕОБЫКНОВЕННЫЙ УЗНИК

Городок Пиньероль находился на самой границе Франции с Италией. Он был опоясан крепостными стенами, и внутри стен находилось сердце Пиньероля — тюрьма, окруженная еще одной высокой зубчатой стеной с башнями.

Население городка работало или стражниками в тюрьме, или обслуживало эту секретнейшую тюрьму. При Людовике XIV сюда начали ссылать самых опасных государственных преступников.

Через два месяца после исчезновения Бофора, 24 августа того же 1669 года, в тюрьму Пиньероль был доставлен особый узник. В приказе о доставке в Пиньероль не было указано его имени. Но в сопроводительных документах узник именовался как «простой слуга Эсташ Доже, вызвавший недовольство Его Величества и *арестованный по приказу короля*». Перед тем как привезли в замок этого «простого слугу», были присланы распоряжения военного министра. Сам военный министр подробно разработал правила содержания в Пиньероле... «простого слуги»! Эти правила удивительны! «Простого слугу» Эсташа Доже приказано содержать в полнейшем секрете, в специальной камере с двойными дверями.

ВЕРСИИ

Итак, время предполагать.

Версия первая. Внук блистательного Генриха IV герцог де Бофор так и не смог смириться со своим положением — вечной почетной ссылкой. Возможно, вчерашний любовник королевы продолжал болтать — и об умершей королеве Анне, и о своих походах в королевскую спальню, и об обидной неблагодарности короля. Так что молодой король, болезненно относившийся к этим опасным россказням, не веривший в них (точнее, желавший НЕ верить), мог решиться на меры.

Но убить того, кто мог быть его отцом, молодой король не решился.

Вечный фрондер и опасный говорун должен был исчезнуть в каменном мешке.

Как произошло это исчезновение? Мы можем с вами вообразить. Это должен был сделать очень доверенный человек — не просто «очень доверенный», но самый доверенный, самый храбрый и самый отчаянный. Ведь речь шла о тайном аресте и похищении принца крови, к тому же силача, великолепно владеющего шпагой. Впоследствии мы узнаем, что король поручал подобные опаснейшие дела только одному человеку — лейтенанту королевских мушкетеров д'Артаньяну и его роте. При Людовике XIV королевские мушкетеры все больше походили на преторианских гвардейцев римских императоров.

Все должно было произойти во время той кровавой заварушки — рассветного боя на острове. (Вот почему король отправил Бофора на Кандию.) В разгар сражения с турками гасконец и его мушкетеры, переодетые турецкими солдатами, попросту окружили и похитили герцога де Бофора. Во всяком случае, далее все удивительно совпадает. Герцог де Бофор исчез 25 июня, а 24 августа того же 1669 года в Пиньероль был доставлен тот странный узник. Эти два месяца — как раз то необходимое время, чтобы тайно доставить герцога в Пиньероль. Мы помним, что в приказе о прибытии в тюрьму таинственного узника не было указано его имя, но в сопроводительных документах он именовался «простым слугой Эсташем Доже, вызвавшим недовольство Его Величества»... Почему внука короля и принца крови заточают в тюрьму под именем простого слуги? Зная характер Людовика XIV, это понять нетрудно. Это была мстительная ирония короля — заточить гордого герцога, смеющего рассказывать, будто он отец короля Франции, под именем жалкого слуги! Во всяком случае слух о том, что под именем слуги Эсташа Доже содержится герцог Бофор, был популярен. Когда Эсташа Доже переведут из Пиньероля на остров Сент-Маргерит, губернатор тюрьмы в письмах-отчетах военному министру напишет: «Привезенного арестанта принимают. на острове за герцога де Бофора»!

Итак, ПЕРВАЯ ВЕРСИЯ: герцог де Бофор был похищен и тайно заключен в тюрьму Пиньероль в августе 1669 года под именем «слуги Эсташа Доже». Впоследствии на лицо ему наденут маску, чтобы скрыть похищение знаменитого герцога навсегда! Правдоподобно? Граф Сен-Жермен долго верил в эту версию. Хотя мня *несколько смущало* одно обстоятельство. Ведь человек, носивший маску, умер в Бастилии в 1703 году. То есть Бофору, рожденному в 1616 году, должно было быть... 87 лет! Возраст, до которого дожить в те времена было почти невозможно, особенно учитывая буйную и бурную жизнь герцога. Но именно «почти»... Ибо комфортные условия, в которых, как мы увидим, содержался человек в маске, отсутствие треволнений жизни могли помочь Бофору осуществить «почти невозможное» — прожить до этого почтенного возраста!

...Так думал и я до тех пор, пока не начал исследовать жизнь знаменитых узников Пиньероля. Среди них оказался удивительный персонаж, который будет героем нашего завтрашнего расследования. И он заставит нас уже завтра *похоронить* версию о герцоге де Бофоре — Железной Маске... Впрочем, до того, как он стал узником, этот человек был одним из богатейших и могущественнейших людей Европы.

В комнате ударили часы... И продолжили бить во всех комнатах. И я очнулся от обычного наваждения, наступавшего во время рассказов месье Антуана.

— Да, — засмеялся месье Антуан, — уже час ночи... мы увлеклись. Надеюсь, вы не забыли, я собираюсь решить *ТРЕХСОТЛЕТНЮЮ* загадку за два дня. Час назад закончился ДЕНЬ ПЕРВЫЙ. И впереди решающий день.

Месье Антуан поднял со стола рубиновую коробочку, украшенную эмалью с галантной сценой — сатир, преследующий нимфу. Сверкнули бриллианты, обрамлявшие голубую эмаль

— Это *его* коробочка для нюхательного табака... Героя завтрашнего расследования. До завтра, мой друг.

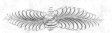

ГЛАВА ЧЕТВЕРТАЯ

Олигарх, которого считали Железной Маской

Я вернулся в отель, но не смог заснуть, ожидая завтрашнюю встречу. Шел второй час ночи, когда мне пришло в голову попытаться записать весь его вчерашний монолог. Я сел к столу и... записал весь его рассказ... 163 страницы! Записал без помарок, без любимой моей бесконечной правки! Он будто диктовал мне, а я... продолжал слышать его голос!

Я заснул только под утро, но встал с удивительно свежей головой.

Признаюсь, проснувшись, тотчас бросился к столу, думал, что все случившееся мне приснилось. Но на столе были разбросаны исписанные мною листы... те самые 163 страницы.

В десять утра я был у его дверей.

Все тот же молчаливый молодой слуга провел меня в кабинет.

Месье Антуан был ослепителен — в соломенной шляпе с большими полями, в белом летнем костюме и шелковом шарфе, элегантно, как умеют только французы, наброшенном на плечо.

Он стоял, картинно опершись на спинку кресла, появившегося рядом со столом. Это было великолепное старинное кресло с изящно изогнутой высокой спинкой, сиденье поддерживали львиные лапы.

— Вы правы: кресло воистину бесценное, — сказал месье Антуан, — сделано в прославленной «Мануфактуре королевской меблировки». Принадлежало христианнейшему королю Людовику XIV. В то время модники начали заказывать кресла с низкой спинкой. Но Людовик XIV хотел распоряжаться всем, даже модой. Тотчас последовал королевский указ, запрещавший мебельщикам подобные вольности — спинка у кресел должна была быть высокой. — И месье Антуан кивнул на кресло. — Итак, именно в этом кресле помещался августейший зад Людовика XIV... Как ничтожна наша плоть... Истлели и великий король, и все, кто трепеща стоял перед этим креслом... но кусок дерева стоит невредимый и столь же прекрасный. Кресло было очень любимо королем. Когда в кабинет короля въехал новый гарнитур, сделанный прославленным Булем, король велел отправить кресло в спальню. И когда беспредельно любвеобильный король принимал возлюбленных, кресло видело их пышные тела, освобожденные от тяжелых парчовых платьев, в которых они величественно плыли по паркету, похожие на корабли. Но эти мимолетные похоти короля соседствовали с долгими, преданными влюбленностями. Влюблялся король всегда неожиданно.

После черноволосой, черноокой племянницы Мазарини его новой страстной любовью стала провинциалка, к тому же хромоножка, но прехорошенькая, белокурая, как ангелочек, Луиза де Лавальер. И кресло стояло рядом с потайной дверью, за которой начиналась лестница в апартаменты фаворитки.

Это кресло видел и герой истории, которую я собираюсь вам рассказать. Правда, тогда оно еще стояло в кабинете короля.

Все тот же молчаливый молодой человек вкатил маленький столик, на котором стоял поднос с серебряным кофейником и круассанами.

— Вы плохо завтракали, но хорошо и неутомимо трудились до рассвета, — сказал насмешливо месье Антуан.

Он знал и это!

Я молча, торопливо, жадно ел.

— Боюсь, мне более не удастся отправить вас в прошлое. Как только я объяснил вам технику, ваше сознание встало на страже. Вы огорчены, не так ли? Но и... обрадованы, сознайтесь. Ибо человек жаждет чуда и одновременно... боится его. Жаждет непонятного, но мечтает его тотчас объяснить. Как сказано у вашего классика: попросим самого маэстро Воланда разоблачить технику его фокусов... Вообще, человек животное, живущее всегда между крайностями. К примеру, между скорбями, если вы бедны, и скукой, если вы богаты.

Я допил кофе, и он сказал:

— Однако вернемся к нашему исследованию. Итак, наш сегодняшний герой — претендент номер два. Во всяком случае, уже в XVIII веке многие исследователи считали именно его «Человеком в железной маске».

Месье Антуан позвонил в колокольчик, и все тот же молчаливый слуга внес портрет в массивной золотой раме. И поставил его на пол, прислонив к стене напротив кресла с львиными головами.

— Я недавно купил этот портрет, — сказал месье Антуан. — Его нарисовал Шарль Лебрен — первый живописец короля Людовика XIV.

На портрете в точно таком же кресле с высокой спинкой сидел господин в черной одежде.

— В то время придворные были пестро разодеты, как павлины, но серьезные люди, то бишь чиновники, финансисты и судейские ходили исключительно в черном. Но черная одежда господина на портрете из очень дорогой ткани. Ее оживляет, как видите, белая пена столь же дорогих кружев, из-под которых видны тонкие изящные руки. Правая рука держит перо, готовясь подписать бумагу, возможно меняющую чью-то судьбу. Обратите внимание на пальцы. Пальцы опытного любовника, знающего толк в самых утонченных ласках. У господина хищный галльский нос и ухоженные усики а-ля Ришелье с опущенными вниз кончиками — обычное украшение тогдашних бюрократов. Высокий лоб полузакрыт волосами, спускающимися на плечи. Но какова улыбка! В ней насмешка, пресыщение, разочарование, которые даруют Власть и Деньги. Перед вами, мой любезный друг, знаменитый Николя Фуке. В 1657 году, когда Лебрен писал этот портрет, Николя Фуке был суперинтендантом, по-нынешнему — министром финансов и олигархом, богатейшим человеком Франции, некоронованным владыкой страны. Но каков портрет! Вот о таком портрете писал ваш Гоголь. Схвачено не просто сходство, но опаснее — душа! Я не удивлюсь, если в мое отсутствие он выходит из рамы, разгуливает по дому или сидит вот в этом, так хорошо знакомом ему кресле короля. Сегодня мы с вами отправимся в удивительное поместье, принадлежавшее этому господину. Оно недалеко от Парижа. Именно там разыгрался главный акт драмы. Весьма важная часть истории, которую нам предстоит раскрыть. — И добавил, усмехнувшись: — Во всяком случае, сегодня этому поместью придется поведать нам многое.

Между тем лежащие на столе часы в виде золотого полумесяца пробили десять. Тотчас в квартире начался великолепный концерт. Множество часов в разных комнатах начали отбивать время. Одни били вместе, другие порознь, спеша друг за другом. Их звучанье было божественной музыкальной эстафетой, летевшей из комнаты в комнату.

Все тот же молодой безликий человек объявил:

— Автомобиль у подъезда, месье.

— Мы спустимся *ровно через минуту*, — сказал он слуге. Я запомнил эту фразу. Именно после этих слов, как-то лукаво усмехнувшись, он спросил меня:

— Который час?

Вопрос был странен, только что во всех комнатах часы били десять ударов.

— Нет-нет, ответьте точнее.

— *На моих две минуты одиннадцатого*, — ответил я.

— Запомните свой ответ... Уже вскоре он может оказаться для вас весьма интересным. Но перед нашим отъездом я хотел бы вкратце обрисовать вам жизнь Николя Фуке, изображенного на этом портрете. Жизнь весьма поучительную, которую, уверен, вы когда-нибудь опишете, она достойна стать содержанием отдельного произведения на модную тему ОЛИГАРХ И ВЛАСТЬ. Так что считайте рассказанное моим вам подарком.

МОДА
НА БОЛЬШИЕ ДЕНЬГИ

Итак, Николя Фуке. Уже во времена Ришелье они вошли в большую силу, эти люди в черном платье... Король, принцы, придворная аристократия, мушкетеры, гвардейцы — все транжиры. Их дорогие лошади, перья на шляпах, раззолоченные камзолы, кожаные перевязи шпаг, модные плащи и шпоры требовали кучу денег. До появления Ришелье аристократы часто брали взаймы у ростовщиков и банкиров, но отдавали редко. Когда, отчаявшись получить долг, скучные заимодавцы являлись домой к знатному человеку, их в лучшем случае вежливо выпроваживали, или, — он прокричал с неожиданной яростью, — слуги попросту спускали мерзавца с лестницы!!! Но во времена Ришелье все изменилось.

Ришелье был великолепным дельцом. У него была голодная любовь к деньгам выбившегося из бедности человека. Он сумел ввести моду на деньги. Теперь родовитый аристократ должен быть богат, если хотел быть «комильфо». При кардинале шутки аристократов с НЕ-отдачей долга стали опасны. Люди в черном, то бишь судейские, беспощадно описывали имущество родовитых должников. И во второй половине XVII века еще один меланхолический философ, месье Лабрюйер, написал: «Уста прохожих на улицах больших городов только и произносят нынче такие слова, как «вызов в суд», «опись имущества», «долговая расписка», «протест векселя».

Вслед за Ришелье пришла его тень — кардинал Джулио Мазарини. Он продолжил моду на деньги, присовокупив к ней моду на взятки. «Что такое взятка? Взял и сделал», — шутка из той эпохи. Мазарини мог многое... но не мог одного — сделать что-нибудь даром. Про него говорили: «Тысячу экю — возьмет, но одно экю тоже возьмет». Состояние Мазарини, описанное после его смерти, потрясает — 40 миллионов ливров... в два раза больше состояния Ришелье! После его смерти деньги достались родственникам. Как положено итальянцу, он любил семью. Чтобы король не отнял у родичей деньги после его смерти, кардинал завещал Людовику, королеве и Франции свою знаменитую коллекцию — 200 античных статуй, 500 картин великих мастеров, несколько сотен старинных манускриптов и, конечно, бесценные бриллианты. Любовнице-королеве оставил огромный бриллиант «Роза

Англии», королю — «Восемнадцать Мазарини» — восемнадцать несравненных бриллиантов. Граф Сен-Жермен считал камни Мазарини «самыми красивыми в Европе». Граф сумел приобрести два из них, и сейчас они у вашего покорного слуги. Я собираю драгоценные камни, ибо они хранят электричество владельца. Когда мне нужно поговорить с ушедшим, я держу в руках принадлежавший ему камень.

Вот при этих двух кардиналах окончательно родились новые времена. Теперь в моде были не только честь, храбрость и благородство, но и деньги! В эти новые времена и преуспела семья Фуке. При Ришелье отец Николя Фуке стал ближайшим помощником кардинала, в его руках была морская торговля и флот. Но денег едва хватало, ему пришлось кормить целую детскую армию: любимая жена родила 12 детей. К тому же он, к изумлению коллег, был честен. Так что его сын, наш герой Николя Фуке, получил очень небольшое наследство. Зато ему досталось то, что важнее денег, — связи отца. Благодаря отцу юный Николя хорошо известен самому Ришелье. Под покровительством великого кардинала он быстро шагал по ступеням карьеры — советник в парламенте, интендант по вопросам финансов в провинции и так далее... После смерти Ришелье Николя начал так же преданно служить новому хозяину — кардиналу Мазарини. Во время Фронды оказал большие услуги кардиналу и королеве... В награду (и за большую взятку) Мазарини назначил Фуке одним из двух интендантов финансов... И вскоре (уже за баснословную взятку) сделал Фуке главой финансов Франции — суперинтендантом. Но кардинал заставил его хорошо потрудиться на этом посту. Именно с помощью Фуке Мазарини утроил свое фантастическое состояние.

Не обижал Фуке и себя. Он получил разрешение на освоение колоний в Америке и Африке. На торговле с колониями сделал сказочное состояние... Но чем больше богател, тем больше тратил! Он обожал жизнь и щедро платил за все ее наслаждения. Так что великому богачу постоянно были нужны деньги! И он перестал различать казну свою и казну Франции. Огромнейшие суммы, которые он зарабатывал, дополнялись огромными средствами, которые он брал из казны. Фуке безотчетно распоряжался финансами королевства. Но следил, чтобы государственная казна никогда не пустовала. Обирая казну, сам же ее пополнял — время от времени отдавал назад забранные деньги. Кроме того, щедро и постоянно ссужал государству. Долг французской монархии своему министру финансов составлял миллионы. Во время войны с Испанией ссудил Мазарини на войну значительную сумму — несколько миллионов ливров. Но (что самое важное) он умел убеждать других богачей подписываться на огромные и, главное, безвозмездные займы на военные победы, на блеск самого роскошного двора Европы. При Фуке банкиры, желавшие жить спокойно, должны были щедро жертвовать в казну. Тех, кто этого не делал, ждали изнуряющие финансовые проверки и грозные судебные процессы.

Постепенно он почувствовал себя настолько сильным и, главное, независимым, что перестал носить деньги кардиналу. Мазарини пришел в бешенство, но Фуке посмел не обращать внимания. Более того, он заговорил о необходимой «прозрачности» трат казны.

— Богатые люди у нас должны стать честными. Это наш призыв, — объявил Фуке.

Мазарини только усмехнулся:

— Если он имел в виду себя, то фраза должна звучать иначе: «Когда он стал богат, он стал честен».

И поклялся уничтожить суперинтенданта. Но боги были на стороне Фуке. Именно в это время Мазарини заболел.

Фуке понимал опасность подобной жизни. Он купил пост главного прокурора парламента Парижа. После канцлера это была вторая по значению должность во французской администрации. Она давала Фуке главное — право на личную неприкосновенность. Озаботился он и о другой, куда более прочной защите. Он вел все финансовые дела королевы Анны Австрийской, и здесь он забывал о «прозрачности».

Все самые дорогие прихоти королевы-регентши тотчас выполнялись... за счет казны. Он был посвящен во все финансовые тайны королевы Анны. Но в быстротечности жизни Фуке не заметил: королева-мать стала безвластной, власть уже давно перешла к молодому королю. Фуке не воспринял всерьез речь короля после смерти Мазарини. Богатейший человек Франции не захотел понять слова Людовика: «Теперь править буду я сам».

УДАРЫ ГРОМА

Все, что далее случится с Фуке, предсказать было нетрудно, ибо это много раз случалось под солнцем. Как бывает с очень могущественными людьми, он все больше терял ощущение реальности, все больше верил в абсолютную силу своего богатства. Что делать, великое богатство непременно порождает великое безумие. Он будто ослеп. Он не видел того, что видели все: король стал очень опасен. Королю — 20 лет. И он, владыка великой европейской державы, продолжал жить подачками своего министра финансов, этаким бедным родственником при великом богаче. Ситуация все чаще приводила короля в ярость, и королеве-матери все труднее было его успокаивать. Уничтожение богатейшего олигарха Франции постепенно становится манией Людовика. Расправа с Фуке необходима королю не только потому, что он хочет забрать его небывалое состояние, которое Людовик все чаще называет «миллионами, украденными у короля». Но это только одна из причин. Есть и другая — важнейшая. Переживший Фронду Людовик жаждет наглядно показать обществу, что отныне в стране есть и будет только одна власть — власть короля! И богачом отныне может быть только тот, кому король разрешает быть богачом, и до тех пор, покуда он ему это разрешает. И потому Людовик задумал уничтожить того, кого общество и двор считали самым могущественным, самым богатым и самым независимым человеком в государстве.

Незадолго до смерти Мазарини в его окружении появился опаснейший господин. Его звали Жан-Батист Кольбер. Этого безвестного человека кардинал считал финансовым гением. Он готовил его на смену Фуке. Для начала он сделал его управляющим всеми своими дворцами, землями, богатейшими мануфактурами. Кольбер справился блестяще. Имущество кардинала тотчас начало приносить баснословные доходы, и при этом (что самое приятное для болезненно скупого кардинала) — мизерные расходы... И все это время по приказу Мазарини дотошный Кольбер начинает собирать документы против Фуке. Кардинал решил свалить обнаглевшего олигарха. Но не успел — помешала смертельная болезнь. Но и на смертном одре князь церкви помнил о мести, забыв о скорой встрече с Господом. Умирая, кардинал решил передать молодому королю свой посмертный дар — Кольбера.

И тут лицо месье Антуана приблизилось, и тяжелые веки прикрыли ледяные глаза без ресниц. Он зашептал:

— Двое стоят у огромного ложа Мазарини... и через их плечи виден иссохший, изможденный полутруп в постели. Хриплый еле слышный голос Мазарини: «Я оставляю в наследство, сир, этого человека... Поверьте, сир, он финансовый гений и лучший из моих охотничьих псов. Уж если он взял след... Он поможет вам, сир, покончить с разбогатевшим выскочкой, которого вы справедливо ненавидите даже больше, чем я...»

«Финансовый гений», как-то странно согнувшись, стоял рядом с молодым королем. Кольбер сразу понял характер этого молодого человека. Людовик хотел быть первым во всем. Диктаторы, как правило, невысокого роста. Они как бы добирают то, чего недодала им природа, — заставляют очень низко гнуть головы тех, у кого они сидят на высоком теле. Молодой король был, наоборот, высок, но и он ревниво не любил тех, кто был выше ростом. Кольбер был выше короля. И потому, стоя рядом с ним у постели умирающего кардинала, он сумел угодливо согнуть свое большое тело. — И месье Антуан как-то неприятно засмеялся, точнее, хихикнул и продолжал обычным голосом: — Людовик оценил слова кардинала. Он тотчас назначил Кольбера интендантом финансов, ближайшим подчиненным Фуке. Теперь, работая в ведомстве Фуке и занимаясь по должности вопросами промышленности, торговли и флота, Кольбер следил за каждым шагом Фуке.

Олигарх не сумел вовремя оценить соперника. Этот подобострастный полный человек с мучнистым лицом, замкнутый, молчаливый, не имеющий друзей, трудившийся по 24 часа в сутки, показался Фуке скучным и жалким. Его скромность и бережливость — унылой скупостью. В то время как великолепный выезд Фуке — карета на дорогих, поглощающих тряску рессорах летела в Лувр, Кольбер в дешевом черном платье шагал во дворец пешком, чтобы вручить королю очередную порцию документов о махинациях Фуке! Расследовать злоупотребления Фуке Кольберу оказалось просто, ибо Фуке не вел никакой документации при операциях с государственными деньгами. Сам взял, сам отдал. Для него главное был результат — чтобы в казне были деньги. Врагов он давно перестал опасаться.

И однажды король решил попробовать. Он приказал верному псу — фас! Кольбер нанес первый удар. Ночью королевские мушкетеры арестовали целую группу откупщиков налогов и фискальных чиновников, всех обвинили во взятках и коррупции. Началось быстрое следствие. Уже вскоре стараниями Кольбера последовала вторая ночь арестов, на этот раз сенсационных. В Бастилии очутились двое крупнейших финансовых чиновников — двое ближайших соратников Фуке. Последовал скорый судебный процесс, на котором фигурировали документы, подготовленные Кольбером. Потрясенный Фуке бросился к королю. Он объяснил, что все злоупотребления были, но делались по прямому приказу покойного Мазарини. И все полученные обвиняемыми деньги передавались кардиналу, таков был обычай! К его изумлению, молодой король только печально развел руками: «Если таков был обычай, то это очень плохой обычай. С точки зрения закона эти господа — воры, что доказало следствие. Все воры нынче должны выучить: воровать не только плохо, но очень опасно. С преступными обычаями будем заканчивать. Вор должен отвечать!»

Это случилось впервые: молодой король отказал в просьбе всемогущему финансисту. Состоялся суд. Фуке знал прежний суд, искавший истину. Теперь он увидел новый суд, исполнявший желание короля. Соратников Фуке приговорили к повешению на Гревской площади.

Друзья Фуке качались на виселице; Кольбер продолжает ежедневно доносить Людовику о «новых вскрывшихся фактах злоупотреблений Фуке».

В конце апреля король получил наконец желанный полный отчет Кольбера о деятельности Фуке за последние 20 лет. Кольбер постарался — в отчете было все, что хотел король. Отчет доказывал, что за время своего интендантства Фуке перерасходовал 80 миллионов ливров — эти деньги попросту исчезли из казны. В заключение Кольбер сделал главный вывод, который так хотел услышать король: олигарх-министр, этот «финансовый Зевс», как его называли в Париже, — главная причина бедности могущественного короля и нищеты казны великой державы.

Между тем тотчас после казни друзей Фуке начал действовать. Королю донесли, что олигарх укрепляет принадлежавший ему небольшой островок Бель-Иль в Атлантическом океане. У острова была настораживающая мятежная история. Этот клочок земли принадлежал прежде кардиналу де Рецу, одному из самых активных вождей ненавистной Фронды. У него и купил островок Фуке. На островке расположились древний монастырь и старинная крепость с зубчатой стеной и башнями.

По поручению короля в Бель-Иль отправился д'Артаньян. Вернувшись, мушкетер сообщил Людовику, что Фуке совсем недавно отремонтировал крепость. В ней содержится отлично экипированный гарнизон. Фуке укрепил и свой флот. Он купил несколько новых кораблей. Этот маленький флот теперь постоянно курсирует вокруг островка — охраняет.

Молодой король оценил приготовления Фуке. Он тотчас начал демонстрировать ему... свое полнейшее доверие.

Он поручает Фуке провести сложнейшие секретные дипломатические переговоры за рубежом.

Фуке успокаивается. Он слишком богат и удачлив, он разучился долго волноваться. Но главное, по-прежнему не понимает опасный характер молодого властителя — эту выработанную несчастьями детства способность двоедушничать, умение усыпить жертву, прежде чем нанести ей решающий удар.

ОШИБКА ОЛИГАРХА

Получив секретные задания короля, Фуке преспокойно отправляется в Европу.

Он блестяще справляется с поручениями короля. Как всегда, умело используя огромные деньги и свое искусство обольщать. В Варшаве влюбил в себя любовницу польского короля Яна II Казимира. Переспав с ней, не забыл щедро заплатить. И она стала его верным агентом, помогла успешно договориться с польским королем. Фуке осуществил мечту Людовика: Ян Казимир объявил своим преемником на польском престоле герцога Энгиенского, родственника Людовика XIV.

После польского успеха Фуке проделывает длинный путь в карете — прибывает в Стокгольм. В Стокгольме новый успех! Он провел переговоры с первым министром графом Ф-н и договорился о продлении франко-шведского союза. Успешные переговоры завершились сладостной ночью с первой красавицей Скандинавии, графиней Ф-н. Как и все его любовницы, графиня получила от него великолепный подарок — бесценную диадему. К сожалению, граф Ф-н узнал о сладостной ночи. Но и здесь Фуке не сплоховал. Будучи насквозь штатским человеком, Фуке умело избежал вызова на дуэль, опять же при помощи золота. Он сохранил честь и приобрел столь нужный Франции договор. После чего великолепная карета неутомимого Фуке, окруженная эскортом гвардейцев, объявилась в Амстердаме. Здесь победоносный месье заключил выгоднейший торговый договор, выкупив заодно великолепное полотно Рембрандта, украсившее королевский дворец.

Фуке вернулся в Париж триумфатором, упоенный успехом и окончательно уверовавший в себя. Заботясь о поручениях короля, Фуке, как всегда, не забывал и себя. Деньги, как правило, идут к деньгам! Несколько блестящих финансовых операций, совершенных им во время путешествия, сделали его состояние фантастическим. Это были невероятные успехи и невероятные деньги! Он забыл то, что нужно заучить всем удачливым честолюбцам: **«Добравшись до вершины горы, оглянитесь назад, и вы узнаете, что стоите над пропастью»**.

Вернувшись в Париж, он задумал продолжение. Он решил управлять молодым Людовиком, как управлял жалким польским королем — с помощью женщины... Взгляд Фуке, конечно же, упал на трогательную фаворитку — хромоножку Луизу Лавальер. Задача показалась Фуке нетрудной. Мадемуазель была не родовита, бедна, к тому же прихрамывала. У нее было очаровательное личико, но разве можно ее сравнить с покоренными Фуке знаменитыми красавицами. После стольких побед — его и его золота над дамскими сердцами — баловень судьбы предположил, что быстро закончит дело с бедной хромоножкой. Он решил переспать с нею, предложив возлюбленной короля огромную по тем временам сумму в 200 тысяч ливров. (Рабочий зарабатывал не более тридцати в месяц...) Так что 200 тысяч могли уложить в постель любую из тех, с кем имел дело Фуке. Но не Луизу. Она была этакий наивный полевой цветок, столь странный в тогдашнем, да и нынешнем веке. Чистая девушка бескорыстно обожала короля. Оскорбленная предложением, ответила резкостью и ночью все рассказала королю. Это стало последней каплей. Посягнув на чувства Людовика, Фуке напомнил королю о временах прошлого безвластия — о временах Фронды.

НАЧАЛО КОНЦА

Это случилось уже вскоре в кабинете короля в Лувре. Сидя вот в этом кресле — оно стояло тогда

в кабинете, — Людовик объяснял Фуке, как он не-
обходим ему теперь, после смерти Мазарини. Закончив льстивое вступление, король заявил Фуке:

— Я восхищен вашими успехами в Европе. Я пре-
тендую обладать всем вашим временем, без остатка.
Мне не нравится, что обязанности главного прокурора отбирают у меня ваше время.

Как легко поддаются на отъявленную, жалкую
лесть упоенные своим могуществом люди! Уже
вскоре Фуке совершил самую большую глупость —
продал должность главного прокурора парламента!
Должность, обеспечивавшую неприкосновенность,
Фуке продал за миллион четыреста тысяч ливров.
Уже после сделки, во время очередной аудиенции
у короля, он радостно сообщил Людовику, что совершенно свободен и может продолжать исполнять
так понравившиеся ему дипломатические поручения Его Величества... Фуке наткнулся на холодные
голубые глаза короля — ледяной взгляд диктатора.
Король сообщил Фуке, что его услуги теперь на-
добны исключительно во Франции.

От этого тона и взгляда Фуке стало не по себе.
Он запоздало почувствовал, что попал в западню.
Он спешно посетил остров Бель-Иль и проверил,
как идут работы в крепости, увеличил гарнизон
острова, о чем тотчас узнал король! (Д'Артаньян,
конечно же, не забыл оставить на острове своего
человека, который писал подробные отчеты обо
всем, что там происходило.)

Вернувшись в Париж, зная, как нуждается в
деньгах король, Фуке придумал отослать ему деньги,
полученные за продажу своего прокурорского чина.

С подобострастным письмом он отправил королю миллион ливров.

Король принял дар и милостивым письмом поблагодарил Фуке.

Если бы он услышал реплику благодарного Людовика: «Этот глупец воистину верит, что может подкупить даже короля!» На что брат короля герцог Орлеанский сказал Людовику: «Ваше Величество, станьте суперинтендантом хотя бы на годик, и у вас тотчас появится возможность раздаривать миллионы».

Деньги, подаренные королю, Фуке переправил в башню Венсенского замка. (Стены замка служили не только тюрьмою, но и надежным хранилищем королевской казны.) Узнав об этом, король сказал брату: «Надеюсь, вскоре он займет свое место рядом с награбленными деньгами».

Олигарх по-прежнему оставался желаннейшей жертвой для демонстрации нового порядка, который создавал молодой король. «Государство — это я». Эту фразу королю приписали, но справедливо. Именно она станет достойным эпиграфом к его царствованию.

Отправив деньги королю и укрепив остров, Фуке вновь стал веселым и счастливым. И все его мысли обратились к знаменательнейшему событию: окончанию работ в его поместье Во-ле-Виконт.

Это было необычайное поместье, и готовилось необычайное торжество, оставшееся в истории Франции. Именно это торжество обсуждалось в жарком августе 1661 года в салоне знаменитой маркизы де Севинье.

ИНТЕЛЛЕКТУАЛЫ ВРЕМЕН «ТРЕХ МУШКЕТЕРОВ»

Запомните, мой друг: Дюма, описывая XVII век, эту эпоху мушкетеров, упустил существеннейшую деталь! Кроме изображенных им бессмертных забияк, этих мачо, ловко дырявивших друг дружку шпагами, в Париже существовала совсем иная жизнь. Ее породили и возглавляли... дамы! Пока потные мушкетеры носились на конях, дамы основали в Париже первые салоны, смысл которых состоял в изысканной интеллектуальной беседе.

Родоначальницей этих салонов стала нежная красавица Катрин де Вивонн, дочь французского придворного и фрейлины-итальянки при дворе Екатерины Медичи... Катрин, говорившая на итальянском, французском и испанском, была помешана на культуре Возрождения. Ей было 13 лет («Тринадцать лет твой возраст, о Джульетта!»), когда на пороге нового, XVII века ее выдали замуж. Мужем Катрин стал молодой красавец маркиз де Рамбуйе. Им посчастливилось найти друг друга. Катрин страдала от грубых нравов двора, чужим при дворе был и ее муж. Веселый король Генрих IV (с его главной задачей опрокинуть даму на спину) был окружен такими же грубыми варварами-придворными. После гибели Генриха двор не стал изысканней. Его сын, глуповатый Людовик XIII, которому было скучно все, кроме охоты, Ришелье, проводивший досуг среди государственных бумаг, политических интриг и своих кошек... Короче, наша пара с удовольствием покинула королевский дворец. В отличие от фрондирующих аристократов они не приняли участия в заговорах против кардинала. Они придумали жить своей частной жизнью, как будто Ришелье и королевского двора не существовало. Они поселились в великолепном особняке, вошедшем в историю архитектуры. В этом *отеле Рамбуйе* Катрин начинает собирать свой знаменитый салон интеллектуалов. Самые блестящие литераторы века, просвещенные буржуа, философы-аристократы приглашаются в отель Рамбуйе. Если в королевском дворце собирались для сплетен, игры в карты и любовных интрижек, здесь — для изысканной беседы. К мадам приходят Корнель, Мольер, герцог Ларошфуко, художник Лебрен...

Быть принятым в салоне мадам Рамбуйе считалось бо́льшей честью, нежели получить аудиенцию у короля.

Постарев, «Великолепная» (как иногда именовали мадам Рамбуйе) передала традиции своего салона молодым интеллектуалкам — дочери Жюли и самой блестящей женщине века — мадам де Севинье.

МАДАМ ДЕ СЕВИНЬЕ

Ей было шестнадцать, когда ее представили ко двору Анны Австрийской. Через год с небольшим, восемнадцати лет от роду, она вышла замуж за маркиза де Севинье. Маркиз изволил быть храбрецом и заядлым дуэлянтом. Хотя всемогущий Ришелье запретил дуэли, маркиз презирал запрещение. Он успел заколоть шестерых, когда седьмой заколол его самого. Кажется, эта печальная дуэль случилась в 1652 году... (Ненавижу даты. Торчат в памяти. Скользя по прошлому, я неизменно натыкаюсь на них и порой пребольно падаю...) Именно после этого печального события овдовевшая маркиза посвящает все свое время салону. Салон маркизы де Севинье — самый модный в Париже. Здесь разговаривают об искусстве, философии и, конечно, о политике. Салон становится одним из последних голосов Фронды. Здесь рождаются эпиграммы на прислужника короля, скучного и скаредного Кольбера. И, конечно же, здесь принят Фуке. Независимый вельможа, с которым приходится считаться деспотичному королю. Ценили не только свободу суждений олигарха, но и его щедрость. Именно в салоне маркизы Фуке задумал создать чудо искусства — имение Во-ле-Виконт — с фантастическими размахом и тратами. Здесь был составлен список самых блестящих художников века, которые должны были претворить идеи Фуке в несравненный шедевр. Это была «команда мечты» — завсегдатаи салона маркизы: первый архитектор Франции Луи Лево, первый живописец короля Шарль Лебрен и первый садовник века, несравненный Андре Ленотр... Сумма, заплаченная олигархом «команде мечты», потрясала. Сам Фуке, человек с великолепным вкусом, стал руководителем работ.

И вот сейчас работы подошли к концу.

В жарком парижском августе 1661 года Фуке пришел в салон маркизы — обсудить церемонию открытия невиданного поместья. Маркиза жила во дворце, недалеко от знаменитой площади Вож... Дворец и поныне отлично сохранился. Там устроили музей, но по ночам в особняке по-прежнему тесно от теней прежних знаменитых посетителей. Они собираются в великолепном саду... и если уметь слушать... — Здесь месье Антуан помолчал, потом продолжил повествование. — Маркиза приняла Фуке в Chambre bleue — в своей знаменитой Голубой гостиной. В огромные окна виден зеленый газон. Бьющий перед домом фонтан умеряет невозможную августовскую жару...

Клянусь, я чувствовал жару!

— Мне кажется, вы видите! — сказал голос месье Антуана, и...

Меня ослепило огромное зеркало. В нем нестерпимо-желтым огнем горели свечи в хрустальных канделябрах и стыли голубые корзины с голубыми цветами и вазы голубого фарфора. Маркиза возлежала на голубой софе. Блеск хрусталя, пламя свечей, желтый мрамор статуи Аполлона... И все это колеблется, зыбко дрожит в зеркалах...

Раздался голос месье Антуана, и этот промельк, видение исчезло, растворилось, упало во тьму.

— В тот день Фуке, — продолжал месье Антуан, — пришел пригласить маркизу на праздник в честь окончания строительства замка Во-ле-Виконт. На праздник, о котором говорил весь Париж. Он сказал ей, что торжество, как он смиренно надеется, не оставит маркизу равнодушной.

— Я слышала, вы пригласили Его Величество, — ответила маркиза. — Я предпочитаю посетить ваш шедевр... в другой раз. Ибо в этот раз вы будете заниматься только королем, а я люблю, когда занимаются только мною.

Когда Фуке уходил, она сказала, вздохнув:

— Мой милый друг, и охота вам дразнить *его* самолюбие. Как странно, вы, умнейший человек, не понимаете нашего повелителя.

Но Фуке только улыбнулся, поцеловал руку маркизы и удалился.

Безумец и вправду готовил невиданные торжества, которые должны были потрясти Париж. Со всеми подобающими реверансами он пригласил на празднество Его Величество.

Но его приглашению не хватало той дозы униженного, откровенного раболепства, которое быстро стало общим, хорошим тоном при дворе. Фуке не пожелал освоить этот новый придворный язык, он хотел сохранить «осанку благородства». Но визита короля он ждал с нетерпением. Этот визит покончил бы с откуда-то возникшими слухами о недоброжелательстве к нему монарха. Кроме того, вместе с королем должен был присутствовать двор, и она... мадемуазель Лавальер! Ему очень хотелось, чтобы она увидела блеск и могущество того, кого отвергла. Понимал ли он, как все это опасно? Понимал, но...

Баловень судьбы, привыкший жить, как хотел, он так и не понял, как надо жить при сильной Власти.

Всю неделю накануне торжества в поместье Воле-Виконт и в окрестных деревнях тайно появлялся Кольбер, переодевшийся крестьянином. Он разузнал, что целых три окрестных деревни были куплены Фуке и переселены, чтобы олигарх смог расширить свое поместье. 20 000 щедро оплаченных рабочих трудились на строительстве, баснословные суммы были выплачены великим мэтрам «команды мечты». К концу недели на столе короля лежал отчет Кольбера. 18 миллионов 180 тысяч 600 ливров должен был стоить этот шедевр, мелочно подсчитал Кольбер...

— Однако нам пора, — прервал свой рассказ месье Антуан, и с лукавой усмешкой спросил: — Который сейчас час?

Я посмотрел на часы и похолодел: стрелки не сдвинулись... На часах было по-прежнему две минуты одиннадцатого.

— Как видите, если раньше время *летело*, то теперь оно будто *исчезло*... Дело в том, что я передал вам свои мысли мгновенным потоком. Этим искусством владел граф Сен-Жермен, обожавший передавать таким путем свои длинные рассказы торопившемуся собеседнику.

Я молча тупо смотрел на часы!

Мы вышли. У подъезда стоял все тот же прозаический автомобиль «Ауди». («Подобные господа должны передвигаться исключительно на метле».) Я только успел подумать об этом, как месье Антуан уже засмеялся и погрозил мне пальцем.

Мы сели в автомобиль. Всю дорогу месье Антуан молчал.

Мы остановились у главных ворот... Это был классический замок с тяжелыми шлемами крыш, окруженный рвом, этакая иллюстрация к сказкам братьев Гримм. Фронтон замка был затянут полотном, шла реставрация.

— Я давно не был здесь, — сказал месье Антуан, — и не знаю, сохранился ли под полотном герб Фуке. Тогда этот герб был на фронтоне, и король смог его увидеть. В гербе Фуке — белка. (Белка по-французски фуке.) Под белкой каменной вязью запечатлен гордый девиз суперинтенданта: «Куда я не взберусь!» Существует ли в мире высота, куда не сумею вообраться?! Как плохо читал Библию самоуверенный месье Фуке. В этом дерзком девизе — вызове судьбе — уже было зашифровано его будущее. Ибо в Святой книге есть ответ на тщеславный крик гордеца: «Но хотя бы ты, как орел, поднялся высоко и среди гнезд устроил гнездо свое, то и оттуда Я низрину тебя, — говорит Господь».

В замке был теперь музей... В музее был выходной, однако месье Антуана ждали. Вышедший нам навстречу служитель молча повел нас в замок. Мы шли по двору, мощенному тем самым булыжником, по которому ступала нога господина Фуке и его знаменитых гостей, приехавших в тот торжественный день. Служитель открыл двери замка, и мы вошли в залитое солнцем пространство зала.

Это был огромный круглый зал-салон. Вдоль стен на подставках построились копии античных скульптур — мраморные бюсты римских императоров. Стеклянные двери в парк были открыты, и бесконечная даль парка сливалась с салоном.

Месье Антуан, будто описывая много раз виденное и даже надоевшее ему зрелище, как-то небрежно торопливо объяснял:

— Этот космогонический зал задуман самим Фуке. Олигарх назвал его «Дворцом Солнца». Мраморные барельефы... вы видите их под куполом. — И он показал наверх, на мраморные мужские и женские полуфигуры, как бы распятые под потолком. — Они символизируют круг времен года... Внизу на полированном каменном полу осталась разметка — это банальные солнечные часы. Вся это космогония задумана Фуке ради изображения в центре купола... Здесь в самой выси должен был парить бог солнца Аполлон, символизирующий забравшегося на небеса безумца Фуке... Так что предупреждение Святой книги становилось буквальным. — И месье Антуан еще раз медленно повторил: — «Но хотя бы ты, как орел, поднялся высоко и среди звезд устроил гнездо твое, то и оттуда Я низрину тебя...»

Но великий Лебрен, руководивший работами, не успел написать изображение Аполлона к торжественному дню 17 августа 1661 года. Думаю, к счастью для Фуке. Можно представить, как бы посмотрел его гость — король на Аполлона с чертами Фуке. Впрочем, Лебрен клятвенно обещал закончить зал уже к октябрю, *забыв, что будущее не в наших руках...*

Итак, 17 августа 1661 года... Великий день обещал быть удушливо жарким. Праздник был намечен на три часа. Но главный вопрос оставался нерешенным. Приедет ли король? Из дворца Фонтенбло, где Людовик спасался от августовской жары, не было пока никаких известий.

Но Фуке готовился. Он делал все, чтобы праздник стал незабываемым. Труппа месье Мольера приехала накануне и репетировала в знаменитом Салоне муз. И щедро обнаженная Муза Комедии, держащая маску, игриво улыбалась под потолком шуткам Мольера. В кабинете Фуке актер из мольеровской труппы заканчивал репетировать стихотворные объявления беспроигрышной лотереи.

Вслед за мольеровскими актерами прибыли кареты с балетными. С утра балерины с белыми крыльями за спиной ангелочками порхали по парку.

Воистину несравненный парк должен был стать главным потрясением. На холме рядом со статуей Геркулеса служители готовили невиданный фейерверк. Репетировали с утра и главный аттракцион. По мановению руки Фуке одновременно заработали бесчисленные фонтаны. Тысячи струй сверкали на солнце. В отдельном домике в парке хлопотали повара. Великолепнейший ужин на две тысячи персон должен был состояться прямо в парке.

Я опять не смогу вам помочь *увидеть* происходившее, — прервал рассказ месье Антуан. — Я истратил слишком много энергии, отсылая вам поток мыслей. Но я в точности перескажу все, что случилось в тот роковой день. Я подарю вам этот драгоценный сюжет. Точнее, дьявольскую интригу, по причине которой ненависть короля к несчастному

Фуке стала воистину беспощадной. Интрига эта и поныне неизвестна историкам.

Интрига эта родилась именно в то утро незабываемого дня во дворце Фонтенбло.

ИНТРИГА В XVII ВЕКЕ

В то жаркое утро во дворце Фонтенбло король проснулся в 6.30 утра. В 6.45 король сел на стул с круглой дыркой.

После истории с Лавальер Людовик принял решение. Но, задумав погубить суперинтенданта, он все-таки колебался. Фуке был и вправду пока ему очень нужен... Да, возможно, он крал, но крали все. Король уже усвоил печальное: для пользы дел лучше умный вор, чем честный болван. Кроме того, Фуке не только забирал, но и давал. Давал, сколько бы ни попросили королева-мать и сам король. К тому же у Фуке были связи по всей Европе. Он мог организовать заем на любую сумму. *И еще! Была какая-то тревожная причина*, по которой мать явно опасалась Фуке. Людовик инстинктивно боялся, он не смел спросить мать об этой таинственной причине.

И вот теперь Фуке пригласил короля на праздник окончания строительства своего нового замка. «Тщеславный вор» (так про себя Людовик называл Фуке) захотел покрасоваться неслыханной роскошью, которую так подробно описал королю Кольбер. Да и сам независимый тон приглашения был неуместен нынче, после усмирения Фронды. И король мучительно размышлял: ехать? не ехать?.. Если не поехать, мерзавец воспримет это как объявление немилости. Это опасно. Он начнет готовиться к отпору. Средства для этого у него есть! Укрепления на острове Бель-Иль тому подтверждение. Возможно, организует заговор. Чем может закончиться заговор при его фантастических средствах? Он хорошо помнит судьбу несчастного деда (Генриха IV).

Вот о чем размышлял король, сидя на стуле с дыркой. Процедура опорожнения желудка проходила, как и положено, торжественно, в присутствии ближайших почетнейших придворных, которым выпала эта честь. Так что выражение «куда король ходит один» не имеет отношения к этому веку.

(Месье Антуан прав. И вообще, понятие стыдливости было тогда иное. Например, наша императрица Елизавета, жившая на целый век позже, заняла трон после ночного переворота. И, став императрицей, смертельно боялась спать по ночам. В ее дворце служил истопником некий Василий Чулков, огромного роста и силы мужчина. Каждый вечер он обязан был являться с тюфяком и подушками в спальню императрицы, расстилал их прямо на полу, в ногах царицы, и плюхался на тюфяк. Так он стерег царицу тревожными ночами. Оценивая важность его ночных заслуг, Елизавета произвела истопника в камергеры. И женила на княгине. Но, даже будучи женатым, он по-прежнему проводил каждую ночь на тюфяке у постели царицы. Ночью кровать императрицы посещали любовники... причем дама ценила разнообразие. И звуки любви и прочие утонченные подробности любви происходили в присутствии камергера-истопника...)

Итак, Людовик XIV, — продолжал месье Антуан, — все сидел на стуле с дыркой, уже полчаса мучая свой неуступчивый желудок. Он, как и поныне многие французы, ел мало фруктов. Впоследствии у него развился сильнейший геморрой. Это не просто физиологическая подробность, геморрой абсолютного властелина влиял на его решения, на судьбы Европы. Так что, разгадывая тайны политики XVII века, историки помнят о геморрое короля.

Прошло целых полчаса, когда король поднялся с дырки счастливый, ибо наконец-то облегченный. Но решения ехать к Фуке король так и не принял.

Именно в торжественный этот момент у него появилась некоторая надежда. Среди благодарных и счастливых зрителей его усилий над дыркой присутствовал, конечно же, Кольбер.

Взгляд короля остановился на его бесстрастном холодном лице (госпожа Севинье прозвала его «месье Север»). На этот раз Кольбер странно нервничал и даже нетерпеливо переминался с ноги на ногу... Король понял, что верный пес готовится сообщить ему что-то чрезвычайное, но ждет приказания повелителя. Людовик приказал, Кольбер заговорил:

— Ваше Величество, я понимаю Ваши сомнения... До сегодняшнего дня я сам удивлялся: зачем месье Фуке посмел Вас пригласить. Неужто он не понимает все неприличие подобного шага? Хвастать перед Вами, сир, замком, построенным на украденные у Вас же деньги! Неужто он не чувствует, что все это вызовет не только гнев Вашего Величества, но и ненависть к выскочке всех, не столь богатых нынче потомков великих родов Франции.

Кольбер замолчал, и опять последовал нетерпеливый приказ:

— Не тяни, говори до конца!

— Да нет, бестия оказался слишком хитер... чтобы этого не понимать... Он очень умен, наш вор. Короче, по моим сведениям, сир, узнав о неудовольствии Вашего Величества непомерной роскошью его жизни, он придумал ловкий ход. Он решил показать Вам чудесный замок, чтобы... **чтобы в конце торжества подарить его Вам!**

Боже мой, как заблестели глаза молодого монарха! Он уже наслышался от Кольбера о богатстве и чудесах несравненного замка.

— Откуда ты это знаешь?

— Фуке говорил, сир, об этом в присутствии одного из слуг, отлично зная, что его слуга — мой доносчик и непременно сообщит новость мне и... следовательно, Вам!

Как обрадовался король новой несравненной игрушке! Уже представляя себя в этом невиданном замке, он пытался скрыть свою радость, но не смог! В ночном колпаке, длинной ночной рубашке торжествующий король вышел в залу. Здесь толпились придворные, удостоенные чести присутствовать при окончании туалета короля. Слуга почтительно снял колпак с королевской головы. Торжественная процедура продолжилась: королю начали завивать волосы и подвивать его холеные, небольшие усики, когда король объявил: «Мы едем в Во-ле-Виконт!»

Утром того же дня из королевского дворца в Фонтенбло выехала вереница карет. Вы вряд ли сможете представить, как они ехали в эту несусветную жару в закрытых экипажах: кавалеры в тяжелых камзолах с золотыми позументами, накрахмаленных кружевах и пышных париках, дамы в пудовых парадных платьях, вытканных золотом и серебром, и в многоярусных прическах. Но они... они привыкли... это была их одежда — повседневность. И тела их привыкли к тяжести такой одежды, и обоняние не воспринимало запахи, которые сегодня показались бы ужасающими. Запах человеческого пота, лошадиного пота от штанов гвардейцев... и все это перемешано с запахом терпких духов. Если бы вы из вашего века шагнули в *тогдашнюю* бальную залу, то опрометью бросились бы прочь.

Итак, кареты мчатся по твердой, иссохшей без дождей дороге. В огромной золотой карете с королевскими лилиями — король, его мать королева Анна Австрийская, брат короля герцог Филипп Орлеанский. Плотно окружив королевскую карету, скачут мушкетеры. За ними — целый поезд из множества карет придворных. И все это как мираж скрывается в столбе жаркой пыли.

Приехали! Королевская карета остановилась у подъезда замка. Придворные выходят из карет. Герцог де С., церемониймейстер, торжественно открывает дверцу кареты короля. Фуке склонился до земли, метет булыжник великолепной шляпой. И все присутствующие застывают в низком церемонном поклоне. Король Франции ступает на землю замка Во-ле-Виконт.

Фуке и его высокие гости вошли в прохладу Дворца Солнца, где сейчас стоим мы. Отсюда заботливый хозяин повел королевскую семью в залы... Показывать картины великих мастеров, роскошную мебель, великолепные гобелены, драгоценные китайские вазы, старинные манускрипты в библиотеке. Следуем за ними.

Мы вошли в мрачноватую, тускло освещенную залу, украшенную великолепными гобеленами.

— Да-да, — шептал месье Антуан, — эту комнату первой посетил король. Сейчас ее скучно именуют «большой квадратной комнатой», они не знают, что здесь было. Это и есть кабинет Фуке, отсюда управлялась финансовая империя олигарха. Глядите наверх: Лебрен хотел расписать потолок в кабинете, но Фуке отверг идею и приказал отделать потолок по-старинному, узорчатыми балками. Таков был потолок в кабинете его отца. — Месье Антуан осторожно обошел пустое пространство в центре зала, будто боясь на что-то натолкнуться, и пояснил: — Здесь стоял тогда письменный стол хозяина... Сейчас его бездарно передвинули. — И он указал на великолепный письменный стол у камина. Я замер: над столом висел тот самый портрет

Фуке, который я видел в доме месье Антуана. — Нет-нет, это висит всего лишь копия с картины Лебрена, — небрежно пояснил месье Антуан. — То, что вы видели у меня в доме, — это подлинник. Поглядите лучше на камин.

На камине стоял огромный мужской мраморный бюст с характерным носом Бурбонов.

— Это бюст Людовика XIV. Подобные бюсты заказали тогда все вельможи. И Фуке решил показать, что он принимает новые правила игры. Около этого бюста и состоялась смешная беседа. Людовик сказал: «По-моему, бюст здесь излишне громоздок. *Если бы я был хозяин*, я убрал бы его отсюда». Король ждал ответа что-то вроде: «Вы и есть хозяин, сир». Он давал возможность Фуке эффектно сообщить о своем даре. Он торопился обладать сокровищем. Но вместо этого, к разочарованию монарха, последовала льстивая фраза Фуке: «Он стоит здесь, сир, чтобы, работая, я мог постоянно советоваться с моим повелителем».

На этом осмотр замка закончился. Все следующие комнаты оказались запертыми, ибо в музее шел прозаический ремонт.

— Не беда, — усмехнулся месье Антуан. — Я вам их опишу. Стоя у закрытой двери, будто разглядывая невидимые комнаты, он заговорил:

— Дальше они прошли в Салон муз. Я вам о нем уже упоминал... Стены залы были укрыты великолепными гобеленами, которые привели в восхищение короля. Он даже подумал перевезти их в Лувр, когда станет хозяином этих сокровищ. В этой роскошной зале Фуке указал на плафон, где была изображена Клио — Муза Истории, которую вели Осторожность и Верность... Так он напомнил Людовику о своей верности королевской семье во время Фронды. В тот день Фуке решил окончательно покончить со вздорными, как он считал, слухами о королевской немилости.

Отсюда Фуке повел короля в Кабинет игр. Представьте себе горящие на солнце золотые стены с огромными сверкающими зеркалами, амурами, гирляндами цветов, среди которых резвилась белка. Король пришел в восторг.

— Вы превзошли себя, дорогой Фуке. Дворец — совершенство. — И милостиво добавил фразу, несколько озадачившую Фуке: — Здесь ничего не надо менять... *Я сохраню даже вашу белку,* – и засмеялся.

Далее они проследовали в парадную королевскую спальню, в которой, как задумал Фуке, должен был провести ночь король. О том же думал тогда и Людовик...

В алькове, огражденном позолоченной балюстрадой, Людовика ждала воистину королевская кровать, необъятная, затянутая золотисто-изумрудной парчой. На потолке над кроватью парила торжествующая нагая Истина, и нагая Леда с восхитительными формами звала к радостям любви. Людовик в совершеннейшем восторге представлял сегодняшнюю ночь в **своей** спальне.

После чего Фуке вывел короля и ревниво промолчавшего всю восхитительную экскурсию его брата Гастона из замка на гранитную лестницу.

Здесь к ним присоединилась королева Анна. Она устала от жары и путешествия и дожидалась сыновей на скамье, окруженная толпой придворных... Идемте, поспешим за ними!

Мы вышли из замка... и встали на гранитной лестнице, спускавшейся в парк...

Парк был как на ладони. Я глядел на зеленый газон, разбитый перед замком и украшенный статуями... Каменные львы и львицы нежничали друг с другом, поглядывая на замок. И толстые мраморные купидоны держали в руках мраморные вазы изобилия с фруктами и цветами... На далеком холме высилась статуя Геркулеса... Фонтаны... пруды... Много воды.

— Вся эта сверкающая драгоценностями толпа придворных, — шептал месье Антуан, — стояла здесь, на этих же гранитных ступенях, стесанных нынче временем. В завистливом восторге смотрели они на это небывалое творение — парк... От бесчисленных статуй остались нынче только купидоны, львы и пантеры и Геркулес на холме. Правда, тогда в лапах добродушных львов и пантер резвились исчезнувшие нынче гордые каменные белки... Их скололи потом по приказу короля.

И месье Антуан устремился в парк. Он почти бежал по центральной аллее, я с трудом поспевал за ним. Он шептал:

— Как тесно от теней! Сейчас король, королева, герцог Орлеанский и дамы уселись в легкие коляски, стоявшие у замка. Коляски двинулись по центральной аллее, и тогда Фуке взмахнул рукой. Заработали фонтаны по обе стороны аллеи. Сто фонтанов образовали восхитительно прохладные водяные стены...

Коляска Людовика медленно ехала, окруженная сверкающей на солнце водной завесой... И вот уже перед королем распахнулась водная гладь. Большой канал... водопады.

И передо мною так же внезапно открылись канал и вдали — низвергавшаяся вода!

— Как видите, водное пространство открывается внезапно, но во всю мощь перед восхищенным взором! Как спасала вода от жары в тот день! И так же торопливо, как вы идете за мной, спешила толпа придворных за королевской коляской... В парке были сделаны три большие аллеи — этакий трезубец, который обожал великий садовод Ленотр. Эти три аллеи увели придворных в разные стороны, чтобы потом снова соединить на центральной оси парка у королевской коляски, остановившейся перед великолепием водной феерии.

Осмотр продолжался. С зеленого партера, разбитого перед замком, королевская коляска и придворные поднялись на высокий холм, увенчанный статуей Геркулеса. С холма счастливый король оглядел свою будущую драгоценную игрушку — замок с колоннадой и статуями на фронтоне и этим восхитительным чудо-парком с террасами, фонтанами, бассейнами, каскадом воды и открывшимися сверху узорами из травы и цветов. Затем начался гвоздь программы — пир. В парке появились

267

сто накрытых столов с тысячами тарелок драгоценного фарфора и массивными блюдами из серебра. Две тысячи гостей уселись за накрытые столы: придворные — дамы и кавалеры — и творцы необыкновенного замка Лебрен, Ленотр и вся «команда мечты». На столах были разложены искусно разрисованные памятные меню. Слуги летали между столами, разносили перечисленные в меню (точнее, бесчисленные) кушанья. Они и сейчас стоят на невидимых столах: фазаны, перепелки, куропатки, суп из раков, гусиные паштеты, сладкое, фрукты. И конечно же, самые драгоценные вина из знаменитых погребов щедрого олигарха. Кольбер не поленился: как бы прогуливаясь, обошел столы. Вмиг посчитал и, вернувшись, шепнул королю:

— Угощение вместе с сервизами стоит, как минимум, 325 тысяч ливров.

Но король не слышал. Он влюбился в замок и с нетерпением ждал начала церемонии вручения подарка. На королевском столе (здесь сидели Анна Австрийская, принц Орлеанский и сам Людовик) стоял сервиз из золота. Король понял, что Фуке, видимо, решил возместить ему королевскую золотую посуду, переплавленную для оплаты расходов на Тридцатилетнюю войну... Его сердце оттаяло, и теперь Фуке ему даже нравился. Нравилась и семья олигарха — скромная жена, дети Фуке. Он редко показывал их свету.

Солнце зашло. Наступил августовский вечер. Повеяло сельской прохладой. Все вернулись в замок. Здесь, во Дворце Солнца, началась беспроигрышная лотерея с дорогими выигрышами: оружие, украшения, произведения искусства. Король понял, что сейчас он наконец-то выиграет замок, и дар будет вручен таким изящным способом. Но, к его разочарованию, он выиграл драгоценный меч, украшенный золотом и каменьями.

После чего начался заключительный акт торжества. В аллеях зажглись сотни керосиновых ламп в форме королевских лилий... Все перешли в Зеленый театр на холме. В свете горящих королевских лилий появились актеры и сам знаменитый Мольер. Они сыграли забавную пьеску, изящно славившую щедрость и заслуги месье Фуке.

Король становился все мрачнее. Шел третий час ночи — и никакого подарка!

Король в бешенстве смотрел на Кольбера. Кольбер шептал:

— Каков мерзавец! Он нарочно пустил этот слух, сир. Видно, боялся, что иначе Ваше Величество не приедет. Истратил такие деньги. Почти двадцать миллионов. Хватило бы накормить всю Францию и победить всю Европу.

Людовик уже не мог сдерживаться:

— Арестовать... немедля... — Он не договорил, подоспела мать. По лицу сына она все поняла и зашептала:

— Вы пользовались его гостеприимством, сир. И ваша мать вместе с вами! Этого нельзя делать, сир!

Король сумел взять себя в руки. Он погасил гнев и привычно начал лицедействовать. Заставил себя тепло проститься с Фуке. Объяснил, что только дела заставляют его отказаться от радости провести ночь в приготовленной для него спальне. И суперинтендант ничего не заметил, ничего не почувствовал. Он был опьянен своим замком, восторгами гостей. Он помнил изумленные, восхищенные глазки малютки Лавальер, которая впервые за свою короткую жизнь увидела подобную сказку.

Король и придворные расселись в каретах. За ними выстроились кареты, принадлежащие Фуке, — в них погрузили его подарки. За каретами следовал табун великолепных арабских коней — еще один драгоценный подарок щедрого олигарха знатнейшим гостям. Поезд из карет тронулся, и тотчас раздался оглушительный взрыв. Небо над крышей замка раскололось — вспыхнули тысячи разноцветных огней... Это был последний сюрприз. Ослепительный, невиданный фейерверк в честь отъезжающего короля расцветил небо... Фуке считал, что после первого залпа кареты остановятся и гости будут смотреть из окошек, потрясенные великолепием фейерверка. И вправду, лошади остановились, и придворные, выглядывая из карет, приготовились насладиться небесным представлением. Но это было свыше сил Людовика. Король грубо приказал трогать. Под грохот фейерверка под небом с огненными рисунками уезжали кареты. Фуке был счастлив и постарался не заметить этот поспешный отъезд вместо ночлега в замке.

Так закончилась интрига, придуманная Кольбером, о которой, повторюсь, не знают и не догадываются историки.

НЕЗНАКОМЕЦ

По легенде, на следующий день после отъезда короля в замке Во-ле-Виконт появился странный человек. Никто никогда прежде его не видел. Незнакомец велел слуге доложить господину Фуке, что с ним хочет побеседовать проезжий иностранец. Разговаривал этот странный человек без малейшего акцента. Осталось описание иностранца, весьма похожее... на графа Сен-Жермена! Хотя граф в это время... еще не родился!

Месье Фуке, как и все очень богатые люди, всегда был весьма осторожен. Удар кинжала был в большой моде в те времена. Так что для незнакомцев с улицы финансист, конечно же, оставался недоступен. Однако со странной поспешностью (которую впоследствии сам не мог объяснить) Фуке принял присхавшего. Незнакомец сказал, что послан маркизой де Севинье и должен передать ее послание. Почта во Франции в XVII веке была отлично организована. Письмо из Парижа в провинцию доезжало за пять дней. В особо важных случаях пользовались услугами экстренных курьеров — *les extraordinaires*.

Фуке решил, что перед ним подобный курьер маркизы. Но, к его полному изумлению, незнакомец не передал никакого письма. Он сказал, что ему приказано передать послание устно. Это было очень странно, почти невозможно. Маркиза де Севинье обожала писать письма, она гордилась ими. Она прославится своим блестящими письмами, войдет в историю литературы. Письма в те времена

271

были литературным жанром. Они были и главным передатчиком парижских новостей, заменяя жалкую официальную прессу, рожденную Ришелье. Тем более что *La Gazette de France* выходила раз в неделю, *le Mercure galant* — всего раз в месяц!

Между тем странный незнакомец перешел к изложению послания маркизы. Госпожа де Севинье сообщала Фуке, что на днях у Его Величества состоялось совещание с месье Кольбером, где Кольбер подвел итоги некоего расследования. Он сообщил королю, что во Франции существует «партия Фуке». Эта партия — государство в государстве со своими бесчисленными деньгами, армией и даже укрепленной крепостью на острове Бель-Иль у берегов Франции. «Вас назвали «отрыжкой Фронды». Вас обвиняют в хищении огромных государственных средств. В том, что на эти деньги выстроен Во-ле-Виконт, укреплен остров Бель-Иль и так далее! Более того, короля убедили, будто вы дерзнули над ним издеваться! Распространили слух, будто хотите подарить королю ваш замок... и демонстративно показали ему кукиш вместо подарка. Думается, у вас осталась единственная ниточка к спасению — немедленно подарить королю любимую вашу игрушку — этот замок... или покинуть страну, и как можно быстрее». Фуке выслушал послание с истинным изумлением. Некоторое время он сидел в раздумье. Потом сказал, что беспредельно уважает госпожу де Севинье, но, даже если все сообщенное *было бы* правдой, он скорее расстанется с головой, чем с замком, в котором его душа и его сердце. Кроме того, он уверен, что, скорее всего, маркизу намеренно ввели в заблуждение, что все это — плод чьей-то интриги, что в последнее время он неоднократно беседовал с королем, и Его Величество неизменно был к нему очень милостив. Он просил успокоить госпожу де Севинье и объяснить, что король не может с ним расстаться, даже если очень захочет. Ибо без него Его Величество и Ее Величество королева-мать не продержатся и года. В его руках — все подводные финансовые нити, без него никто из знаменитых финансистов в Европе не ссудит королю и единого су. Именно поэтому все последнее время король поручал ему ответственнейшие миссии. Уже прощаясь с незнакомцем, Фуке велел также передать госпоже де Севинье: кроме всех перечисленных, *есть еще одна серьезнейшая причина, по которой королева-мать никогда не позволит с ним расправиться.*

Незнакомец посмотрел на Фуке с сожалением.

КОНЕЦ ОЛИГАРХА

Несмотря на уговоры матери, «обманутый» Людовик решил действовать, и немедля. Уже в конце месяца Людовик покидал Париж. Все действо он решил устроить подальше от столицы, где у Фуке было множество влиятельных сторонников.

Его Величество направился в Нант. Короля сопровождала рота королевских мушкетеров под командованием Шарля де Бац де Кастельмора д'Артаньяна. В Нанте король остановился в величественном старинном замке герцогов Бретани, где пропасть лет назад провела свое детство подруга его матери герцогиня де Шеврез.

(Да, мы непозволительно забыли о герцогине. Мария давно удалилась от двора. Овдовела, но интрига оставалась смыслом ее жизни. И впоследствии чередой ловких ходов она сумеет женить своего внука на любимой дочке всесильного Кольбера. Ей было под восемьдесят, когда, пережив подругу-королеву, нарумяненная, набеленная, украшенная мушками, страшноватым призраком она вновь появилась при дворе! Усмехаясь, сказала: «Нужно уметь веером отшвыривать годы!» В это время восьмидесятилетняя Пиковая Дама завела себе... очередного любовника!)

Фуке прибыл в Нант чуть раньше короля. Перед самым отъездом он получил анонимное письмо от доброжелателя о тревожных слухах в Париже — ему советовали не ехать в Нант. И это письмо показалось Фуке вздором. Он по-прежнему верил, что пребывает в фаворе у короля. Ведь в Нанте Его Величество поручил ему ответственнейшую миссию — собрать деньги на строительство средиземноморской эскадры (той самой, которую впоследствии король передаст под командование герцога де Бофора).

Но письмо все-таки мучило. И Фуке поселился в замке де Руж. В замке был старинный подземный ход, который выводил на берег Луары. Олигарх позаботился, чтобы на берегу у причала стояло готовое к отплытию судно.

Фуке отлично выполнил поручение короля. К

приезду Людовика лаской, угрозами и бесконечными пирами он заставил прижимистое дворянство Бретани пожертвовать королю огромную сумму — три миллиона ливров. Так мавр сделал свое последнее дело. И теперь ожидал благодарности глупый мавр.

Действительно, прибыв в Нант, Людовик тотчас принял Фуке, поблагодарил его и очень дружески, очень крепко обнял. Счастливый, веселый, беззаботный покидал Фуке кабинет Людовика.

Бедный Фуке привык заниматься только собой. Оп разучился читать в чужих сердцах. И позволял себе самое опасное: не понимать своего короля. Людовик особенно крепко обнимал тех, кого решил уничтожить. Молодой король научился держать в узде свою ненависть. Он хорошо помнил чьи-то слова: «Ненависть — это такое блюдо, которое надо есть холодным».

Именно в этот момент, когда Фуке прощался с королем, в кабинет Его Величества вошел д'Артаньян. Мушкетер застал конец аудиенции Фуке и объятие монарха... Когда дверь за олигархом захлопнулась, Людовик весьма буднично сказал гасконцу: «Мы только что простились с господином Фуке. Завтра после окончания заседания Совета вы его арестуете». Последовала немая сцена. Д'Артаньян, видевший недавнее королевское объятие, изумленно глядел на Людовика. Король, усмехаясь, глядел на гасконца. Д'Артаньян решил, что он чего-то не понял. Людовик насмешливо повторил. Тогда старый мушкетер попросил письменный приказ.

— Я знал, что вы его попросите. Все робеют перед этим богатым мерзавцем. Даже вы, мой бесстрашный слуга. — И король протянул гасконцу заготовленный приказ.

Вечером д'Артаньян собрал роту мушкетеров и объявил, что завтра им предстоит исполнить важнейший секретный приказ Его Величества.

ПОСЛЕДНЯЯ НОЧЬ

В ту последнюю ночь на свободе Фуке почти не спал... Замок дурно отапливался, и олигарх заболел. Его била лихорадка, но тем не менее он не смог отказаться от ночи любви. К нему приехала очаровательная графиня Л. Как многие богачи, Фуке был помешан на том, что все вокруг ждут от него денег. Он разучился спать с женщинами, как обычные смертные. Он должен был хорошо заплатить, чтобы расслабиться и чувствовать себя истинным хозяином в постели. Графине Л. он подарил колье и серьезную сумму денег. Перед замком постелили солому, означавшую, что в эту ночь здесь нуждались в совершенном покое. Его слуги всю ночь отгоняли от окон проезжавшие мимо экипажи. Графиня Л. оценила силу, страсть... и щедрость неутомимого любовника. Вернувшись домой и принимая подругу герцогиню Грамон, услышала от нее желанную и обязательную похвалу, рожденную еще во времена Анны Австрийской:

— Как вы утомлены, милое дитя.

Фуке встал поздно и опаздывал на Совет. (В этот день король собрался на охоту, и заседание королевского совета начиналось, как сказал король, «чертовски рано».)

Фуке уже выходил к карете, когда к дому подскакал запыленный экстренный курьер. Он привез послание от маркизы Севинье. У Фуке не было времени читать письмо, опаздывать на королевский Совет не полагалось. Но посланный объявил, что маркиза просила прочесть ее письмо срочно. Фуке понял, что в письме очередные страхи маркизы. Но после объятий короля они его уже не тревожили. Фуке взял послание с собой.

Он открыл его во время Совета. В письме, написанном изящным женским почерком, госпожа де Севинье сообщала, что по приказу короля тотчас после Совета его арестует отряд мушкетеров г-на д'Артаньяна.

«Поверьте, я знаю точно... Ни в коем случае не ходите на Совет и немедля бегите из Нанта. Я никогда не осмелилась бы рекомендовать вам такое, если бы мой источник не был абсолютно надежным». Из письма он также понял, что госпожа Севинье писала ему *впервые*. И с изумлением вспомнил о загадочном незнакомце, будто бы приезжавшем от госпожи Севинье. Впрочем, сейчас было не до загадок.

Фуке стал лихорадочно думать, как покинуть Совет.

В это время он увидел в окно въезжавший во двор замка отряд мушкетеров во главе с хорошо знакомым ему лейтенантом д'Артаньяном.

Людовик тотчас объявил Совет законченным.

Вокруг короля толпились члены Совета. Фуке устремился к выходу. Но король задержал его. Людовик еще раз горячо поблагодарил за пожертвования бретонских дворян и, улыбаясь, тепло попрощался. В этой улыбке была насмешка. Фуке наконец-то оценил опасный характер молодого монарха.

Суперинтендант быстро вышел из зала и в приемной увидел д'Артаньяна и нескольких мушкетеров. Он был в западне...

В это время в приемную вошел военный министр. Фуке остановил его и начал с ним беседовать. Польщенный редким вниманием обласканного королем могущественного вельможи, министр радостно поддержал беседу.

Из зала Совета потянулись многочисленные участники. И Фуке, прервав беседу на полуслове, ловко смешался с толпою. В толпе проскользнул к выходу. Его экипаж стоял у самого выхода. Фуке прыгнул в карету и велел гнать лошадей.

В это время д'Артаньян уже понял — упустили!

Но сколько раз он догонял судьбу! Он выбежал на улицу, за ним мушкетеры. Кареты Фуке не было видно. Вскочили на лошадей. Гасконец сообразил: олигарх решил бежать из Нанта. Короткий путь из города был только один — мимо городской площади. Пришпорили лошадей. Через двадцать минут бешеной скачки догнали карету суперинтенданта на городской площади у собора.

Мушкетеры окружили карету. Д'Артаньян приказал кучеру Фуке остановиться. Вежливо поздоровался с Фуке и протянул через окно приказ короля. Фуке молча прочитал приказ и так же молча вернул его. В карете Фуке поместились трое мушкетеров и д'Артаньян.

Кучера на козлах сменил мушкетер, карета двинулась. На окраине Нанта к ним присоединилась остальная рота. Окруженная сотней мушкетеров карета покинула Нант.

Охоту в тот день король отменил. Он уже подстрелил желанную дичь. Вместо охоты вечером был бал.

Эти несколько месяцев по приказу короля д'Артаньян тайно перевозил Фуке из одной тюрьмы в другую. Никто не знал, где тот содержится. Король боялся сторонников некогда всесильного олигарха. Но все они испуганно затаились, выказать негодование публично никто не посмел. Негодовали дома. Д'Артаньян все это время охранял Фуке.

Уже в первой тюрьме д'Артаньян изысканно-вежливо протянул олигарху бумагу. Это был приказ Фуке коменданту Бель-Иль о передаче острова королю.

— Надеюсь, вы поняли, сударь.

— Я понял, сударь. Меня начали грабить.

Фуке подписал.

Между тем король велел начать следствие.

В первых числах февраля 1662 года д'Артаньян и карета с Фуке в сопровождении сотни мушкете-

ров подъехали к воротам Венсенского замка...
Здесь решено было заключить вчерашнего всесильного олигарха на время следствия, как когда-
то мечтал король. Фуке заточили в ту самую
башню, где лежал его миллион, подаренный королю. По приказу Людовика все, что касалось
охраны тюремного замка, начиная с ворот и подъ-
емного моста, перешло в ведение д'Артаньяна. Коменданту замка и его помощнику было приказано
подчиняться всем приказам мушкетера. Как предупредил король гасконца, он отвечал за узника головой. Д'Артаньян организовал беспрецедентные
меры безопасности. Помня о дерзком побеге из
Венсенского замка герцога де Бофора, гасконец
поставил десяток мушкетеров дежурить у камеры
Фуке. Внутри камеры день и ночь находился часо-
вой. Сношениями арестованного с остальным миром занимался только д'Артаньян.

Все имущество олигарха было арестовано. Два
перстня на руке Фуке составляли теперь все до-
стояние самого богатого человека Франции. Д'Артаньян продал драгоценные перстни и хранил вы-
рученные деньги. По просьбе Фуке он купил ему
Библию и труды святых отцов церкви.

Устроив быт и, главное, охрану арестанта,
д'Артаньян по приказу короля занялся его владе-
ниями.

Жена и дети олигарха отправились в ссылку.
Роскошный особняк олигарха и замок Во-ле-Виконт были опечатаны и охранялись мушкетерами.

Д'Артаньяну было поручено тщательно обыскать владения Фуке, изъять найденные документы и передать их следствию.

Главным местом обысков стали особняк Фуке в пригороде Парижа и, конечно, Во-ле-Виконт. Несмотря на тщательные поиски, произведенные д'Артаньяном вместе со своим помощником шевалье де Сен-Маром, они ничего не нашли. Д'Артаньян хотел побыстрее закончить щекотливое, неприятное поручение. Но шевалье Сен-Мар оказался ищейкой куда упорнее.

На следующий день, когда д'Артаньян вернулся к своему узнику, Сен-Мар возобновил допросы архитекторов и инженеров, строивших замок. Допрашивал с пристрастием. Один из архитекторов не выдержал и выдал секрет.

Здесь месье Антуан прервал свой рассказ.

Мы вернулись в залу, именовавшуюся Дворцом Солнца. Месье Антуан подошел к одному из зеркал — это было второе зеркало справа от входа. Месье Антуан попросил сопровождавшего нас господина разрешить отодвинуть зеркало.

Тот в изумлении спросил:

— Разве оно двигается?

— Именно так, — ответил месье Антуан.

С удивительной легкостью он сдвинул тяжеленную консоль с бюстом римского императора, стоявшую у самого зеркала... Под консолью оказалась утопленная в пол педаль. Теперь освобожденная от груза консоли педаль стала медленно подниматься, и одновременно огромное зеркало начало послушно отодвигаться в сторону. За зеркалом зияла черная дыра тайника.

Сопровождавший нас служитель музея застонал от восторга.

— Здесь, — сказал месье Антуан, — и находилась огромная связка бумаг. Это был план восстания Фуке против кардинала Мазарини, обращения Фуке к своим сторонникам. Фуке писал о «злой воле» кардинала, захватившего пагубную власть над королевской семьей... Далее излагалась программа восстания против Мазарини. Строительство мощных укреплений на острове Бель-Иль, покупка кораблей, набор матросов и солдат с лошадьми и снаряжением... К проекту прилагался список сторонников Фуке с заданиями, которые они получили по снаряжению судов, набору солдат, а также политические и дипломатические действия во время восстания... На отдельном листе были указаны суммы, которые Фуке уже потратил или собирался потратить на подкуп придворных и военных. Траты были щедрые — десятки тысяч, дома, драгоценности. Здесь же находился длинный список тех, кто взял эти щедрые дары суперинтенданта. Это была голубая кровь Франции: племянник великого кардинала герцог Ришелье, маркиз Креки, граф Лефевр, герцог Бранкас и т.д. — длинный список придворных, получивших от Фуке состояния.

Найденные бумаги д'Артаньян тотчас отослал королю. Людовик прочитал список своих придворных, купленных Фуке. Он, конечно же, понимал, что самые влиятельные, самые знаменитые имена

Фуке записать не решился. Но короля это не тревожило. За годы Фронды и лишений король научился презирать людей. Он видел людские пороки как бы в выпуклом зеркале, которое их увеличивало, а нравственные достоинства — в зеркале вогнутом, которое их уменьшало... И Людовик не сомневался, что теперь все они, опознанные и тайные пособники Фуке, станут служить своему королю с особой ретивостью, будут старательно демонстрировать ненависть к прежнему благодетелю.

Список агентов Фуке Людовик оставил у себя. Бумаги о заговоре и финансовые документы вчерашнего олигарха передал следователям.

4 марта 1662 года по подъемному мосту Венсенского замка прогрохотали кареты, в них сидели следователи и секретари. В каретах следователей везли тысячи документов, изъятых в доме и замке Фуке. Начались ежедневные допросы узника.

Король постарался. Все, находившиеся в списке Фуке, узнали об опасном списке. Людовик оказался прав — они тотчас старательно и страстно начали демонстрировать ненависть к вчерашнему щедрому другу и раболепную любовь к королю. Однако другие, не замаранные придворные, вчера ненавидевшие Фуке за немереное богатство, теперь горячо его полюбили. Ибо он стал Жертвой Власти. Вечно мятежные галлы!

Полтора года шли допросы Фуке в Венсенском замке. Сырая камера очень изменила Фуке. Тот прежний высокомерный господин с портрета Лебрена, покоритель женщин с иссиня-черными волосами, преобразился. Он много болел, сильно исхудал, сгорбился и стал седым как лунь стариком... Но жизнь в заключении, в полном одиночестве, вдали от мирской суеты возродила в нем веру в Бога. Его набожной матери не позволили навестить сына в тюрьме, но разрешили получать от него письма. И, читая письма, она сказала:

— Благодарю Тебя, мой Боже! Я всегда молила Тебя о его спасении. Как сказано в Библии: «Я пошлю на землю голод... но не голод хлеба, не жажду воды, а жажду услышать Слово Господне». Какое счастье, мой сын истосковался по Твоему Слову, он снова читает Библию, как в детстве, — каждый день. Он обретет спасение!

Фуке вставал утром в 7 часов. После молитвы, чтения Библии и духовных книг принимался за работу над обвинением. Работал до 11 часов вечера. Закон разрешал ему нанять двух защитников. Он пригласил двух знаменитых старых адвокатов. Они сумели установить факты подделки документов обвинения и неоднократный подкуп свидетелей. После консультаций со «старыми крючкотворами» (так он ласково называл своих адвокатов) Фуке взялся за перо. Он оказался блестящим памфлетистом: страстные обвинения Мазарини, презрительные — Кольбера, издевательские — следователей. Его перо жалило врагов и, что еще страшнее, делало их смешными. Жена и друзья, не предавшие Фуке, тайно напечатали его «оправдательные речи». Но люди Кольбера успели перехватить тираж еще в типографии. Тираж сожгли. Пока уничтожали этот тираж, в другой типографии уже печатался повторный. «Речи» Фуке разлетелись по Парижу, их цитировали в салонах, характеристики, которым он наградил Кольбера и Мазарини, становились афоризмами. Традиции Фронды — бунта против Власти — оказались живы. Король это понял. Только жестокий приговор Фуке мог преподать хороший урок вспоминающим Фронду.

В конце мая 1663 года должен был начаться судебный процесс. Король имел право монарха подписать знаменитый «**летр де каше**» — приказ о вечном заточении без суда и следствия. Но король предпочел открытый процесс. Он захотел публично продемонстрировать обществу, кто теперь хозяин в стране. Перед началом процесса король приказал перевести Фуке в тюрьму аристократов — в Бастилию.

Накануне переезда д'Артаньян перехватил записку, которую пытались передать Фуке через подкупленного мушкетера. Расшифровать ее удалось. Известие о записке чрезвычайно взволновало короля. Король приказал изменить время отъезда — было велено отправиться глубокой ночью. Охранять карету по распоряжению Людовика должна была сотня мушкетеров.

Во втором часу ночи из Венсенского замка выехала карета с опущенными занавесками, окруженная двойным кольцом мушкетеров с горящими факелами.

Карета неслась во весь опор. Экипаж был с дешевыми рессорами. Зверски подбрасывало на ухабах, и от этой варварской езды страдала несчастная задница забившегося в угол кареты Фуке. Въехали в Париж. Пошли нищие, жалкие домики Сент-Антуанского предместья. Вдали в рассветной мгле высились крутые величественные стены древнего замка — Бастилии.

Благополучно въехали во двор. Встречали карету сам губернатор Бастилии и комендант. Оба были в списке получавших деньги от Фуке. Поэтому оба с особым рвением приготовились к самому суровому обращению со вчерашним благодетелем. Но д'Артаньян передал им совсем иные распоряжения Людовика. Король повелел обходиться с узником «с особой предупредительностью». Фуке поместили в самую просторную камеру, разрешили держать слуг. Он мог совершать длительные прогулки по тюремному двору и заказывать дорогую еду... Готовился открытый судебный процесс, и эти поблажки должны были породить надежду Фуке на милость короля. Король поручил д'Артаньяну уговорить Фуке сделать главное — публично покаяться и признать свою вину.

Король захотел продемонстрировать собравшейся публике покорность самого могущественного и самого богатого человека Франции. Это желание короля было понятно гасконцу, но его удивляло, даже поражало другое.

Д'Артаньян с изумлением наблюдал, *как пани-*

чески боится король бегства Фуке. Все жесткие меры охраны, предпринятые гасконцем, король нашел нсдостаточными. По приказу Людовика этаж, где находилась камера Фуке, охранялся тремя десятками мушкетеров. В самой камере Фуке находились трое мушкетеров, которых д'Артаньян по приказу короля обязан был менять каждую неделю, чтобы они не могли войти в контакт с узником. В случае угрозы освобождения мушкетеры должны были немедленно убить узника. Самому д'Артаньяну было приказано не покидать арестанта ни днем ни ночью. Теперь командир мушкетеров ночевал на походной постели в соседней камере. Госпожа д'Артаньян со дня ареста Фуке не видела своего мужа и нескоро его увидит. Во дворе Бастилии караул мушкетеров неотрывно следил за окнами камеры Фуке — не будет ли сброшена веревка (именно так бежали отчаянные узники). Даже за стенами Бастилии у крепостных ворот по приказу короля постоянно гарцевали на конях королевские мушкетеры. Они перестали быть удалыми дуэлянтами из романа Дюма, они теперь удалые тюремщики. И все это ради одного человека, бегства которого почему-то так страшился могущественный король! Д'Артаньян не сомневался, что король страшится побега напрасно. Да, это были времена дерзких людей и знаменитых побегов из мест заключений удалого авантюриста Казановы, герцога Франсуа де Бофора и иных смельчаков, оставшихся безымянными. Но трудно было ждать того же от высокопоставленного чиновника Фуке. Тем более что Фуке, как докладывал гасконец в своем отчете королю, совершенно смирился со своей участью.

ОПЯТЬ НЕЗНАКОМЕЦ

Однако все эти чрезвычайные меры безопасности, так удивлявшие д'Артаньяна, были преодолены странным гостем.

Этот человек, одетый в черное платье судейского чиновника, появился перед д'Артаньяном. Его никто не сопровождал, и он вел себя как «свой» в Бастилии... Д'Артаньян решил, что это один из следователей. Незнакомец сухо поздоровался с гасконцем и предъявил приказ, подписанный королем. «Подателя сего, — прочитал д'Артаньян, — надлежит проводить в камеру известного вам узника и оказывать ему всяческое содействие».

Д'Артаньян проводил незнакомца в камеру финансиста. Увидев незнакомца, Фуке был потрясен. Он узнал в пришедшем того самого посланца госпожи де Севинье, который предсказал ему все, что с ним теперь случилось.

Однако незнакомец не произнес ни слова о прошлой встрече. И Фуке почему-то не осмелился его спросить. Незнакомец говорил только о будущем. Он предложил Фуке устроить побег. Сообщил, что маркиза де Севинье и несколько ее друзей, людей богатейших и знатных, готовы принять участие в его организации. Они понимают, что король сейчас расправляется не только с Фуке. Это угроза будущих расправ с независимыми, свободомыслящими людьми. Они негодуют, хотят обуздать все возрастающее своеволие короля. Они готовы помочь Фуке бежать в Англию.

Незнакомец замолчал и ждал ответа. Ответ последовал незамедлительно. Фуке отказался!!! Он сказал, что многое понял в своем заточении. У него нет задачи обрести свободу. Он уже обрел ее в себе самом. Теперь он хочет одного — ВЫСТУПИТЬ на процессе. Благо процесс будет открытым. Он решил обличить систему, частью которой он был сам. Но лишь верхней ее частью. Над ним, на самой вершине этой системы вседозволенности, были вор Мазарини и... — Фуке усмехнулся, — и королевская семья.

— Да, я бесконтрольно брал деньги из казны, но возвращал в казну часто куда больше. Я лишь одалживал у казны деньги, а они забирали. Они опустошали казну и хотят это делать и дальше. Боюсь, что когда-нибудь все закончится пустой казной, голодом, восстаниями черни и кровью, кровью, кровью! Их Величества король и королева-мать не поняли уроков Фронды... Я хочу рассказать об этом публично на процессе... предостеречь Францию и моего короля.

— Вы не боитесь, что ваш король и его мать отправят вас на эшафот?

— Не думаю... Королева-мать слишком боится, что я раскрою некую тайну... *хотя я ее не раскрою*. Впрочем, я не боюсь эшафота.

— Вы правы... эшафота не будет, — сказал незнакомец после некоторого раздумья. И добавил: — Король заточит вас в тюрьме навсегда. Вы готовы?

— Значит, так хочет Господь. Значит, я заслужил. Бог — строгий судья.

На башне замка часы пробили полдень. Наступало время допросов Фуке.

В дверях появился д'Артаньян — отвести Фуке в Арсенал, где шли ежедневные допросы. Незнакомцу пора было уходить.

Он встал, простился с Фуке и д'Артаньяном и покинул тюрьму.

Впоследствии, по уходе незнакомца, д'Артаньян весь день тщетно искал приказ короля. Но в секретере, куда он положил королевский приказ (он отчетливо помнил это), гасконец его не нашел. В секретере он нашел лишь пустой клочок измятой бумаги. Да, незнакомец сумел проделать то, что с успехом демонстрировал в вашей стране некто Вольф Мессинг. Мессинг мог вручить охране кусок бумажки, и охранник видел перед собой пропуск, подписанный самым ответственным лицом. Это же сумел проделать странный незнакомец, о котором поведал в своих «Записках» все тот же граф Сен-Жермен.

Фуке и д'Артаньян вернулись в камеру к обеду.

В тюрьме Фуке стал вегетарианцем, и д'Артаньян покупал для него свежую рыбу. Д'Артаньян предложил приготовить отличную черную треску.

Но Фуке отказался. Вчерашний хозяин знаменитых поваров, любитель и ценитель изысканной еды, он теперь почти ничего не ел. И каждую субботу исправно постился — жил на хлебе и воде. Сегодня была суббота, и вместо еды Фуке занялся обычными своими делами. Гасконец видел его либо молящимся на коленях, либо пишущим и читающим за столом.

Но в тот день д'Артаньян прервал его занятия и начал переговоры. Он сообщил Фуке от имени короля, что, *возможно*, Его Величество заменит смертную казнь изгнанием, *если*... Если Фуке на процессе признает свои преступления. В ответ Фуке только усмехнулся:

— Вы хорошо сказали «возможно»... О нет, дорогой друг, именно тогда Его Величество преспокойно повесит меня. Сообщите Его Величеству, что я уверен в этом так же точно, как уверен он. Так что оставим пустой торг. — И, помолчав, добавил: — Но главное, успокойте Ее Величество королеву-мать. Сообщите ей, что верноподданный Фуке просит, *чтобы она не беспокоилась. Каков бы ни был приговор, Фуке* **будет нем как рыба**.

Д'Артаньян с изумлением слушал эти слова. Он долго не решался передать их королеве. Наконец решился. Королева выслушала и попросила мушкетера забыть слова Фуке. Гасконец получил в награду второй великолепный перстень — знак большой благодарности королевы Анны.

В это время в Париже было модным «сочувствовать несчастному Фуке». Это стало дозволенной фрондой, направленной как бы не против короля, но против бессердечного и скучного Кольбера.

Дамы аккуратно ходили на модную теперь прогулку — к стенам Бастилии. Повидать несчастного месье Фуке, когда его поведут в Арсенал для допросов... Это было «то!» (по-нынешнему — «круто!»).

Многочисленные возлюбленные Фуке приходили сюда вместе со своими подругами и... новыми любовниками. Площадь перед угрюмой Бастилией все больше напоминала площадь перед дворцом, где дают бал. Останавливались великолепные экипажи. Знаменитые красавицы, щеголяя модными туалетами, высаживались из экипажей и разноцветными стайками фланировали по площади в сопровождении слуг и кавалеров. Здесь теперь стало популярно устраивать любовные свидания, обмениваться записочками... Даже появилась галантная фраза: «Встретимся у Фуке». Весь этот цветник женской красоты ждал торжественной минуты, когда Фуке вели на допрос в Арсенал из Бастилии.

И одна из бесчисленных его возлюбленных, та самая графиня Л., с которой он провел последнюю ночь, написала свои впечатления подруге:

«Мне не терпится рассказать вам, дорогая. Маркиза де С. (маркиза де Севинье) предложила мне пройтись к Бастилии, чтобы повидать нашего бедного друга по пути в Арсенал, к гадким судьям. Мы подошли к площади перед тюрьмой и начали поджидать, прогуливаясь. Мы обе были в масках. Наконец увидели его. Подойти к нему близко нельзя, стояла цепь мушкетеров. Рядом с ним шел г-н д'Артаньян, за ними шествовал це-

лый отряд... У него был такой задумчивый вид. Когда я увидела его, у меня буквально задрожали колени, а сердце забилось так сильно! Нет! Нет! Это было невыносимо — увидеть его в этаком положении!.. Как же он изменился, как ужасающе постарел! Я оперлась о руку маркизы, боясь потерять сознание. В этот момент они поравнялись с нами. Любезнейший г-н д'Артаньян весело подмигнул нам, слегка подтолкнув нашего бедного друга, обращая на нас его внимание. Наш друг приветствовал нас, и на его лице появилась знакомая прелестная улыбка. Интересно, узнал ли он меня под маской, подсказало ли ему сердце?.. Но мне стало не по себе, когда я увидела, как он входит в эту беспощадную маленькую дверцу судилища, и я вновь едва не потеряла сознание. В Париже все только и говорят о его силе духа и твердости».

Королю доносили о модных сборищах. Кольбер предложил допрашивать олигарха в Бастилии, но король раздраженно прервал его. В Париже можно многое, но нельзя покушаться на то, что модно. Людовик представлял, сколько злых шуточек вызовет подобный запрет. Он знал правила: король Франции может быть жестким, но смешным быть не может.

Но Людовик нашел выход.

Наступила весна, в Париже потеплело. Король приказал переехать в Фонтенбло — в прохладу, в любимые вековые деревья старого парка. «Самое красивое в мире — это кроны деревьев, — сказал Людовик матери. — Я соскучился по красоте». Но, уезжая из Парижа, он перевел в Фонтенбло... Палату правосудия! Так что теперь вдали от Парижа, в Фонтенбло, должны были продолжиться допросы Фуке и его сподвижников.

В Фонтенбло находилась старая тюрьма, построенная Генрихом IV. В ней и решил король поместить узника. Людовик вызвал д'Артаньяна и приказал подготовить тайный переезд в старую тюрьму.

Д'Артаньян все понял: с женским цветником у стен Бастилии будет покончено!

Но теперь король был полон новых опасений.

— Процесс приближается, — сказал король гасконцу. — К Фуке разрешено прийти адвокатам. Ни при каких обстоятельствах не позволяйте ему говорить с ними наедине. Ни со своими адвокатами, ни с кем бы то ни было он не должен оставаться наедине. Вы отвечаете за это головой, д'Артаньян.

Д'Артаньян вспомнил необъяснимый визит незнакомца и побледнел.

— Фуке хитрая бестия, — продолжал король. — В его внезапную набожность, о которой вы рассказываете и которой мерзавец никогда прежде не отличался, я не верю... Он все это придумал... Он хочет усыпить нашу и, главное, вашу бдительность. На самом деле гордость этого человека непомерна и его тайные союзники готовы на любые действия. Поэтому я не исключаю, что друзья мерзавца задумали освободить его по пути в Фонтенбло. Но вы знаете, что тогда нужно делать, д'Артаньян.

— Да, сир.

На руке гасконца был перстень, подаренный королевой-матерью; он хорошо помнил слова Фуке, которые тот просил передать королеве Анне. И, еще раз услышав, как страшится Его Величество побега этого господина, мушкетер более не сомневался. Он понял, что есть какая-то связь между страхами короля и словами Фуке, переданными королеве-матери. Теперь он знал: если Фуке, не дай бог, удастся побег, прощай карьера, но, может быть, и жизнь. Так что д'Артаньян решил быть дотошным тюремщиком. Как повелел король, он сохранил в полнейшей тайне от узника день переезда в Фонтенбло.

Перед тем как везти Фуке, мушкетер сам отправился в Фонтенбло — осмотреть и подготовить камеру.

Тюрьма в Фонтенбло — огромная башня, мрачно возвышавшаяся над лесом, защищенная подъемным мостом и толстенными, в несколько метров, стенами. Но д'Артаньян потребовал дополнительных мер — на окнах камеры поставили новые решетки, и постоянные разъезды мушкетеров должны были охранять подступы к стенам. Усиленные караулы расставили во дворе.

Перед самым днем отъезда не ведавшие о перемене тюрьмы адвокаты Фуке пришли в Бастилию для встречи с подзащитным. Оба были отправлены д'Артаньяном домой. Гасконец сообщил им, что Фуке захворал и просил прийти к нему через неделю. 24 июня на рассвете д'Артаньян разбудил Фуке. Ему было приказано приготовиться к отъезду. Фуке ничего не спрашивал — он уже выучил: когда гасконец ничего не объясняет, спрашивать бесполезно.

В 4 утра из ворот Бастилии выехали пять больших карет, увозивших Фуке и обвиняемых по его делу; каждая карета была запряжена шестеркой лошадей, так что редким прохожим было понятно — путь предстоял неблизкий. За каретами следовали две огромные повозки с багажом и материалами следствия. Сотня мушкетеров во главе с д'Артаньяном окружала кареты. Величественный поезд с этим поистине королевским эскортом промчался по рассветным улицам Парижа. По приказу короля д'Артаньян сделал переезд как можно менее утомительным. Король по-прежнему выказывал милость, по-прежнему надеялся, что Фуке образумится и согласится признать на суде все обвинения. Так что в полдень сделали остановку в Плесси, в дорогом трактире. Заботливый д'Артаньян приказал приготовить великолепный обед для своего подопечного. Но Фуке съел лишь немного рыбы, запив ее водой. К вечеру въехали во двор старой тюрьмы.

На следующий день адвокатам Фуке было приказано прибыть в Фонтенбло.

Обе знаменитости приехали тотчас. Д'Артаньян галантно распахнул перед адвокатами двери новой камеры Фуке. Оба старых мэтра остановились на пороге. Гасконец торжественно прочел приказ короля — все встречи Фуке с адвокатами и подготовка к процессу должны проходить в присутствии охраны. Но адвокаты остались стоять на пороге, в камеру они не вошли. Оба заявили, что отказываются встречаться со своим клиентом на таких условиях.

— Мы не сможем честно исполнять нашу работу, не имея права говорить с клиентом наедине. Я, к примеру, плохо слышу, поэтому господину Фуке придется кричать, чтобы я мог его услышать и обсуждать с ним его защиту. Но это обсуждение будет услышано надзирателем, о нем будут знать все. Защита превратится в комедию. Такие же проблемы у моего коллеги, как вам известно, человека тоже немолодого. Прискорбно сообщить, что наш возраст не дает нам возможности исполнить волю Его Величества.

Неожиданно Фуке, стоявший на пороге камеры и бесстрастно слушавший разговор, разразился целым монологом:

— До какого еще унижения хотят довести беззащитного человека?! С завтрашнего дня я не буду есть. Я объявляю голодовку и откажусь отвечать на вопросы следователей.

Д'Артаньян тотчас торопливо предложил компромисс, обговоренный с королем:

— Сударь, при ваших беседах с адвокатами присутствовать буду только я. Клянусь честью, я обязуюсь хранить в тайне все, что касается вашего дела. Слово чести д'Артаньян не нарушит никогда, ни для кого. Но даю вам также слово, если вы заговорите с адвокатами о чем-нибудь, кроме вашего дела, я немедленно сообщу Его Величеству.

Это был век, когда честь для истинных дворян была важнее королевских милостей. Фуке не сомневался в гасконце.

Он смирился. Сделал знак адвокатам, и те вошли в камеру.

ПРОЦЕСС ОЛИГАРХА

Фуке решил устроить пробу сил перед процессом. Во время очередного допроса он заявил следователям о незаконности присутствия постороннего при его встречах с адвокатами. Он потребовал обсуждения в парламенте королевского приказа. Парламенту пришлось согласиться. По поводу решения короля началась целая дискуссия. За дискуссией внимательно следил король. Это была проверка — приживается ли новый порядок, когда *любые* приказы короля, даже противоправные, тотчас выполняются. Все произошло именно так. Судейские возмущались в кулуарах, но восстать публично против королевского приказа не осмелились. Раболепие победило. Глава суда на готовившемся процессе, честнейший месье д'Ормессон, очень страдал, отлично зная, что происходит нарушение законных прав узника. Но и он не посмел сопротивляться королю. Парламент одобрил решение короля. Проба сил перед процессом закончилась легкой победой Людовика. Фуке и его глуховатым адвокатам пришлось смириться.

Теперь мушкетер законно присутствовал при посещениях адвокатов.

Все это время д'Артаньян продолжал убеждать Фуке пойти на мировую с королем. Но опять — тщетно.

Наступил август. Месяц выдался прохладный, пошли дожди, и уже в середине августа король решил вернуться в Париж вместе с обвиняемыми.

Все те же кареты, запряженные шестерками лошадей, и повозки с документами... Длинный поезд, окруженный мушкетерами, поскакал в Париж — в Бастилию.

Д'Артаньян опять продемонстрировал Фуке великодушие и дружбу. У него был приказ короля: нигде не останавливаться. Гасконец не останавливался. Но, проезжая через Шарантон, приказал повернуть к дому, где жила опальная семья Фуке, высланная из Парижа. У самого дома госпожи Фуке д'Артаньян велел пустить лошадей шагом. Вся семья Фуке — жена и дети — выбежала на улицу. Лошади еле-еле плелись, и д'Артаньян разрешил Фуке высунуться из окна кареты. Фуке сумел поцеловать жену и детей. Он не видел их три года.

По возвращении в Париж допросы возобновились все в том же Арсенале, в двух шагах от Бастилии.

Возобновились и модные прогулки дам у стен Бастилии.

20 ноября г-жа де Севинье написала своему другу г-ну де Помпонну: «Я вновь сумела увидеть нашего дорогого узника. Его вывели из Арсенала под охраной целого отряда мушкетеров и вели к тюремной карете... Он попросил д'Артаньяна разрешить ему поразмяться после допросов и погулять у кареты. Д'Артаньян любезно разрешил. Я слышала, как, прогуливаясь у кареты в сопровождении господина д'Артаньяна, Фуке спросил, что за работы проводятся у Арсенала. Д'Артаньян объяснил, что это строят бассейн для фонтана. Тогда он попросил разрешения подойти поближе и начал высказывать рабочим свои замечания. Потом, повернувшись с улыбкой к д'Артаньяну, сказал: «Вам, должно быть, странно, что я вмешался? Дело в том, что раньше я неплохо разбирался в строительстве фонтанов». Видимо, бедный месье Фуке вспомнил свой любимый Во-ле-Виконт! В это время он наконец увидел меня и поклонился. Те, кто любит г-на Фуке, находят подобное спокойствие и присутствие духа достойным восхищения».

Между тем допросы заканчивались, и начинался процесс, где король по-прежнему ждал покаяния олигарха.

16 ноября 1664 года начались судебные заседания. Генеральный прокурор обвинил суперинтенданта в расхищении государственных средств, в оскорблении Его Величества. Он потребовал смертной казни через повешение на площади перед Бастилией. Долго читал бесконечные пункты обвинения. Эти пункты были составлены

королем и Кольбером. Обвинений было множество, и часто они были вздорны, мелочны и нелепы до смешного.

Сначала король и Кольбер велели суду разбирать преступный «план восстания». Обвинение назвало его «подготовкой восстания против Франции и короля». Это был главный козырь обвинения. Но Фуке хорошо подготовился. В своей речи он признал, что действительно мечтал поднять восстание. Но, упаси боже, отнюдь не восстание против Франции и Его Величества. Но против воровства и коррупции кардинала Мазарини, от которого собрался защитить короля, Францию и себя лично. «Впрочем, — добавил он с усмешкой, — мне бессмысленно отвечать на это обвинение. Ибо это не было восстание. Но всего лишь *замысел* восстания, от которого по зрелом размышлении я отказался. Но наш справедливый закон, как известно, не наказывает за замысел и карает только за его осуществление. Стоит ли терять время и долго останавливаться на обсуждении неосуществленного замысла?»

Прочитав речь Фуке, король пришел в неистовство. Канцелярия короля сообщила судьям, что им следует считать «замысел» «восстанием» и сурово наказать за «замысел», ибо так хочет король. И раз навсегда запретить обвиняемому играть словами!

Но даже послушный суд не решился это сделать, ибо это означало превратить процесс в посмешище. До какой бездарной наглости доходит Власть, когда она одержима жаждой мщения!

По окончании заседания, вернувшись с Фуке в Бастилию, д'Артаньян продолжил убеждать Фуке, что ему должно торопиться признать свои преступления. Только тогда король дарует ему помилование. Но Фуке в ответ лишь усмехался:

— Не повторяйтесь, д'Артаньян! Его Величество отнял у меня слишком большое состояние, чтобы выпустить меня на волю. Он слишком несправедливо поступил со мной, чтобы простить меня. Отпущенный на свободу, я буду живым укором... да и состояние придется возвращать. Но забрать деньги просто, вернуть их куда сложнее. Вам следует понять, мой друг: моя карта бита до начала игры! Но я, которого заставили участвовать в балагане, именуемом судом... постараюсь это сделать с достоинством и пользой для Франции.

Уже на следующий день Фуке вместо продолжения защиты неожиданно перешел к прямой атаке. Дерзкой атаке на покойного кардинала. Тень Мазарини была вызвана на суд. И судьи и публика услышали то, чего так стремились избежать Людовик и Кольбер: Фуке обрушился на покойного кардинала, за которым незримо встали августейшие тени — королевы-матери и крестника Мазарини — короля. На следующий день пришла очередь Кольбера. Фуке обвинил Кольбера в похищении из дома Фуке тысячи писем Мазарини, в которых тот прямо приказывал Фуке осуществлять нужные кардиналу финансовые операции. «Я обязан был исполнять указания тогдашнего главы правительства. И я их исполнял. К сожалению, это была обычная государственная практика — грабить собственную страну. И ей подчинялся я, как и все исполнявшие мою должность до меня. Месье Кольберу, похитившему эти письма, это хорошо известно. Именно в результате подобных распоряжений кардинала миллионы ливров исчезли из казны. Я признаю себя виновным лишь в нарушении финансовой дисциплины».

Речь Фуке привела короля в бешенство. Людовик потребовал скорейшего завершения процесса. В приговоре покорных судей под страстным королевским давлением Людовик не сомневался.

Все это время, пока шел процесс, госпожа де Севинье присутствовала на заседаниях суда. Она описала увиденное в письмах все к тому же господину де Помпонну. Он был другом Фуке и занимал по его протекции ряд важных государственных должностей. В отличие от большинства испуганных друзей Фуке месье Помпонн попытался протестовать, написал письмо королю. Король ответил лаконично — выслал его в имение под домашний арест. Туда и писала ему маркиза де Севинье. Маркизу король вынужден был прощать, ибо она была женщина. Король считался Арбитром Галантности, и ему принадлежал афоризм века: «Женщину можно оскорбить только комплиментом, ее можно ударить, но только цветком». Как же я охотился за письмами маркизы, — вздохнул месье Антуан, — но владетели были слишком богаты... Однако одно я заполучил. — И он как-то заурядно, обыденно вынул из бокового кармана пожелтевшую бумагу и показал ее мне. Бумага была покрыта строем удивительно изящных ровных букв.

— Неправда ли, хороша каллиграфия?! Причем, учтите, письма не переписывал крепостной писец, как часто водилось у ваших русских бар, это писала сама мадам де Севинье. — И месье Антуан начал переводить:

— *Париж, 17 ноября 1664.* Вчера на суде господин Фуке храбро заявил, что Властью порой совершаются поступки, которых впоследствии Власть устыдится и постарается забыть. Настолько они оказываются несправедливыми! Господин председатель прервал его: «Остановитесь, сударь! Вы хотите сказать, что Его Величество несправедлив?» Месье Фуке ответил: «Э, нет! Это говорите вы, сударь, а не я. Я имел в виду иное: у Власти, как и у всех людей, случаются человеческие ошибки. Ведь безгрешен только Господь! Разве с вами не бывало случая, когда вам было стыдно за свое прежнее решение? Разве, вынося приговор, вы никогда не поддавались минутным велениям собственного гнева, ослеплявшего вас?.. Или, — он усмехнулся, — повелениям сильных мира сего?

Приближался день объявления приговора. Накануне этого знаменательного дня д'Артаньян нашел Фуке сидящим у огня камина с Библией в руке:

— Вы меня удивляете, сударь. Я думал, что сейчас вы занимаетесь сочинением последнего слова.

— Зачем? — усмехнулся Фуке. — Мне скучно повторять, д'Артаньян, что все решено до начала процесса. Мне остается только радоваться, что комедия близится к концу, и я больше не буду обязан слушать обвинителя, который показывает завидное уменье правдиво говорить заведомую ложь... и видеть перед собою судей, этих мерзавцев с задумчивыми глазами, мучительно размышляющих, как сохранить, угодничая перед Властью, хотя бы остатки достоинства... Что же касается приговора, который заранее продиктован волею Его Величества, постараюсь принять его с достоинством и покориться Божьей воле. — И он преспокойно продолжил читать Святую книгу.

Д'Артаньян постарался не услышать слова про Его Величество.

«13 декабря в 3 часа утра в парижском небе появилась комета.

Сообщение о комете принесла графиня Л., постоянно волнующаяся за нашего друга... Она беседовала с духовником, и он сказал ей, что это доброе знамение. Но из моих гостей никто эту комету не видел, и все посмеялись ее рассказу. Однако вчера ночью комету увидели все. Весь Париж высыпал на улицу наблюдать горевшую в небе хвостатую гостью. И добрый маркиз Берсье, знаменитый астролог, согласился: «Это благоприятный знак судьбы накануне приговора нашему опальному другу! Может быть, еще не все потеряно...» — писала маркиза Севинье в очередном письме доброму месье Помпонну.

Д'Артаньян, как обычно бодрствовавший ночью, также увидел комету. Мушкетер разбудил заключенного. Оба стояли у зарешеченного окна. Посланница иных миров, ярко мерцая, таинственно освещала небо над Парижем.

И чудо свершилось! Произошло невероятное. Таинственная пришелица принесла Фуке невообразимую удачу!

Зал был переполнен... Как положено перед вынесением приговора, выступил докладчик на суде месье Ормессон... Он был человек старого закала. Когда-то отец короля попросил оказать ему услугу и помиловать одного негодяя. Он гордо ответил: «Суд, Ваше Величество, услуг не оказывает. Суд выносит приговор». Он никак не мог забыть все эти благоглупости прошлого времени про величие Суда и Закона. В отличие от людей молодых, сумевших быстро перестроиться, то есть научиться жить при сильной власти, Ормессон еще не усвоил того, что всегда знали в вашей стране: «Власть есть Суд и Закон». И Ормессон строгим голосом прочитал свое воистину сенсационное заключение. Главную ответственность за финансовые злоупотребления и исчезновение миллионов ливров из французской казны господин Ормессон возложил... на Мазарини! Он полностью снял обвинения с Фуке в хищении казенных денег и признал лишь наличие «крупных упущений в управлении финансами страны». Не нашел он также «никаких оснований для обвинения подсудимого в самом тяжком преступлении — в оскорблении Его Величества и заговоре».

Наступал венец процесса — судьи удалились для голосования. После подобного доклада у судей остался выбор. Им следовало продемонстрировать верность Королю или Закону.

Месье Ормессон не оставил им другого выхода.

...Судьи не выходили долго. Зал уже устал ждать, когда они появились объявить приговор. Результат потряс публику: только 9 голосов было подано за смертную казнь, 13 проголосовали за ссылку! Девять молодых, вновь назначенных, с готовностью выполнили задание Власти. Они поняли и приняли новое время. Но 13 старых судей вслед за Ормессоном оказались людьми весьма не современными. После объявления приговора произошло самое опасное для Фуке: раздались бурные аплодисменты зала.

Король получил известие о приговоре и аплодисментах в приятном отдохновении в кровати мадемуазель де Лавальер. Людовик пришел в бешенство. Вместо того чтобы подчиниться силе Его Власти, его попросту щелкнули по носу. Повелитель выскочил из постели и голый бегал по комнате, сжав кулаки: «Жалкие судьи, крючкотворы в черном! Посмели не выполнить волю короля!»

Кольбер, ожидавший короля в приемной, был вызван прямо в покои фаворитки и предстал перед королем.

Людовик, стоя уже в ночной рубашке, орал на Кольбера:

— Вы просрали процесс! Я поручил вам... Я просил! Просил немного — приговорить к смерти вора и мерзавца! Что говорят ваши негодяи?

— Оправдываются, сир! Они уверяют, что не приговорили его к смерти исключительно потому, что знают милосердие Вашего Величества. Знают, что Вам, сир, непременно захотелось бы его помиловать. И потому они приговорили его к самому худшему — к изгнанию из нашей прекрасной страны.

— Ложь! Наглая демагогия!! Они отлично знали: я охотно позволил бы негодяю умереть. Но они заставляют меня выполнять их работу! — Король задыхался от гнева. Хваленая выдержка ему изменила. Наконец он сумел взять себя в руки. Он посмотрел на Кольбера обычным спокойным ледяным взглядом:

— Идите, Кольбер, мне надо все обдумать.

Крошке Лавальер обдумывать было не надо! Она знала: ее повелитель не отпустит Фуке в изгнание. Обо этом «под большим секретом» она поделилась с подругами — герцогиней Б-и и маркизой Л-з. Не забыв указать приятное место, где разразился королевский гнев.

Маркиза Л-з и герцогиня Б-и тотчас «под большим секретом» поделились известием об августейшем гневе с остальным двором.

ПОСЛЕ ПРИГОВОРА

Друзья Фуке ликовали, в поместьях устраивались фейерверки. Маркиза де Севинье устроила факельное шествие. Фейерверки оказались столь красочными, что были отмечены случаи серьезных пожаров. Короче, от восторга едва не спалили Париж.

Сам Фуке не проявил никакой радости, выслушав решение судей. Он слишком хорошо понял своего короля, к сожалению, запоздало. Не обрадовался решению судей и д'Артаньян. Даже более того, он с ужасом выслушал это решение. Гасконец понимал, что, если король так панически боялся побега Фуке, вряд ли он отпустит его на свободу в изгнание. Д'Артаньян страшился, что король поручит ему «исправлять решение судей». Гасконец был воин и не хотел на старости лет становиться убийцей. Достаточно того, что его сделали тюремщиком. К тому же за эти годы он привязался к узнику. Однако вскоре д'Артаньян услышал явно запущенный слух о том, что суперинтендант знает главнейшие финансовые «секреты государства» и отпускать его с этими секретами ни в коем случае нельзя. Гасконец знал придворные нравы и понял: это была прелюдия!

Между тем, как положено, приговор суда был отправлен на утверждение короля. Друзья Фуке радостно ожидали дальнейших счастливых известий. Согласно тысячелетнему обычаю король Франции, обязанный быть милосердным, должен смягчить решение судей. Таким и только таким должно быть королевское вмешательство в решение суда.

Но невозможное свершилось. Король не только не смягчил приговор. Людовик заменил изгнание... пожизненным заключением!

По повелению короля Фуке должен был провести остаток своих дней в тюрьме Пиньероль, расположенной в маленьком французском городке на склонах Альп, рядом с итальянской границей. Его жена Мария-Мадлена де Кастий и их дети навсегда высылались из Парижа. Судья Ормессон лишился звания государственного советника и был тотчас отправлен в отставку; 13 судей, голосовавших за изгнание, поехали в ссылку! Чтобы ни у кого не оставалось сомнений: отныне есть и будет только один закон — воля короля.

Закон и монарх теперь неразделимы.

ЗАГАДКА КОРОЛЕВСКОГО РЕШЕНИЯ

Итак, традиция милосердия была нарушена. Король своей властью ужесточил наказание, сделал его беспощадным. Двор понимал, что «финансовые секреты, известные Фуке» — слишком мало для решения, грубо поправшего Великую Традицию Милосердия королей. Именно тогда при дворе поползли слухи о том, что Фуке знает некую тайну, опаснейшую для короля. И потому король не смог его оставить на свободе.

Король призвал к себе д'Артаньяна. Его Величество сообщил, что завтра в присутствии гасконца Фуке объявят приговор. После чего д'Артаньян должен доставить его в место заключения — в тюремный замок Пиньероль.

Король с усмешкой прочел мольбу в глазах д'Артаньяна: неужто ему суждено и впредь продолжать свое фактическое заточение рядом с Фуке?

— Нет-нет, — успокоил король. — Ваша миссия закончится, как только господин Фуке займет свою камеру в Пиньероле... Но только вам, д'Артаньян, мы можем поручить ответственнейшую задачу — благополучно доставить его туда целым и невредимым. Надеюсь, вы не забыли, что отвечаете за негодяя головой.

Д'Артаньян поклонился.

Король продолжал:

— Вы оказали мне достаточно услуг за мою не такую уж долгую жизнь. Окажите еще одну, и очень важную. Есть ли у вас на примете человек, который смог бы столь же заботливо и умело, как вы, сторожить известного вам узника? Я назначил бы его комендантом нашей важнейшей тюрьмы в Пиньероле.

Бастилия и Венсенский замок давно стали притчей во языцех. Людовику XIV понадобилась новая, воистину секретнейшая тюрьма. Пиньероль был расположен далеко от Парижа, в забытом богом городке. В Пиньероле враги Его Величества могли бесследно и, главное, без шума исчезнуть в каменном мешке.

— Это будет очень ответственная *и очень хорошо вознаграждаемая должность.* — И король вопросительно посмотрел на д'Артаньяна.

Д'Артаньян понял: Людовик отлично знал, что гасконец беден, как церковная крыса, и надеялся.

Но д'Артаньян поспешил с рекомендацией:

— Я хорошо знаю только моих мушкетеров, но с уверенностью могу рекомендовать одного из них. Его зовут шевалье де Сен-Мар.

Это было лучшее, что мог сделать д'Артаньян и для Фуке, и для короля. Старый вояка Сен-Мар, великолепно владевший шпагой, был воистину верным слугой короля, но при этом (даже по мнению маркизы де Севинье) «весьма порядочным человеком». В последнее время он был квартирмейстером в мушкетерской роте и показал себя прекрасным администратором.

— Ну что ж, — сказал король. — Шевалье назначен. Но помните — с этой минуты вы отвечаете за свою рекомендацию. Итак, я желаю вам удачной поездки в Пиньероль. Излишне напоминать, что в случае попытки освободить известного господина...

Д'Артаньян еще раз молча поклонился.

В несчастный понедельник 22 декабря, в 10 часов утра, секретарь суда в черном одеянии судейского чиновника, со свитой столь же черных, разительно похожих на галок судебных исполнителей явился в Бастилию. Он вызвал д'Артаньяна и торжественно объявил, что должен сообщить заключенному Фуке королевский приговор.

После чего началась церемония. Д'Артаньян повел Фуке в старинную тюремную церковь. Скольких несчастных видела эта церковь! Их сопровождали губернатор Бастилии и пять мушкетеров, среди которых был Сен-Мар. Фуке был в том же черном, уже сильно поизносившемся платье, в котором его арестовали. Под мышкой держал шляпу.

— Сударь, — торжественно обратился секретарь к Фуке, — выйдите вперед и назовите ваше имя.

— Вы отлично его знаете, — сказал Фуке, не двигаясь с места.

— Мне странно объяснять государственному служащему высшего ранга, что существуют правила и процедуры правосудия, которым мы должны следовать. Итак, сударь, ваше имя.

— Я отказываюсь назвать его вам и протестую против незаконного приговора, который вы собираетесь мне зачитать.

Секретарь суда велел своим помощникам записать ответ, затем начал зачитывать приговор.

Во время чтения Фуке, нарочито скучая, посматривал по сторонам, показывал, как мало он интересуется происходящим.

Когда секретарь завершил долгое чтение, Фуке спросил:

— Надеюсь, вы сыграли вашу комедию до конца?

— Карета, которая отвезет вас в заключение, будет ждать во дворе, — мрачно ответил секретарь и покинул церковь вместе с судейскими.

Д'Артаньян предложил Фуке хорошенько поесть перед дальней дорогой, но тот отказался, и д'Артаньян поел один.

Через час во двор Бастилии была подана карета, в которую сели Фуке и д'Артаньян. Король отплатил Фуке за его речи на суде и за приговор судей. По приказу Людовика Фуке не дали проститься с семьей. Ему запретили взять с собой слуг, помогавших ему в Бастилии.

Карета, окруженная отрядом из ста мушкетеров, выехала за ворота тюремного замка. Сторонники Фуке не сплоховали. У ворот Бастилии суперинтенданта ждала приветствующая толпа. В толпе он разглядел немногочисленных друзей, которые не побоялись прийти проститься с опальным олигархом, хорошо зная, что мстительный король этого им не забудет. Было много дам и много женских слез. Увидел он и графиню Л. Она стояла без маски, с пепельными волосами, божественно красивая, с букетом красных роз. Она послала ему воздушный поцелуй... и кровавые цветы полетели в проезжавшую карету. Он помнил ее тело и помнил, как, насладившись ночью, утром привычно желал побыстрее избавиться от женщины. Как торопился отправиться на Совет, к делам, которые считал тогда важными, не зная, что спешит убежать из объятий навстречу погибели.

И он помахал им всем из окна кареты, хотя д'Артаньян просил его этого не делать... В ответ прозвучал общий крик толпы: «Да здравствует месье Фуке!» Д'Артаньян тотчас опустил занавески и сказал как-то по-отечески:

— Вы по-прежнему очень молоды, месье Фуке, невзирая на ваш возраст и страдания. Вы отлично знаете, что все эти крики будут тотчас известны Его Величеству. Стоит ли сердить и без того сердитого на вас государя ради секунды приветствий? Ах, мой друг, вы так напоминаете мне одного молодого гасконца по имени д'Артаньян, которого я стараюсь забыть.

Д'Артаньян сумел забыть того сумасбродного храбреца, он стал истинным придворным. Например, сумел сделать так, что его доброе отношение к Фуке стало известно влиятельным сторонникам суперинтенданта. Маркиза де Севинье даже отметила в очередном письме, что д'Артаньян «ведет себя с Фуке как истинно порядочный человек». Одновременно мушкетер не забывал посылать записочки и могущественнейшему Кольберу, где нижайше просил его «присылать предписания». Но завистник и ненавистник Фуке исповедовал только одну заповедь: «кто мягок с Фуке, тот против меня». Так что на угодливые записочки гасконца ответов не последовало.

— Мой дорогой друг, — продолжал уговаривать д'Артаньян Фуке, — я покину вас в Пиньероле, но... Но надеюсь вас встретить в Париже. Это сбудется, поверьте, и скоро сбудется, если вы воспримете завет д'Артаньяна. Мой дорогой месье, вам следует подумать о мире с Его Величеством. И найти пути к заключению этого мира. Только так вы сможете выйти из тюрьмы... если, конечно, у вас нет желания в ней умереть.

Д'Артаньян сказал Фуке правду. Был только один путь на свободу — смириться перед королем, согласиться делать все, что прикажет Его Величество.

Но сейчас и этот путь, и мысли об этом пути были так далеки от Фуке. Фуке улыбнулся и сказал:

— Нет-нет, я не держу зла ни на Его Величество, ни на того беднягу судейского в церкви, которого я почему-то хотел несправедливо обидеть. Если увидите его, передайте мои сожаления.

Д'Артаньян смотрел на него с изумлением.

Фуке был в каком-то покойном, мирном и, главное, довольном настроении, так не вязавшемся с тем раздраженным Фуке, которого он видел час назад в тюремной церкви.

Мушкетер испугался. Ему показалось, что Фуке что-то задумал... что там, в камере, возможно, он получил некое известие.

Стояла зима 1665 года. Суровая была в тот год зима. Щадя изможденного арестанта, д'Артаньян делал частые остановки.

Между этими привалами карета с узником буквально летела. Гасконец боялся нападений в дороге и предпочитал стремительно преодолевать отрезки пути. Но кинжал был при нем. Он боялся друзей Фуке. Ему не давало покоя это кроткое спокойствие узника. Опасался он... и короля! Он хорошо помнил приказ короля и очень боялся, что Его Величество приказал организовать ложное нападение, во время которого ему придется совершить то, что он ненавидел... Уж очень выразительно Людовик требовал «доставить целым и невредимым». Так что довольно часто д'Артаньян направлял карету обходными дорогами, меняя заранее обговоренный маршрут. Короче, бедному гасконцу приходилось бояться и друзей Фуке, и его врагов.

ВЕЛИКОЕ ОТКРЫТИЕ ФУКЕ

Благополучно доехали до Лиона. Ночевали в гостинице, окруженной караулом мушкетеров. Всех постояльцев выгнали.

Из Лиона путь лежал в горы. Ударил сильнейший мороз. Карета, сопровождаемая замерзшими, чертыхающимися мушкетерами, ехала по узкой горной дороге, где уклониться от встречного экипажа было невозможно. Ледяной ветер проникал сквозь окна кареты, но гасконец потел от напряжения, по-прежнему ожидая нападения. Он укрывал Фуке огромной медвежьей шкурой, купленной на деньги маркизы Севинье.

Всю дорогу д'Артаньян нервно развлекал Фуке, рассказывая ему похабные солдатские анекдоты, столь любимые в полку мушкетеров. Впрочем, любовные рассуждения самого д'Артаньяна были не лучше его шуток:

— Мне приходится часто расставаться с возлюбленными, сударь, выполняя поручения короля. Краткая разлука — это не страшно... это даже хорошо, это пожар, который усиливает страсть. Но долгое расставанье — это вода, которая гасит этот пожар. Уезжая надолго, я всегда представляю, сударь, какой рой желающих набросится на одинокую красавицу, покинутую мною. Если же она сохранит верность мне, которого так долго нет, значит, она не нужна тем, кто есть. Это сделает честь ее постоянству, но заставит меня сомневаться в ее красоте. Поэтому, расставаясь надолго, я говорю себе: «Д'Артаньян, выбрось ее из сердца и головы, ибо рога лучше предупредить, нежели получить их в дар».

Здесь мушкетер прервал свою любимую мысль, поняв наконец, как все это должен был слушать Фуке. Но Фуке его не слушал. Он думал о своем, о том, что случилось с ним в камере.

Ибо, вернувшись в камеру из тюремной церкви, Фуке действительно получил некое важное известие...

В последнее время он придумал открывать Библию наугад, чтобы получить Божье наставление на целый день. И тогда, собираясь в дорогу, Фуке открыл Библию.

Открылось послание Иакова. И он прочел:

«Корабли, как они ни велики, маленьким рулем управляются, так и язык маленький отросток, но очень много делает... Язык укротить никто не может, он полон яда. Им прославляем Бога и проклинаем человеков, созданных по образу и подобию Божию. Так не должно быть. Если ты разумен, докажи это своею кротостью. Мудрость, исходящая свыше, чиста, потому что мирна и послушлива. Плод правды в мире у тех, которые хранят мир».

— Как же я не понял, — говорил он счастливо про себя. — «Блаженны миротворцы»... Блаженна кротость и благодарность Богу... за жизнь...за дыханье... Благодарю Тебя, Господи, что напомнил мне.

С этой минуты Фуке обрел то мирное спокойствие, так озадачившее мушкетера.

С этой минуты он родился вновь.

Но если для Фуке покрытый белой поземкой пейзаж за окном был безразличен, то для д'Артаньяна он был полон скрытой угрозы. Так что, рассказывая анекдоты и сам же покатываясь со смеху, гасконец напряженно вглядывался в окно кареты.

В Гренобле д'Артаньян собирался переночевать и дать необходимый отдых узнику, своим окоченевшим мушкетерам и усталым лошадям.

Но, подъезжая к городу, уже издали д'Артаньян увидел свой авангард — нескольких всадников в мушкетерских плащах у городских ворот. Ворота были закрыты.

Оказалось, что у офицера и пятерых мушкетеров, скакавших впереди отряда (авангард обеспечивал безостановочное движение кареты с узником), потребовали какие-то особые пропуска. Так распорядился городской консул. Пропусков не было, и в город их не пустили. Окоченев от холода, они беспомощно спешились у городских ворот. Но появление ста обозленных, продрогших на ледяном ветру мушкетеров заставило караульных тотчас торопливо открыть ворота города. Гасконец поскакал к лучшей гостинице города. Он окружил ее мушкетерами, выгнал постояльцев и разместил узника в самой просторной комнате.

Выставив охрану у комнаты и вокруг гостиницы, железный гасконец поскакал в мэрию. Здесь он арестовал городского консула, отдавшего распоряжение требовать пропуска. И сам отвез в городскую тюрьму. Это возымело нужное действие.

Когда он вернулся, мушкетеры были заботливо размещены в гостинице и еда и вино для них были приготовлены в обеденной зале. Сам гасконец поместился в комнате вместе с Фуке и ночью привычно бодрствовал.

Фуке заснул тотчас каким-то безмятежным сном.

СЕКРЕТНАЯ ТЮРЬМА

16 января вдали показался Пиньероль. Городок был окружен крепостными стенами. Несколько тюремных башен высились над городской стеной. Рядом с башнями выглядывали из-за стены высокая колокольня городского храма и покрытые веселенькой красной черепицей крыши домов.

Когда подъехали ближе, стала видна и вторая стена, окружавшая сердце городка, — те самые высокие тюремные башни.

У ворот Пиньероля д'Артаньяна поджидал отправленный им ранее шевалье Сен-Мар, так недавно лихо гарцевавший в роте мушкетеров. Теперь указом короля он был назначен комендантом Пиньероля.

Они обнялись. Гасконец, конечно же, испытывал угрызения совести. Хотя даже он не догадывался, что сделал несчастного Сен-Мара тюремщиком до конца его жизни.

Впрочем, все угрызения совести заглушала буйная радость, что сам он наконец-то освободился. Сен-Мар, не знавший, что его ожидает, тоже был счастлив! Для небогатого мушкетера без связей такое назначение было большим повышением по службе, воистину нежданным подарком судьбы. К тому же он расплатился с большими долгами. Их взяла на себя королевская казна. Конфисковав состояние Фуке, король был щедр к его тюремщикам.

Разместив Фуке в камере, оба мушкетера уединились в огромном кабинете начальника тюрьмы — готической зале со сводами. Здесь, наедине, д'Артаньян прочел Сен-Мару секретные инструкции короля. Инструкции были жесткие.

«Его Величество предписывает вам: никто, кроме вас и назначенного вами слуги, не может переступить порог камеры осужденного. Ему запрещено общаться, устно или письменно, с кем бы то ни было. У него не должно быть ни бумаги, ни перьев, ни чернил. У него не должно быть в камере более одной книги для чтения, которую ежедневно следует проверять — каждый листочек — до и после чтения. Ему разрешено молиться Богу во время мессы и просить у Господа прощения за свои ужасные грехи. Но даже молитвы он должен возносить не в тюремной часовне, не в присутствии людей, но в особой комнате, примыкающей к его камере. Король надеется на вашу осторожность и предусмотрительность, на то, что вы будете неукоснительно следовать примеру вашего начальника г-на д'Артаньяна, который умело охранял заключенного и передает его вам целым и невредимым... Сообщать дальнейшие мои распоряжения вам будет мой военный министр. Людовик».

Д'Артаньян пару недель оставался в Пиньероле, где его торжественно принимали отцы города. Он впервые за пять лет наслаждался свободой, ему не надо было жить в камере рядом с Фуке. Городское начальство предоставило ему великолепный дом.

Вечерами его видели в трактире, ночью к его дому подъезжала карета местной веселой красотки вдовы... утаим ее имя, продолжая заботиться о чести дам былых времен. Развлекались и его мушкетеры, разобрав городских дам.

Но дни заботливый д'Артаньян проводил в пиньерольской тюрьме. Он потребовал ремонта тюремных ворот и сам участвовал в их укреплении. Камера, предназначенная Фуке, была просторна, но стены отсырели. Д'Артаньян распорядился закрыть холодные каменные стены гобеленами.

Еще находясь в Пиньероле, он вновь постарался, чтобы его заботы о суперинтенданте стали известны друзьям Фуке.

И вскоре г-жа де Севинье писала:

«Я надеюсь, что наш дорогой друг уже прибыл, но точных известий у меня нет. Известно только, что г-н д'Артаньян по-прежнему вел себя очень обходительно, снабдил его всеми необходимыми теплыми мехами для того, чтобы без неудобств перебраться через горы. Я

узнала также, что он сообщил г-ну Фуке, что тому не следует падать духом и нужно мужаться, что все будет хорошо».

Гасконец совершил невозможное: своим жестким и гуманным обращением вызвал признательность беспощадного врага Фуке — короля и одновременно сторонников и друзей Фуке.

«Сообщаю вам, — написал ему в Пиньероль военный министр, — что Его Величество совершенно удовлетворен всеми вашими действиями, совершенными за время поездки».

За время пребывания в Пиньероле гасконец сумел научить своим принципам и Сен-Мара. Уже вскоре г-жа де Севинье напишет:

«Сен-Мар, к счастью, — это новый д'Артаньян, который верен королю, но человечен в обращении с тем, кого ему приходится держать под стражей».

Минули волшебные две недели, и д'Артаньян приготовился в обратный путь в Париж.

В день отъезда он зашел проститься с Фуке. Тот читал Библию — единственную книгу, которую разрешил ему иметь король, заботливо проверенную Сен-Маром.

Они обнялись. Фуке сказал:

— Поблагодарите Его Величество за разрешение иметь в камере одну книгу. Несмотря на молодой возраст, государь мудро понял: этого вполне достаточно Ибо, слава Господу, есть такая книга, которая одна заменяет все остальные, созданные людьми. И там есть слова о будущем, которые я хотел бы передать через вас Его Величеству: «Пили, ели, женились, рожали детей... А потом пришел Потоп и погубил всех».

Д'Артаньян слова эти не передал, но они засели в его памяти и долго мучили.

Знатные горожане сделали старому мушкетеру прощальный подарок в виде огромного количества дорогой дичи, которой славится Тоскана, — каплунов, бекасов, фазанов и так далее. Но главное — множества бутылок превосходного тосканского вина. На обратной дороге д'Артаньян щедро угощал своих верных мушкетеров.

Без приключений гасконец приехал в Париж.

В Париже наш гасконец наконец-то смог обнять жену, которая уже чувствовала себя вдовой. За годы, которые он провел тюремщиком, а скорее — еще одним заключенным, король отблагодарил верного мушкетера. Мечта, с которой молодой гасконец когда-то приехал в Париж, сбылась. Д'Артаньян стал капитаном королевских мушкетеров.

Он сумеет сделать роту образцовой. В ней считали за честь начинать свою службу молодые французские дворяне.

ДВА ХРАБРЕЦА
ИЗ РОМАНА ДЮМА-ОТЦА

Жизнь Фуке в Пиньероле была самой размеренной. Он читал *одну книгу*. Потом его выводили на прогулку. Он гулял всегда в сопровождении Сен-

Мара... Иногда в этот же час гуляли и другие заключенные, но общаться с ними ему было запрещено.

Камера у бывшего олигарха была просторная, заботами д'Артаньяна ее стены завесили гобеленами. Фуке, как вы помните, запретили взять с собой своих слуг. Прислуживал ему назначенный Сен-Маром некий Ла Ривьер. Фуке отлично понимал, что этот Ла Ривьер был еще одним надзирателем короля — слугой-осведомителем. Ла Ривьер поместился в камере рядом с камерой Фуке. Сначала Фуке не хотел принимать его услуги, но потом, по совету д'Артаньяна, согласился.

— Лучше знать, кто за вами наблюдает. Тем более его всегда можно подкупить, — посоветовал ему гасконец перед отъездом.

Но не зря опасался король. И не зря д'Артаньян укреплял ворота тюремного замка. В конце 1669 года состоялось...

В Пиньероле появился некий молодой дворянин в сопровождении слуги. Остались в истории их имена. Это были любимый слуга Фуке Лафоре и воистину верный друг Фуке дворянин Валькруассан. Они остановились под вымышленными именами. Но каждый новый человек был заметен в маленьком городишке, и о каждом приезжем обязаны были докладывать Сен-Мару, так распорядился д'Артаньян.

Сен-Мару тотчас сообщили, что неизвестный дворянин со слугой остановился в городке проездом и направляется в Италию. Сен-Мар установил наблюдение за подозрительной парочкой.

Между тем приехавшие безумцы придумали действовать в традициях *того* д'Артаньяна и *тех* мушкетеров из романа Дюма! Эти «два мушкетера» решили вдвоем освободить Фуке, которого охранял целый гарнизон. Через подкупленного охранника они узнали, что в Пиньероль каждое утро привозят две огромные бочки молока — для арестантов и охраны. Происходит это днем, часто во время прогулки заключенных... Узнали они, что Фуке, как правило, гуляет один, сопровождаемый только Сен-Маром. Выяснили и точное время его прогулки.

План Валькруассана был прост. Они захватывают телегу молочника. Меняют хилую кобылу на резвую лошадь. Сам Валькруассан помещается в молочную бочку. Слуга садится за кучера. Они приезжают в тюрьму во время прогулки Фуке. Выскочив из бочки, Валькруассан закалывает Сен-Мара. Он уверен: заколи начальника — остальные охранники, как положено черни, трусливо разбегутся. После чего они сажают на телегу Фуке. Телега, запряженная отличным жеребцом, умчит их из ворот крепости. Недалеко от тюрьмы их будут ждать свежие лошади... Они пересядут на них и скроются из города.

Уже вскоре они заметили: за ними следят. Решено было действовать немедля — на следующий день.

Ранним утром они напали на человека, следившего за ними, связали его и отнесли в дом. Далее все шло по плану. Подстерегли на дороге несчастного возницу, везшего, как обычно, молоко в крепость, и захватили его телегу. Самого возницу также связали и также отвезли в дом, присоединив к первому пленнику. Оба связанных лежали рядом друг с другом... Возницу сменил на козлах переодетый в его одежду слуга Лафоре. Быстро поменяли жалкую клячу на купленного великолепного жеребца. Вылили молоко из бочки. В бочку, лежавшую на телеге, залез дворянин Валькруассан. Телега направилась к воротам тюрьмы.

Парочка безумцев благополучно въехала во двор тюремного замка. Но гуляющего Фуке во дворе не было. Сен-Мара обеспокоила приехавшая в городок подозрительная парочка. И он не только назначил своего человека следить за ними. На всякий случай постоянно менял время прогулки Фуке. Так что вместо Фуке во дворе были только Сен-Мар и охрана.

Увидев въехавшую телегу, бывший мушкетер и, естественно, знаток лошадей все понял: уж очень хорош и дорог был жеребец, совсем не такой был у нищего возницы.

Сен-Мар потребовал открыть бочку. И тогда выскочивший из бочки Валькруассан бросился с кинжалом на Сен-Мара. Но бывший мушкетер вспомнил былое — шпага блеснула, последовал молниеносный выпад, и Валькруассан, обливаясь кровью, упал на землю...

Слугу Лафоре повесили здесь же, во дворе тюрьмы. Валькруассана в кандалах повезли в Париж. Счастливый конец столь отчаянного приключения бывает в романах, но редко — под солнцем.

На следующий день Фуке во время прогулки увидел виселицу, сооруженную у ворот, и в петле —

своего любимого слугу. Валькруассана по приказу короля отправили на галеры, где весьма скоро ему помогли умереть... За Фуке ужесточили надзор.

ЕЩЕ ОДИН СЮЖЕТ
В СТИЛЕ ДЮМА-ОТЦА

В 1671 году в Пиньероль прибыл новый знатный узник.

Это был еще один знаменитый донжуан — герцог Лозен... Всю свою жизнь Лозен тщетно соревновался с герцогом Франсуа де Бофором. Многое их объединяло. Красота, великолепный рост, сила, смелость до безрассудства, блестящее происхождение. Только у де Бофора все было совершеннее. Он был родовитее, красивее, сильнее, выше, безрассуднее... Единственное, что у них было равным, — абсолютное отсутствие души. Ее место у обоих, как и положено истинным донжуанам, занимала та самая «свирепая чувственность». После исчезновения Франсуа де Бофора герцог Лозен занял его место, получив в наследство его гарем. Переспав с десятком знаменитых красавиц, он добрался до герцогини де Монпасье — двоюродной сестры короля. Дальнейшее рассказывается по-разному. Я излагаю версию, оставшуюся в «Записках» графа Сен-Жермена. После первой же ночи с герцогиней Лозен тотчас намекнул на завоеванные прелести неудачливому сопернику графу де Б. Хвастовство стало известно госпоже де Монтеспан, новой фаворитке

короля. Она отчитала Лозена. Принц не терпел поучений «куриц» (так он называл всех дам). Он предложил любовнице короля, говоря по-нынешнему,
«заткнуться». Госпожа де Монтеспан в слезах пожа-
ловалась королю. Людовик именовался Арбитром
Галантности... Когда одна из дам посмела оскорбить
его, он сломал свою трость и вышвырнул ее в окно.
Именно тогда он произнес свою знаменитую фразу:
«Женщину можно оскорбить, но только комплиментом. Ее можно ударить, но только цветком». Ар-
битр Галантности обязан был наказать преступника
против галантности. Но Лозен был преступник
вдвойне. И второе его преступление было серьез-
нее. Людовик научил двор: все, что касалось особы
короля, считалось священным. С того момента, как
король осчастливил госпожу де Монтеспан, она становилась частью Его Величества. Частью Его Величества была и двоюродная сестра короля. Лозен посмел оскорбить Священное. Король повелел не
просто арестовать герцога. В назидание остальным
грубый донжуан должен был отправиться в тюрьму.

Принц прославился своим буйным нравом, и
арестовать его король послал самого доверенного
и самого удалого. Излишне говорить, что это был
капитан мушкетеров д'Артаньян. Ему поручена до-
стойная задача: без лишнего шума арестовать герцога Лозена, капитана королевской гвардии и ге-
нерал-полковника драгун. Арестованного принца
гасконец должен отвезти в уже знакомый нам
Пиньероль.

И сейчас в Париже сохранился великолепный
дворец герцога Лозена. Здесь у дворцовых ворот

дежурил круглосуточно отряд драгун герцога. Слухи о немилости короля мгновенно разнеслись по Парижу, и принц ожидал нападения. Д'Артаньян должен был избежать стычки с драгунами. Для начала гасконец подкупил слугу принца. От него он узнал, что в кабинете Лозена дымит камин и во дворце ждут мастеров. Д'Артаньян велел выследить мастеров. Их оказалось трое. Троицу арестовали, когда они направлялись во дворец герцога. Д'Артаньян и двое мушкетеров напялили на себя одежды мастеровых, приклеили бороды и отправились во дворец Лозена. Их провели в кабинет принца. Лозен ждал мастеровых у нуждавшегося в их заботе великолепного камина каррарского мрамора. Каково же было его изумление, когда один из мастеровых, поклонившись, представился хорошо знакомым именем капитана королевских мушкетеров Шарля д'Артаньяна. Д'Артаньян вежливо извинился за маскарад и любезно попросил Лозена посмотреть в окно. Шел холодный осенний дождь. Лозен увидел, как по улице, под дождем, приближалась ко дворцу на лошадях сотня мушкетеров. Не слезая с коней, мушкетеры выстроились напротив дворца. Вслед за ними ко дворцу подъехала тюремная карета. Драгуны у дворца в растерянности наблюдали за происходящим.

Лозен согласился сдаться. Все четверо вышли из кабинета. Драгун, дежуривший у дверей, в изумлении смотрел на своего командира, спускавшегося по лестнице в сопровождении пришедших мастеров. У выхода Д'Артаньян предупредил Лозена не делать глупостей, и в спину принца уперся кинжал. Лозен молча вышел на улицу и сел в тюремную карету.

Вот так д'Артаньян выиграл очередную маленькую бескровную битву.

Король опасался удали герцога и его сторонников. Было решено держать его подальше от Парижа, в Пиньероле. В декабрьскую темную беззвездную ночь 1671 года д'Артаньян с отрядом мушкетеров покинули Париж. Они сопровождали арестованного. По приказу короля герцогу была выделена карета с сиденьями, обложенными мехом, и меховая русская доха. Хорошо знакомой дорогой д'Артаньян повез герцога Лозена. Доехали без приключений (если не считать истории с хорошенькой служанкой в гостинице в Гренобле. Герцог дал д'Артаньяну слово дворянина не пытаться бежать и с разрешения гасконца провел с ней восхитительную ночь).

19 декабря они прибыли в Пиньероль. Как и положено знатному узнику, принцу Лозену отвели просторную камеру. Пол покрыли дорогими коврами и стены — гобеленами. Король разрешил ему выписать из Парижа старого преданного слугу. Заточение принца в Пиньероле держалось в большом секрете. Лозен и его слуга (как и Фуке) гуляли отдельно от других заключенных. Молился Лозен в тюремной церкви, также в отсутствие других заключенных. Но герцог не сплоховал. Уже на следующий день после прибытия слуги они вдвоем начали пробивать стену камеры куском стального бруса, который слуга провез в сапоге. Работали глубокой ночью. Толстые стены камеры поглощали звук. Все расширявшуюся дыру — ход на волю — скрывал гобелен, мусор слуга выносил во время прогулки.

Наконец очередной глубокой ночью они пробили стену. Но каково было разочарование Лозена, когда вместо пустоты воли его рука почувствовала жесткий ворс. Это был... другой гобелен, которым были покрыты стены другой камеры!

Вместо того чтобы попасть на волю, они попали в соседнюю камеру, как герой романа Дюма-отца — заключенный замка Иф.

Чья-то рука приподняла гобелен. И Лозен сквозь отверстие в стене увидел знакомое лицо. Лицо всемогущего министра финансов! Он попал в камеру Фуке. Лозену повезло. Слуга Фуке Ла Ривьер, этот осведомитель Сен-Мара, в тот момент, когда из стены посыпались камни, сладко спал в соседней камере.

Следующей ночью, когда тюрьма уснула, Лозен переполз через дыру в камеру Фуке. Герцог, прежде ненавидевший Фуке, сжал в объятиях несчастного министра. Впрочем, от прежнего гордого, насмешливого суперинтенданта, презиравшего солдафона Лозена, осталось одно воспоминание.

Теперь каждую ночь Лозен отправлялся «в гости». И они беседовали до рассвета. Правда, вчерашний олигарх говорил вещи весьма странные. О том, что должен поклониться в ноги королю за свое заточение. Ибо в заточении он многое понял. И, главное, он впервые понял Евангелие. Он научился смиряться перед Его волей. Герцог поначалу решил, что речь идет о короле. Но оказалось, Фуке совершенно забыл о короле и говорит теперь только о Боге.

— Я верил, что как белка вскарабкаюсь на любую вершину, и я карабкался неустанно, чтобы взобраться... сюда! И только здесь я понял, как мне действительно взойти на вершину. Для этого мне не потребуется ни милость короля, ни богатство, ни помощь друзей, мне нужен один Он... Христос... Мне нужно покаяться в прежней жизни и пристать к новому небу и новым берегам. Но Тот, кто создал нас без нашей помощи, не спасет нас без нашего на то согласия. Нашего согласия на раскаяние, на труд души.

Лозен решил, что суперинтендант слегка помешался. Он попытался рассказывать сам. Он подробно описал последние события, взволновавшие Париж, — это были галантные приключения любвеобильного короля. За время отсутствия Фуке случилась потрясшая столицу революция: король охладел к нежной томной блондинке Лавальер и открыл свое ложе для пылкой жгучей брюнетки маркизы Монтеспан. Более того, он прибыл в свою победоносную армию с обеими фаворитками, и армия восторженно наблюдала передачу любовной эстафеты. Параллельно с главными фаворитками, этими титанами любви, ложе короля усердно посещали герцогиня де Грамон, девица Ледрю, принцесса Субиз... Лозен со знанием дела перечислял имена, ибо все эти придворные красавицы одарили радостью и его самого... Рассказав о бесчисленных завоеваниях победоносного короля (и на поле боя, и в постели), упомянув многочисленных незаконных детей плодовитого монарха, командир драгун рассказал о главном увлечении Людовика — о строительстве дворца в Версале. Фуке узнал, что король пригласил строить невиданный дворец ту самую «команду мечты», которая строила его Во-ле-Виконт. Он будто соревновался с ним, заточенным в тюрьме... И как когда-то Фуке пропадал на строительстве своего небывалого замка, так теперь король отдавал все свободное время любимому дворцу, который должен был затмить все королевские дворцы Европы. Лозен окончательно увлекся воспоминаниями, он снова жил в счастливой любовной круговерти двора, когда наткнулся на взгляд Фуке. Фуке слушал его с вежливым вниманием и совершенно отсутствующими глазами.

Так что беседовать с Фуке Лозену оказалось нелегко. Но это не мешало ему с нетерпением ждать часа, когда тюрьма засыпала и слуга Ла Ривьер отправлялся спать в соседнюю камеру. Как и Бофор, Лозен не терпел одиночества. Он благословлял Его Величество Случай, позволивший ему беседовать с Фуке. Ибо, конечно же, рассказывал он не для него. Он жаждал перенестись хотя бы в рассказах в свой утраченный волшебный мир...

Но оба они, Лозен и Фуке, оказались одинаково наивны. Им бы задуматься — почему так подозрительно удачно все сложилось? Им бы понять, что в строгом заточении «счастливые случаи» очень подозрительны!

Разгадка была простой. Король хотел знать, что думают оба знатных заключенных. Поэтому Лозену дали возможность пробить стену. Поэтому во время прогулок Фуке на другой стене его камеры, также закрытой гобеленом, было проделано еще одно отверстие — со вставленной слуховой трубкой. И слуга-осведомитель Ла Ривьер, находившийся в соседней камере, исполнял поручение

Сен-Мара — еженощно слушал разговоры опасных господ. Он подробно записывал их содержание. Записи разговоров Сен-Мар отправлял в Париж.

Но разговоры оказались не опасны. Они касались только любовных сплетен (в изложении Лозена) и религиозных проповедей (в изложении Фуке)... Только однажды Фуке вдруг упомянул о д'Артаньяне. И тогда Лозен, проклиная мушкетера, с яростью поведал о своем аресте.

Удивительные совпадения бывают в жизни. Именно в тот день, когда они заговорили о д'Артаньяне, душа их общего знакомого спешила на небо.

Д'АРТАНЬЯН УХОДИТ

В конце 1671 года король назначил д'Артаньяна губернатором недавно завоеванного города Лилля. Но чиновничья служба была не по душе удалому мушкетеру. Он частенько повторял: «Грош цена воину, умершему в своей постели». Он был воин.

В 1672 году Людовик начал войну против Объединенных провинций Голландии. Гасконец попросился на войну. Скрепя сердце король отпустил в армию храбрейшего и умнейшего исполнителя секретных поручений.

Долго воевать д'Артаньяну не пришлось. Уже в следующем году жарким июньским днем он погиб на поле боя. Погиб, как полагается храбрецу-гасконцу, во время отчаянной атаки. Это была кавалерийская атака на вражеское укрепление. Пуля, посланная из мушкета, пробила голову старому мушкетеру. В Фонтенбло в разгар бала королю принесли срочную депешу: «Во время осады Маастрихта на реке Маас убит Шарль де Бац де Кастельмор д'Артаньян».

Король был мастер фразы, и придворные ждали «мо» от своего повелителя. Людовик сказал: «*Ну что ж, теперь они соединились: д'Артаньян и слава покоятся в обнимку в одном гробу*».

КОГДА ОН ВОШЕЛ В КАМЕРУ, ФУКЕ ИСПЫТАЛ ПОТРЯСЕНИЕ

Именно в это время случилось! К Фуке приставили еще одного слугу. Это был самый таинственный слуга: некто Эсташ Доже. Об этом удивительном слуге мы еще поговорим, и немало... Скажу лишь: *когда этот слуга вошел в камеру Фуке, суперинтендант испытал потрясение*. Тотчас после появления слуги Фуке препроводили в кабинет Сен-Мара. Состоялся важнейший разговор.

— Я не буду объяснять, кому прислуживал прежде этот слуга. Вы и без меня отлично знаете, не так ли?

Фуке молча кивнул в ответ.

— Теперь по приказу Его Величества Эсташ Доже будет прислуживать вам.

После чего Сен-Мар сообщил Фуке просьбу короля. Вчерашнему министру поручалось... следить за своим слугой! Он должен был сообщать королю о всех разговорах *необычного* слуги Эсташа Доже.

— Излишне говорить, — сказал Сен-Мар, — что это задание и все, о чем будет говорить слуга, должно остаться тайной.

Сен-Мар также сказал, что, если Фуке согласится выполнять поручение Его Величества, есть большая надежда на его очень скорое освобождение. И гордый Фуке... согласился шпионить за своим новым слугой Эсташем Доже!

Более того, он тщательно хранил тайну. В ночных разговорах с Лозеном он ни разу не упомянул о своем новом слуге. *Этим он спас Лозена.*

Теперь на имя военного министра Сен-Мар отсылал отчеты Фуке о разговорах своего слуги! Король тотчас заплатил Фуке за сотрудничество. В 1679 году, через восемнадцать лет после ареста мужа, жена и дочь Фуке получили разрешение на первое свидание с узником. Они приехали в Пиньероль. Был май, городок благоухал запахами цветов, весны. В счастливом настроении они въехали в тюремный замок.

Свидание состоялось в кабинете Сен-Мара. Сначала с ними поговорил сам Сен-Мар, намекнув на скорое освобождение дорогого им узника. Потом в комнату под сводами ввели Фуке. Его жена не смогла сдержать восклицания, дочь побледнела. Перед ними стоял совершенно седой, страшно исхудавший глубокий старик. Фуке обнял жену и дочь, расцеловал их. Все время свидания в комнате под сводами неотлучно находился Сен-Мар. Он держал себя как добрый, гостеприимный хозяин. В его кабинете сервировали великолепный ужин. За ужином Сен-Мар прямо сказал о близком освобождении Фуке и даже поднял бокал за грядущую милость короля. После ужина он проводил семью узника до кареты и, прощаясь, еще раз подтвердил свои слова об освобождении. Они вернулись домой совершенно счастливые. Для семьи Фуке наступило время радостного ожидания. Но проходили месяцы, и... ничего не происходило! *Произошло* только в конце марта 1680 года! Но вместо вести об освобождении они получили совсем иное, страшное известие. Семье сообщили, что Фуке скоропостижно скончался в Пиньероле. Сообщение о смерти олигарха было напечатано в газетах.

Гроб выдали семье лишь спустя некоторое время. Жена, не пожелав увидеть разложившееся тело, гроб не вскрывала. Фуке похоронили на семейном кладбище. Впоследствии, несмотря на поиски историков, официального акта о смерти Фуке не было найдено. И некоторые исследователи предположили, что, возможно, Фуке не умер. Просто мартовским днем 1680 года по приказу короля он умер для света. На самом деле Фуке оставался жив. Все последующие годы его содержали в тайном заточении с **маской на лице.** Ибо финансист знал какую-то важнейшую государственную тайну. Маска навсегда скрыла от мира когда-то могущественнейшего Николя Фуке вместе с его тайной. Олигарха перевозили из тюрьмы в тюрьму, пока он не умер в своем последнем заточении — в Бастилии...

Но непонятно: зачем? Зачем держать в тайном заточении и надевать маску на человека, об аресте которого знали вся Франция и вся Европа и которого столько лет надежно содержали без всякой маски? Да и сам арест и заточение Фуке по замыслу короля были публичными. Ибо должны были стать *наглядным* уроком для всех, кто мечтал о Фронде. В этом был смысл расправы над олигархом. Если же он знал какую-то опасную тайну, не проще было бы от него избавиться надежным, много раз проверенным способом века — ядом? И еще. Если оставлять Фуке живым и хоронить вместо него другого человека, зачем выдавать семье гроб? Ведь гроб мог быть вскрыт безутешной вдовой... Нет, несчастный суперинтендант действительно сошел в могилу в марте 1680 года. И на то были убедительные обстоятельства, о которых я вам еще расскажу.

Сразу после смерти Фуке король простил герцога Лозена. Уже в 1681 году Лозен вышел на свободу. Король знал, что Лозен безопасен. Ибо Фуке держал слово. Он ничего не рассказал Лозену ни об известной ему тайне, ни о таинственном слуге.

ПРОЩАНИЕ С ДЕ БОФОРОМ

Итак, мы простились с Фуке, еще одним претендентом считаться Железной Маской.

Окончательно простимся сейчас и с другим претендентом — с герцогом де Бофором. Я уже говорил вам, что многие исследователи считали, что под именем слуги Эсташа Доже в Пиньероль был доставлен исчезнувший во время сражения герцог де Бофор. Ибо даты удивительно сошлись. И время исчезновения Бофора — июнь 1669 года, и время появления в Пиньероле таинственного слуги — конец августа того же 1669 года. Хотя, повторюсь, остался вопрос — мог ли Людовик отправить в бессрочное заточение своего возможного отца? Почему же не мог, если его пугали опасные разговоры Бофора об отцовстве? Как говорил Наполеон, «в жилах европейских королей вместо крови течет замороженная политика»... Однако события, о которых я только что рассказал, заставляют окончательно отказаться от этой версии.

Ибо содержавшийся в такой секретности странный слуга Эсташ Доже был не только *назначен* слугой к Фуке! Как сообщает Сен-Мар: «**Эсташ Доже начал исполнять свои обязанности — прислуживать Фуке!**» Но представить, что великий гордец, бесстрашный герцог де Бофор, любовник королевы, внук короля Генриха IV, согласился *прислуживать* кому бы то ни было?! Нет! Тысячу раз нет! Так что, воистину, герцог де Бофор погиб в жестоком сражении на острове Крит. Наверняка успев сказать свою знаменитую присказку: «Мне надо поспешить к Господу, прежде чем о моей смерти узнает так долго меня ждавший дьявол».

Итак, мой друг, мы знаем судьбы важнейших двоих, которых столь многие историки напрасно считали Железной Маской. Герцог де Бофор и Николя Фуке. **Их нам с вами удалось отвергнуть.**

Но остались еще два, столь же популярных претендента.

ГЛАВА ПЯТАЯ

Третий претендент

Это случилось за год до смерти Фуке, в мае 1679 года... В тот великолепный весенний день, к негодованию заключенных, обычные прогулки были отменены и никого не выпускали из камер.

В 2 часа дня (время прогулок заключенных) открылись крепостные ворота, и, громыхая по дурно уложенному булыжнику, во двор въехала карета в сопровождении эскорта королевских гвардейцев.

Так загадочно появился в Пиньероле третий претендент на право считаться Железной Маской.

В тюремной карете находился премьер-министр герцога Мантуанского сорокалетний граф Эрколе Маттиоли. Несчастный был тоже жертвой интриги, но уже интриги собственной.

Наш прославленный победитель в европейских войнах «Король-солнце» Людовик XIV мечтал о завоеваниях в Италии. Как же манили короля и слабый Пьемонт, и одряхлевшая, великая и желанная Венеция! Но на итальянской границе у короля была единственная крепость — все тот же Пиньероль. Для будущих войн Людовик мечтал приобрести новую цитадель. Взгляд короля остановился на мощной крепости Казале, принадлежавшей герцогу Мантуанскому Карлу IV Гонзага.

Герцог Мантуанский постоянно нуждался в деньгах. Он был слишком большим поклонником и частым гостем Венеции. В XVII веке Венеция, уставшая от бремени Истории, героических завоеваний, отдыхала и развлекалась. Сюда, как бабочки на огонь, слетались европейские прожигатели жизни. Здесь не было ночей для сна, но лишь бессонные ночи. Целая армия шлюх успешно помогала гостям республики вкусить все радости продажной любви. Но главным соблазном Венеции стали в XVII веке не дамы, но венецианское ноухау — первое в мире казино. Именно казино было любимым местом повелителя Мантуи, очаровательного герцогства, окруженного красивейшими озерами и неприступными крепостными стенами. В Венецию мантуанский герцог приезжал из своего дворца, похожего на сказочный город-лабиринт из садов, лоджий и великолепных апартаментов, в которых жил дух гения — архитектора дворца Джулио Романо. Самой большой залой дворца была выставочная галерея. Когда-то ее огромные стены были завешаны бесценной коллекцией картин величайших художников Италии — Мантеньи, Корреджо, Тициана, Тинторетто... Знаменитые античные статуи стояли вдоль стен галереи. Оружие прославленных мастеров, знаменитые гобелены и античные камеи украшали бесчисленные залы дворца. Но к XVII веку и галерея, и дворец опустели. Сначала мот-отец герцога беспощадно распродавал великую коллекцию предков. Теперь герцог Карл заканчивал его дело — в венецианском казино спускал остатки — последние сокровища своего дворца.

Вот у этого прославленного прожигателя жизни Людовик и решил выторговать желанную крепость.

СДЕЛКА

В тот жаркий сентябрь герцог приехал в Венецию — играть. Как обычно, шпионы Людовика неотступно следили за герцогом.

И в ту ночь случилось!!

— Сейчас позднее венецианское утро, наступившее после той роковой для повелителя Мантуи ночи, — вдруг зашептал месье Антуан. — Приближается полдень... Бронзовые молотобойцы на часах на площади Сан-Марко отбили одиннадцать раз. Наступал полуденный зной... Да вы уже сами видите!

Я видел! Снова видел!. Я плыл по Большому каналу... Я видел спину гондольера и дома, проплывавшие мимо... Очень многие я узнавал... Ка'д'Оро... палаццо Кантарини... палаццо Дарио... но какие они были немыслимо старые... похожие на обглоданные временем скелеты... Я все думал: как же они сохранились до сих пор... Знакомые прорези каменных готических цветков на домах, облупившиеся колонны с символами евангелистов... И божественный воздух. Я дышал... Точнее, вдыхал! Клянусь, это был *другой* воздух... Я много бывал в Венеции, но никогда не чувствовал этот пахнущий морем, водорослями, шальной, пронзительно свежий воздух... Теперь я стоял у самого моста Риальто, у этой каменной аркады с лавками с обеих сторон... Мимо меня странно быстро, как в немом кинематографе, неслась, проносилась толпа. Толпа поднималась на мост... Мелькали маленькие женские треуголки, грациозно сдвинутые на ухо, муфты из леопарда... летели на ветру плащи — пурпурные, голубые, алые, золотые, антрацитовые... проносились камзолы с золотым позументом, великолепные белые тюрбаны, украшенные драгоценными каменьями. Я пытался запомнить... Но поздно! Шествие унеслось... исчезло... Теперь я стоял посреди площади Сан-Марко. И навстречу мне лениво шла *она*... Белокурая бестия с золотыми волосами, уложенными в виде рогов. Она шла, бесстыдно показывая щедро обнаженную высокую грудь, царственные, ослепительно-белые плечи... Шла почти нагая до пояса, покачиваясь на огромнейших каблуках и опираясь на плечо молоденькой субретки. Ленивая сладострастная походка... играла широкими бедрами...

— Это — знаменитость... самая дорогая куртизанка Европы... — шептал голос месье Антуана. — Обнаженность обязательна для венецианских жриц любви... она предписана правительственным указом. Прагматичная республика испугалась роста гомосексуализма, грозившего убылью населения и, следовательно, налогов. Проституткам приказано сидеть у открытых окон в самых соблазнительных позах и щедро обнаживнись, чтоб направлять проходивших мужчин на путь истинный — в постель женщины... Вы его видите? Он идет рядом с нею... Это и есть граф Маттиоли!

И я увидел его. Он шел вслед за куртизанкой, высокий человек в маске и... все исчезло!

Месье Антуан сказал:

— Но вы успели увидеть его. Это граф Маттиоли, премьер-министр герцога Мантуи, неутомимый почитатель куртизанок. Его повелитель герцог Мантуанский корит графа законной женой, на что Маттиоли отвечает неизменно: «Коли у вас есть домашняя кухня, это совсем не причина отказываться от еды в ресторанах!..» Но в отличие от своего премьер-министра графа Маттиоли герцог Карл равнодушен к женским прелестям... Как я уже говорил, у повелителя Мантуи иная страсть — страсть игрока. В Венеции в казино все обязаны носить маски, кроме банкометов и патрициев. Но все банкометы хорошо знают эту щедрую маску, которая в сопровождении другой маски (графа Маттиоли) играет всю ночь до утра, оставляя графу день на любовные подвиги. Полдню на площади Сан-Марко, который вы сейчас *видели*, предшествовала роковая для мантуанского герцога ночь.

Она случилась в игорном зале... Я не смогу отправить вас в игорный зал Ридотто... ибо вы никогда не играли... (Откуда он это знал?) Но постарайтесь представить мраморные колонны, роспись потолка: обнаженное женское тело — копия тициановской

Венеры нависает над игроками. На столе — высокая горка из золотых цехинов, проигранных герцогом...

Сегодняшним утром шпион Людовика, следивший за герцогом, отправил курьера в Париж с желанным сообщением: герцог в эту ночь проиграл фантастическую сумму и сейчас лихорадочно ищет деньги — оплатить долг... Вот почему в полдень премьер-министр герцога граф Маттиоли отправился к самой знаменитой куртизанке. Ибо, кроме услуг в постели, красавица оказывает другую, и очень важную, услугу — дает деньги в рост... Но все ее средства жалки по сравнению с проигрышем герцога. И сейчас она ведет графа Маттиоли к Ди Поццо — самому богатому еврею-ростовщику... Вы как раз видели сладкую парочку, шедшую к ростовщику. Но шли они зря. Ростовщик уже на рассвете был разбужен агентом Людовика. И заломит такой огромный процент, что герцог будет вынужден отказаться. Теперь пора! Посол Людовика в Венеции аббат д'Эстрад вступает в игру. Вечером в доме куртизанки пройдут тайные переговоры французского посла с графом Маттиоли. Посол Людовика предлагает тотчас оплатить чудовищный долг герцога Мантуанского... если герцог согласится продать мантуанскую крепость Казале. И посол предлагает щедрую сумму за крепость.

Маттиоли передает предложение герцогу. Тот радостно соглашается продать Казале. Сделка должна содержаться в строжайшем секрете, ибо Пьемонт и Венеция, отлично понимающие цель сделки, выступят против, их поддержат великие европейские державы, боящиеся мощи французского короля.

Граф Маттиоли тайно отправляется в Париж заключить сделку.

Версаль еще не достроен, в плохо закрытые окна дует осенний холод. Но король и двор уже живут в Версале. В знаменитой Зеркальной зале подписывают предварительное соглашение о сделке. Король щедро отблагодарил графа Маттиоли. Он получил великолепный бриллиант и очень серьезную сумму денег. За это Маттиоли обещает быстро привезти подпись герцога, чтобы поставить Европу перед свершившимся фактом.

Но подпись привезти не удалось. Нежданно-негаданно разгорается всеевропейский скандал. Венеция, Пьемонт, австрийский император, испанский король откуда-то узнали о секретнейшей сделке. Все они яростно протестуют против продажи крепости. Венецианская полиция арестовывает в порту агента Людовика, везшего принцу Карлу проект договора. К счастью, агент успевает уничтожить документ во время ареста. Агента заточают в знаменитую тюрьму Пьомби, где впоследствии будет сидеть Казанова. Людовику приходится объявить, что произошло недоразумение и никакой сделки никогда не существовало. То же испуганно подтверждает герцог Мантуанский.

Когда страсти понемногу улеглись, Людовик решил узнать, кто же погубил верную сделку. По приказу короля французский посол д'Эстрад сумел подкупить одного из членов Венецианского Совета Десяти. Тот сообщил, что все это проделал... граф Маттиоли! В итальянце проснулся запоздалый патриот, и он сообщил о секретном соглашении всем заинтересованным странам. Правда, патриотизм не помешал графу Маттиоли получить большие деньги со всех — с пьемонтцев, австрийцев, венецианцев, испанцев. Что делать, услуги знаменитых венецианских куртизанок были очень дороги!

Людовик — в бешенстве. Его, великого короля, нагло оставили в дураках! Он решил проучить прохвоста, чтобы впредь никому не захотелось повторять подобное.

РАЗВЯЗКА

Посол д'Эстрад пригласил графа Маттиоли в Париж для обсуждения новой ситуации вокруг сделки. Посол намекнул о большом вознаграждении, коли переговоры возобновятся. Итальянец, конечно же, согласился приехать. Понятие дипломатической неприкосновенности уже соблюдалось европейскими державами, так что ему, первому министру иностранного государства, нечего было опасаться. Но Маттиоли не понимал, что затеял игру с очень обидчивым и очень могущественным монархом.

Как только карета графа пересекла границу, премьер-министр Мантуи граф Маттиоли был арестован. Умелый д'Артаньян на этот раз в аресте не участвовал. Возможно, потому арест прошел шумно, потасовку отряда французских драгун со слугами графа наблюдали жители пограничного городка. Вскоре о вопиющем беззаконии — аресте иностранного премьер-министра — с негодованием заговорила вся Европа. Но может быть, Людовик и хотел огласки. Пусть возмущаются, лишь бы боялись!

Король велел доставить злосчастного графа в Пиньероль, в ту самую крепость, которая по милости Маттиоли по-прежнему оставалась единственной на итальянской границе. В Пиньероле ему показали пыточные орудия и быстренько заставили рассказать, где он хранил секретную переписку о Казале и письма Людовика. Если память мне не изменяет, он хранил их в доме отца.

В Италию был отправлен агент с письмом графа к отцу. Тот поспешил передать документы. Секретная переписка была доставлена в Париж, а граф Маттиоли навсегда поселился в камере в Пиньероле.

Такова история. Несложно понять, что несчастный граф не очень похож на человека, которому следует надевать на лицо маску для сохранения тайны его заточения. Ибо никакой тайны не было. Зачем прятать лицо того, о чьем скандальном аресте знала вся Европа. О его аресте и самоуправстве Людовика долго писали с негодованием все европейские газеты. Но, как часто бывало под солнцем, ярые защитники Маттиоли, европейские монархи, повозмущались и... забыли о нем! Забыли о вопиющем нарушении дипломатической неприкосновенности и о несчастном графе. Могущественное войско Людовика XIV заставило их забыть... Как будет говаривать Бонапарт, «большие батальоны всегда правы». Да и сам герцог Мантуи отнюдь не требовал возвращения своего любимого премьер-министра. Он тоже был заинтересован в исчезновении свидетеля позорной сделки.

Во время войны с Савойей граф Маттиоли вместе с другими заключенными будет перевезен на остров Сент-Маргерит, недалеко от Канн. Отчаявшийся, опустившийся Маттиоли умрет на острове в апреле 1694 года. Надеюсь, вы не забыли, что заключенный Железная Маска умер в Париже в... 1703 году! Сообщение о смерти Маттиоли в 1694 году находится в донесении Сен-Мара военному министру. Именно тогда, в апреле 1694 года, Сен-Мар (избегая, как и положено, называть имя) сообщил министру, что в тюрьме на острове Сент-Маргерит «умер старый заключенный, который имел слугу». Из знатных узников Пиньероля, которым по традиции полагался слуга, Фуке в это время давно умер, Лозена освободили. Единственный титулованный «старый заключенный» на острове Сент-Маргерит был 64-летний граф Маттиоли. Он отсидел к тому времени долгих 15 лет.

Итак, в 1694 году на острове Сент-Маргерит мы лишаемся еще одного знатного претендента, которого некоторые историки считали Железной Маской.

Но его пребывание в секретных тюрьмах использует Людовик XIV, уводя будущих исследователей от таинственного и опасного заключенного, на лице которого была маска. Именно потому, когда истинный узник Железная Маска умрет в 1703 году, его похоронят под фамилией, близкой к фамилии Маттиоли, как бы отсылая нас к личности графа.

ГЛАВА ШЕСТАЯ

Раскрытая тайна Бурбонов

ЖЕЛЕЗНАЯ МАСКА — ЧЕТВЕРТЫЙ ПРЕТЕНДЕНТ

— Который час? — с улыбкой спросил месье Антуан.

Я очнулся. Я по-прежнему стоял в знаменитом парке замка Фуке. Я посмотрел на часы... Они застыли на той же цифре. На них было то же время!

Месье Антуан улыбнулся:

— Надеюсь, вы уже привыкли! Это все тот же поток информации, который я вновь передал вам. И ваше очередное путешествие во времени — все та же игра вашего воображения. Вы бывали в Венеции много раз. Мне легко было воскресить в вашем подсознании и площадь Сан-Марко, и мост Риальто со старинной картины, которую вы видели в музее в Венеции (он знал и это!)... Так что ничего сверхъестественного!

— Но этот пьянящий морской воздух... эти венецианские дворцы... такие отчаянно старые, заброшенные... Я никогда не видел их такими... Откуда они в моем подсознании?

Месье Антуан улыбнулся:

— Вам нужно объяснение, желательно заурядное, то есть понятное. Я хочу дать совет: не ищите объяснений... и, главное, бойтесь заключений жалкого мозга. Мой старый друг, ныне покойный знаменитый писатель К., часто приводил пример: если вам расскажут, что некий человек с ножом поджидает свою жертву, вы непременно поймете, что это злодей, убийца. Но прибавьте к этому рассказу всего одну деталь: на нем — военная форма вашей страны! И он уже герой, поджидающий врага! Никогда не забывайте, что для букашки, ползущей по вашему пальцу, ваш палец — неодушевленная скала... Домашний гусь боготворит хозяина, дающего отличную еду, и жалеет голодных диких собратий. Он не знает, что его откармливают для рождественского стола! Мы — гусь и букашка... и живем в вечной тьме... И если пытаетесь объяснить непонятное, скажите себе самое честное: «Не мерою исчисляется и не весами измеряется то, чего не дано нам знать...» — Месье Антуан замолчал, потом сказал: — Однако нам надо поторопиться вернуться в Париж. Как я и обещал вам, мы должны закончить расследование сегодня до захода солнца.

ИСЧЕЗНУВШИЙ ЛИСТ № 120

В машине он сказал:

— Мне хотелось бы начать повествование о том реальном человеке, который был Железной Маской, с окончания его истории. Как и предупреждал короля Фуке, Потоп наступил! Пришел тот яростный июльский день, когда победившее быдло, а точнее, Его Величество Французский Народ валил из крепостных ворот взятой Бастилии... С головой старика губернатора Бастилии на пике и веселыми песнями... Все революции очень музыкальны... И радостно разбивал по дороге фонари. Еще одна из любимых забав революции. Был очень жаркий, но ветреный день. Горячий ветер носил по мостовой сотни драгоценных бумаг... Это все тот же Его Величество Народ Франции вышвырнул на мостовую документы Королевского архива, хранившиеся в Бастилии. Бумаги, созданные на протяжении восьмисот лет, валялись на булыжной мостовой. И победивший народ, празднуя победу, весело плясал, топча бесценные документы своими грязными башмаками.

Графиня д'Адемар написала в мемуарах, что граф Сен-Жермен, в очередной раз появившийся после своей смерти в Париже, набил этими драгоценными манускриптами целую карету. Этим же занимались в тот день живший напротив Бастилии великий месье Бомарше и ваш русский посол. Посол вывез собранное в Петербург. На драгоценных рукописях осталась навсегда народная печать — исторические следы башмаков веселившегося народа.

Граф Сен-Жермен искал на площади регистрационную книгу Бастилии, **где велся учет поступившим узникам (имя, возраст, когда прибыл...)**. Но на площади ее не оказалось.

Когда безумие спало и сохранившиеся остатки архива Бастилии стали доступны ученым, регистрационная книга обнаружилась в Бастилии в целости и сохранности. В этой книге историки нашли весьма подозрительного вида лист № 120, оказавшийся поддельным. Выяснилось, что в 1775 году, во время появления бесконечных версий о Железной Маске, волновавших Париж, по приказу короля из регистрационной книги был изъят 120-й лист и заменен этим, грубо подделанным новым листом.

Изъятый 120-й лист регистрационной книги *относился к сентябрю 1698 года.*

Что же находилось на подлинном листе и почему он был изъят? Ответить на этот вопрос оказалось возможным. Ибо нет ничего тайного, что не стало бы явным.

Помог комендант Бастилии (второй начальник Бастилии после ее губернатора). Комендант вел дневник, в котором он заботливо регистрировал главные события в жизни тюрьмы. Это были дни поступления новых арестантов и дни освобождения старых — королем, судом или смертью. Коменданта звали дю Жюнк... Слишком долго живу на свете и опасаюсь забивать память именами истлевших мертвецов... Но его я хорошо помню... точнее, помню его описание, — поправился месье Антуан, — «маленький плотоядный толстячок». Этот толстячок комендант и записал в своем дневнике об интереснейшем и таинственном событии, которое, оказывается, *случилось 18 сентября 1698 года.*

«*18 сентября 1698 года в 3 часа дня господин*

де Сен-Мар привез нового арестанта. Имя прибывшего неизвестно».

Значит, эта запись о прибытии безымянного арестанта, привезенного Сен-Маром 18 сентября 1698 года, и была на подлинном 120-м листе регистрационной книги... На фальсифицированном листе она была заменена записью о прибытии некоего выдуманного узника с указанием выдуманного имени и возраста!

ТАИНСТВЕННЫЙ УЗНИК

С привезенным 18 сентября 1698 года безымянным узником было много хлопот. Как отмечает в дневнике комендант, сначала таинственного узника «разместили в башне Базиньер». Но привезший его уже хорошо нам знакомый месье де Сен-Мар нашел эту камеру не подходящей для прибывшего арестанта. По его распоряжению уже через несколько часов узника перевели в самую комфортабельную камеру Бастилии — «третью камеру башни Бертодьер». Все распоряжения Сен-Мара выполнялись быстро и беспрекословно. И недаром. Будто подчеркивая важнейший статус заключенного, неотлучно находившийся при узнике Сен-Мар был назначен королем на высшую должность тюремщиков Франции — губернатором Бастилии. «Маршал тюремщиков» — так называли во Франции губернатора главной тюрьмы страны!

Вскоре в Бастилии пошли удивительные слухи о привезенном узнике. Служители, приносившие обед и убиравшие его камеру, рассказывали о черной бархатной маске, закрывавшей лицо арестанта. Сквозь прорези этой маски видны были только глаза и рот.

Но я не зря, мой друг, так подробно рассказывал историю обитателей тюрьмы Пиньероль и самого знаменитого из них — Фуке. Зная эту историю, мы сможем сейчас проследить долгий путь в Бастилию таинственного узника, поймем наконец, кто он был, и причину появления злосчастной маски на его лице.

«ПРОСТОЙ СЛУГА ЭСТАШ ДОЖЕ»

Но сначала придется вернуться в прошлое. Я позволю себе напомнить, мой дорогой друг, про странного «простого слугу», которого привезли в Пиньероль в далеком 1669 году.

Я вновь повторю его краткую историю. Я надеюсь, вы будете внимательны.

Итак, 24 августа 1669 в тюрьму Пиньероль был доставлен узник. В регистрационной книге Пиньероля не было указано имя узника. Но в сопроводительных документах прибывший именовался довольно подробно: «*простой слуга Эсташ Доже, вызвавший недовольство Его Величества и арестованный по приказу короля*»... Перед тем как привезли в замок «простого слугу», было прислано удивительное распоряжение самого военного министра. Велено было содержать «простого слугу Эсташа Доже» в полнейшем секрете в специальной камере с двойными дверями. Под страхом смерти ему запрещалось разговаривать с комендантом Сен-Маром о чем-либо, кроме повседневных нужд.

Через некоторое время слугу Эсташа Доже, которого держали в таком секрете, назначают, как мы помним... слугой к Фуке! Но у Фуке в это время уже был в услужении слуга Ла Ривьер. Зачем Фуке, обдуманно ведущему аскетический образ жизни, двое слуг? И отчего такая неожиданная забота о ненавистном королю Фуке?

Далее последовали не менее удивительные события. Итак, у Фуке появился явно ненужный ему в заключении второй слуга. Но тем не менее Эсташ Доже начинает выполнять *свои прямые обязанности – обслуживать* Фуке. Но вскоре, как я уже вам рассказывал, выясняется удивительнейшая подробность. Военный министр присылает письмо к Фуке, где настоятельно просит бывшего олигарха сообщать подробно о речах прислуживавшего ему «простого слуги Эсташа Доже»!! И Фуке соглашается сообщать! Причем первое время страшный слуга выходит на прогулку вместе с Фуке и гуляет с ним по территории тюремного замка. Однако через некоторое время военный министр сообщает Сен-Мару, что «простому слуге Эсташу Доже» отныне строжайше запрещено покидать камеру.

В это же время Фуке впервые разрешают свидание с женой, дочерью и объявляют о вероятном скором освобождении... После чего, уже на следующий год, Фуке скоропостижно умирает.

После смерти Фуке с «простым слугой Эсташем Доже» продолжают происходить удивительные события.

В мае 1681 года Сен-Мар назначается на новую должность. Он теперь комендант форта Экзиль, расположенного в Альпах, всего в нескольких десятках километрах от Пиньероля. Военный министр приказывает Сен-Мару из всех узников Пиньероля взять с собой только *двоих арестантов*. «Так как эти двое, — пишет Сен-Мару министр, — имеют столь *важное значение, что должны оставаться только в ваших надежных руках*».

Итак, из всех узников Пиньероля «важными» для министра оказываются... только двое слуг покойного Фуке! Это известный нам слуга-осведомитель камердинер Ла Ривьер и «простой слуга Эсташ Доже»!

Только этих двоих привозит с собой Сен-Мар на новое место своей службы — в форт Экзиль. (При этом Сен-Мар оставляет в Пиньероле графа Маттиоли.)

Итак, Сен-Мар увозит с собой таинственного Эсташа Доже. Но почему ему приказывают взять жалкого Ла Ривьера? И почему его называют «важным»? Видимо, потому, что тот долгое время находился вместе с Эсташем Доже и что-то знает о таинственном слуге... Ла Ривьер *«важный» лишь потому, что важен загадочный Эсташ Доже*.

Все вертится вокруг таинственного «простого слуги»! И, подтверждая мою мысль, «простого слугу Эсташа Доже» (в отличие от Ла Ривьера) отправляют из Пиньероля в чрезвычайном секрете (как сообщает Сен-Мар военному министру). «Простого слугу Дожс» несут до кареты в носилках, плотно закрыв его клеенкой. Причем носильщики для него наняты особые — итальянцы, не знающие французского, чтобы не могли разговаривать со странным слугой.

Прибыв в форт Экзиль, Сен-Мар прежде всего заботится об охране своих «важных узников». Форт Экзиль никогда не служил тюрьмой. Но Сен-Мар стал умелым тюремщиком, Он быстро оборудовал две камеры в одной из крепостных башен. (Камердинер Ла Ривьер освободит свою камеру уже в 1686 году, именно тогда Сен-Мар сообщит о его смерти военному министру.)

С этого времени у Сен-Мара остается единственный важный подопечный — все тот же таинственный Эсташ Доже.

В отношении Доже заботливый тюремщик с самого начала предпринял особые меры предосторожности. Сен-Мар все время рядом с ним. Во время редких отлучек из форта Сен-Мар запрещает замещающему его офицеру разговаривать с арестантом.

Охрана форта (это несколько десятков солдат и офицеров) видит Доже во время прогулок. *Но ни о какой маске на его лице никто не сообщает.*

Вскоре Сен-Мару приказано покинуть Экзиль вместе с Эсташем Доже. Начинаются военные действия в Савойе, совсем недалеко от Экзиля, и король опасается держать «простого слугу» столь близко к театру военных действий.

Узника переводят поближе к Парижу, в тюрьму на остров Сент-Маргерит. Вместе с ним на Сент-Маргерит переводится Сен-Мар. Он назначается губернатором тюрьмы и острова.

Сен-Мар прибыл на остров в конце марта 1687 года и начал привычно заботливо готовить камеру для удивительного слуги. Переезд на остров «слуги Доже» был окружен обстановкой все той же сверхсекретности. Его опять вынесли из камеры в носилках, наглухо закрытых клеенкой. Столь наглухо, что (согласно отчету Сен-Мара военному министру) несчастный Эсташ Доже едва не задохнулся.

На Сент-Маргерит через некоторое время привезут из Пиньероля еще одного старого заключенного — графа Маттиоли, и он умрет на острове уже в апреле 1694 года.

Все отчетливее становится ясной главная должность Сен-Мара: **он является тюремщиком при Эсташе Доже.** И все новые почетные должности Сен-Мара должны дать ему одну главную возможность — заботливее, надежнее охранять своего подопечного, **имеющего, повторю слова военного министра, «важное значение».**

НА ОСТРОВЕ СЕНТ-МАРГЕРИТ

— Остров Сент-Маргерит отделен от песчаных пляжей Канна проливом в три километра. В западной части острова и поныне расположены башня и крепостные стены старинного форта Руайяль, построенного по повелению Ришелье и укрепленного впоследствии знаменитым полководцем маршалом Вобаном. В самом конце XVI века форт стал государственной тюрьмой. Я побывал совсем недавно на острове. — Месье Антуан меланхолически усмехнулся. — Как неузнаваемо изменило остров время! В дни нашего таинственного узника под пылающим жарким небом стояли только низкорослые кряжистые маслиновые и мандариновые деревья. Теперь там высокая зеленая стена — липы, пихты, густые запахи хвои и пряных цветов... Но так же, как триста лет назад, морской прилив бьет в основание старой башни, где была камера таинственного узника...

Граф Сен-Жермен, согласно его «Запискам», проплывал мимо Сент-Маргерит. Он высадился на острове и посетил тюремную башню. Граф подробно описал в своих «Записках» камеру, где сидел загадочный узник. Как и почему граф побывал там, он не пишет.

После прибытия Эсташа Доже на остров Сент-Маргерит в Париже начинают *почему-то* особенно опасаться «простого слугу». Сен-Мар объявляет узнику новые правила, присланные из Парижа: «Если вы заговорите со мной или с кем-либо другим о чем-либо, кроме ваших повседневных нужд, я тотчас проткну вас шпагой».

Но как разительно контрастируют в сравнении с этим жестким приказом новые условия содержания «простого слуги».

«Камера Железной Маски», которую показывают нынче бойкие экскурсоводы, много раз перестроена и непохожа на камеру, которую приготовил Сен-Мар для Эсташа Доже.

Как описывает граф Сен-Жермен, это было просторное помещение с гобеленами, закрывавшими сырые стены и большим зарешеченным окном. В окно щедро светило солнце, узник мог видеть пронзительно голубое небо, всю ширь лазурного пролива, еле различимые стены древнего аббатства Лерен на далеком каннском берегу и вечный прибой, разбивавшийся о камни у основания его башни.

Шум моря не смолкал в его камере день и ночь.

Именно на острове «простой слуга Эсташ Доже» начинает получать из Парижа тонкое белье, кружева, и еду ему теперь приносят на серебряной посуде, и прислуживает за столом странному «простому слуге» губернатор острова Сен-Мар.

И сам узник, видимо, узнал о себе что-то новое.

Тогда и произошел эпизод, ставший легендарным. В окно узник часто видел рыбачьи лодки, пристававшие к берегу у самого подножья его тюремной башни. И когда Доже увидел в окно очередную рыбачью лодку, приставшую к берегу, он торопливо нацарапал *некую надпись* на серебряной тарелке и просунул ее через узкое отверстие между подоконником и началом решетки на окне... Тарелка полетела вниз.

Рыбак, которому принадлежала лодка, подобрал тарелку. Но он знал строгое приказание губернатора: любую вещь, найденную около башни, следует немедленно передавать губернатору. Послушный рыбак отнес тарелку Сен-Мару. Сен-Мар прочел надпись, побледнел и спросил рыбака: «Ты читал *это?*»

«Я не умею читать», — равнодушно ответил рыбак.

«Кто-нибудь, кроме тебя, видел эту тарелку?» Рыбак ответил, что тарелку не видел никто. Он тотчас понес ее господину губернатору. Неграмотность спасла рыбака, а может быть, и узника.

Сен-Мар наградил рыбака и велел никому не говорить о находке. После этого случая Сен-Мар старательно собирал после ужина всю грязную посуду и уносил ее с собой. На окне поставили новую решетку.

Возможно, именно после этого случая на узнике впервые появилась черная бархатная маска. Но это не более чем предположение.

Известно лишь, что все это время Сен-Мар продолжает аккуратно сообщать об узнике военному министру короля.

В 1698 году наступает финал нашей истории. Таинственного заключенного постаревший Людовик XIV приказывает перевезти в Париж, в главную тюрьму страны. И вместе с ним прибывает с острова в Париж Сен-Мар. Он сторожит несчастного уже... тридцать лет!! Став фактически вторым арестантом! И как обычно, Сен-Мар, этот личный тюремщик загадочного узника, становится начальником новой тюрьмы узника. Король назначает

Сен-Мара на одну из почетнейших, влиятельнейших должностей в государстве — губернатором Бастилии! И все для того же — чтобы новый «маршал тюремщиков» мог ответственно и неусыпно следить за своим узником — «простым слугой Эсташем Доже».

В Бастилии Эсташа Доже окружают небывалой секретностью. Никто в отсутствие Сен-Мара не может входить в его камеру. Сен-Мар обедает вместе с ним и даже порой ночует в камере заключенного... Как рассказывали старые тюремщики, из камеры часто слышался звук гитары, узник играл на ней часами. Старик, тюремный врач Бастилии, которому пришлось несколько раз лечить узника, осмотрел его тело. Впоследствии он описал узника: «Это был человек среднего роста, но весьма широкий в плечах. Он носил черную повязку на очень густых черных волосах»...

Но о лице врач сказать ничего не смог. Ибо он никогда его не видел: **лицо узника было закрыто черной бархатной маской.**

Повторюсь. Я не знаю, когда эта маска впервые появилась на узнике. Возможно, появилась она уже на острове Сент-Маргерит...

Но я знаю точно: со дня своего появления в Бастилии узник носил эту бархатную маску. И никто из персонала тюрьмы, кому случалось по долгу службы входить в камеру, не видел его без маски.

В Бастилии узник пробыл пять лет. В 1703 году Человек в маске умер.

ИТОГИ

— Вот так в Бастилии закончилась история «важного» «простого слуги Эсташа Доже», — сказал месье Антуан, — история, оставившая нам с вами одни вопросы. Почему в Пиньероле узник ходил без маски? Почему тогда его лицо никого не тревожило? Почему впоследствии король начинает так бояться его лица? И почему в заключении в Пиньероле ему не присылали ни тонкого белья и кружев, и ел он на обычной оловянной посуде, и носил тюремную одежду?.. Более того, его содержали как слугу и заставляли работать слугой у Фуке. Но тогда отчего на острове Сент-Маргерит так удивительно все меняется — его содержат как арестанта-вельможу?.. И, наконец, почему в Бастилии ему надевают маску на лицо? У вас есть какая-нибудь версия, «милейший доктор Ватсон»? — насмешливо обратился ко мне месье Антуан.

— У доктора Ватсона никакой версии нет, — торопливо сказал я.

Я понял: мы подошли к разгадке.

ОТСТУПЛЕНИЕ, КОТОРОЕ ЧИТАТЕЛЬ МОЖЕТ ПРОПУСТИТЬ

— У графа Сен-Жермена в «Записках»... — начал месье Антуан и замолчал. Потом сказал: — У вас становится насмешливым лицо, когда я упоминаю имя графа. Впрочем, ваша насмешка скрывает обычную для смертного надежду — **а вдруг?** А вдруг кто-то жил столетия и, **может быть, живет до сих пор?** И даже сейчас сидит перед вами! Шучу, конечно. — Он засмеялся. — Хотя «живет» — это было бы неточное слово. «Обречен жить» — так точнее... Вы представляете эту бесконечную скуку... Менялись времена, но оставались те же одинаковые человеческие пороки... и ничего нового бессмертный не увидит под солнцем, кроме смены одежд. И все повторяют предшественников. Людовик XVI становится вашим Николаем Вторым, а несчастный Камиль Демулен превращается в Бухарина... И Робеспьер глядит лобастым Ильичем... И иерархия в ордене иезуитов ничем не отличается от партийной иерархии нацистов, да и вашей партии большевиков. И пытки инквизиции во имя Господа и счастья человечества, и пытки в лагерях XX века... во имя все того же счастья человечества! *«Мы все уничтожим и на уничтоженном воздвигнем наш храм. И это будет храм всеобщего счастья», – сказал ваш Ленин. (Действительно, он это сказал – в беседе с меньшевиком Георгием Соломоном! — Э.Р.)* Сказал, — повторил месье Антуан, — будто отвечая на вопрос вашего великого писателя: «Если для возведения здания счастливого человечества необходимо замучить лишь ребенка, согласишься ли ты на слезе его построить это здание?» Еще как согласился, погрузив в кровь целую страну! Россия, кровью умытая!

Как легко манипулировали людьми из века в век... Ибо каждый хомо сапиенс... удачник он или нет... обязательно ощущает некую свою несчастность... мечту о другой, лучшей жизни... Падший ангел, вспоминающий о небе. Чем мельче, жальче человек, тем сильнее в нем мечта сменить свою серую жизнь, стать причастным к великим свершениям. И потому из века в век народами управляют примитивные демагоги, умеющие облечь эти муки человеческой души в примитивные, яростные лозунги. Какой идиотский вековой сериал об одном и том же. Есть популярный роман о горце, который живет вечно и сражается с такими же бессмертными за право продолжать вечно жить... Поверьте, если бы такие люди существовали, они сражались бы за право умереть... отдохнуть от нашей бессмысленности... от крови нашей Истории в тени Креста с распятым людьми Господом. Что же касается графа Сен-Жермена, считайте, что он жил... или живет... или я его придумал, чтобы вам было легче слушать... Очередное фэнтези! Человечество удивительно поглупело в нынешний век. Ибо в мире произошла общая демократическая революция... К власти пришел плебс. И он диктует вкусы... Эпоха аристократов — эпоха Возрождения, эпоха Вольтера и Руссо — сменилась народной эпохой — эпохой Гарри Поттера, фэнтези — этих простеньких детских сказок, которые няня рассказывает на ночь. Возможно, и граф Сен-Жермен — одна из таких дешевеньких сказок...

Но тем не менее я продолжу о фантастическом графе Сен-Жермене.

Это случилось в одном из очаровательных баскетов Версаля, где под звездным небом происходили встречи «наших» — интимного кружка Марии-Антуанетты... Он и поныне сохранился, этот баскет — амфитеатр с гранитными маленькими трибунами над зеленой ареной. По бокам амфитеатра стоят гигантские бронзовые светильники и бьет вода из фонтанов... Вот там и состоялся этот разговор... Шел 1788 год, и граф Сен-Жермен приехал в Париж. Приехал, чтобы исполнить обещание — рассказать Марии-Антуанетте правду о Железной Маске... Он спешил рассказать ей, ибо точно знал, что более ему с ней не встретиться. Галантный век должен был умереть, и вместе с ним она — его воплощение.

И сейчас, **на исходе второго дня, я перескажу вам его рассказ,** сделав одно важнейшее замечание.

НОТА БЕНЕ

Если мои версии, мои заключения, которые я произношу от имени графа Сен-Жермена, покажутся вам убедительными, я разрешаю вам публиковать эту историю. Это мой вам подарок, дорогой друг. Итак, «мой доктор Ватсон», мы с вами завершаем историю Железной Маски. — Месье Антуан помолчал и как-то непривычно торжественно начал: — Итак, однажды летом в королевский дворец в Фонтенбло, где жил в это время восьмилетний король Людовик XIV, привезли его сверстника — очаровательного подростка.

ЖЕЛЕЗНАЯ МАСКА: РАЗГАДКА

Мальчик был строен, у него были огромные глаза с длиннющими ресницами... Так что Мария де Шеврез, встречая его, всегда шутила: «Ну зачем тебе, мальчик, такие великолепные ресницы, отдай их мне!»

Подросток был сыном бедного дворянина из провинции. Его звали Эсташ д'Оже де Кавой.

Маленького Эсташа сделали товарищем детских игр короля. Как и почему на нем остановился выбор, во дворце никто не знал. Известно было лишь одно: его очень полюбил мальчик-король. Время шло. Когда королю и Эсташу д'Оже стало по двенадцать лет, Эсташа сделали камердинером короля. Почему? Неужто не догадались? Разве не помните обычай в ваших русских дворянских семьях? Когда крепостная девка понесла от барина, бастард, как их называли в Париже, или выблядок, как их часто называли у вас, сначала воспитывался в господском доме товарищем детских игр молодого барина. Но подросши, часто становился его слугой — слугой законного сына.

Вольтер в своей версии о брате Людовика XIV, будто бы заточенном в Бастилию, был и прав, и не прав. Он не прав: королева Анна Австрийская никакого отношения к рождению несчастного Эсташа не имела... Ибо, если б имела (зная решительный характер этой дамы), никогда не разрешила бы так поступить с ее сыном. Но неправый Вольтер одновременно... прав! Ибо мальчик Эсташ действительно имел прямое отношение к королевской крови... Только не по матери, а по отцу... Он был плодом любовной шалости короля Людовика XIII. Оттого у королевы Анны была к мальчику злая нелюбовь... Но кто был матерью слуги Эсташа? И почему королева согласилась на его присутствие во дворце?

Я уже рассказывал о тени герцогини де Шеврез, будто бы беспокоившей по ночам джентльменов С-ль-клуба... Так я считал вначале. Но оказалось, я ошибся. Герцогиня де Шеврез не имела никакого отношения к несчастному привидению. Более того, она никогда не жила в доме, где помещается нынче этот клуб. Под именем герцогини де Шеврез в доме, принадлежащем ныне С-ль-клубу, жила **другая**...

Месье Антуан позвонил. И все тот же молчаливый слуга принес книгу в желтом кожаном переплете.

Месье Антуан начал медленно листать пожелтевшие страницы.

— Это знаменитые мемуары герцога Сен-Симона. Они изданы во множестве стран и в вашей стране тоже. Герцог Сен-Симон написал целую главу о добродетели Людовика XIII, отца «Короля-солнце»... Добродетели весьма фантастичной для королей и для того времени. — И месье Антуан начал читать по-французски, упиваясь звуками речи и одновременно переводя на русский: «Король воистину пылко влюбился **в мадемуазель д'Отфор.** Дабы иметь возможность видеть ее, беседовать с ней, он все чаще стал бывать у королевы (Анны

Австрийской), чьей придворной дамой была мадемуазель д'Отфор. Он постоянно говорил о мадемуазель с моим отцом, который видел, насколько сильно увлечен ею государь. Отец мой в ту пору был молод и легкомыслен. Он не понимал, почему король, столь явно влюбленный и даже не пытающийся скрыть свое чувство, не решается *на большее*. Он подумал, что причиной тому робость, и захотел помочь своему повелителю. Однажды, когда государь страстно говорил об этой девушке, мой отец выразил свое недоумение, суть которого я только что изложил. Он вызвался стать посредником и все устроить. Король выслушал его, не прерывая, а затем, сурово глядя на него, сказал:

— Это правда, я влюблен в мадемуазель д'Отфор, я это чувствую. Я ищу с ней встречи, охотно беседую с ней и еще более охотно о ней думаю. Но правда и то, что все это происходит со мной помимо моей воли, ибо я мужчина и не могу противиться этой слабости. Но чем более возможности удовлетворять мои желания дает мне мой королевский титул, тем более должен я удерживать себя от греха и соблазна этим воспользоваться. На этот раз я прощаю вашей молодости, но не вздумайте когда-либо давать мне подобные советы, если хотите, чтобы я по-прежнему любил вас.

Отец был потрясен, пелена спала с его глаз. Жалкая мысль о робости короля в любви растаяла перед светом его *всепобеждающе чистой добродетели*».

Хороша история! Остается лишь выяснить, была ли на самом деле столь необычная для того времени королевская добродетель?

Но сначала несколько слов о предмете любви короля. Мадемуазель Мария д'Отфор за необыкновенную, даже пугающую красоту была прозвана при дворе «Прекрасной Авророй». Пятнадцати лет она была представлена ко двору. Вначале была фрейлиной матери Людовика XIII Марии Медичи. Но влюбленный король, удаливший свою мать от двора, сделал Прекрасную Аврору фрейлиной жены... Королева Анна оценила безмерное влияние Прекрасной Авроры на мужа и приблизила к себе Марию! Но с 1636 года страсть короля перестала быть платонической. Да и как могло быть иначе, если в постель к королю Прекрасную Аврору ловко толкала... сама королева! Чтобы через нее иметь влияние на нелюбимого супруга. И это тоже не ново под солнцем. Так что, став любовницей монарха, Мария д'Отфор сделалась близкой подругой королевы. Пасьянс, частый при дворах могущественных государей. Оценил ситуацию с Прекрасной Авророй и кардинал Ришелье. В отличие от простодушного отца герцога Сен-Симона кардинал знал все дворцовые тайны через своего «серого кардинала». Ришелье было не только известно, что добродетель короля сдалась красоте Авроры, но где и когда это случилось.

В 1638 году Мария почувствовала, что беременна... Она призналась королеве, просила у нее совета и помощи. Но Анне было не до нее. Она сама в это время была беременна дофином и приготовилась рожать. Не до прекрасной Авроры стало в это время и королю. Людовик XIII готовился к важнейшему, долгожданному событиючуду: рождению наследника престола. Королева поручила разрешить ситуацию с Прекрасной Авророй, конечно же, главной подруге — Марии де Шеврез. Искушенная в подобных обстоятельствах герцогиня все придумала наилучшим образом. *Под именем герцогини де Шеврез* Прекрасную Аврору перевезли в Англию в дом герцога Ларошфуко. Здесь она благополучно родила сына... *Таким образом, почти одновременно с дофином появился еще один сын короля Людовика XIII.*

Герцогиня де Шеврез оценила пикантность ситуации и предложила августейшей подруге избавиться от неудобного подарка мужа. Сделали это обычно и просто: Прекрасной Авроре сообщили, что ее ребенок умер.

Когда несчастная, подурневшая после родов Мария д'Отфор вернулась во дворец, король уже охладел к ней. Он был счастлив — занят родившимся дофином, много веселился и охотился. Страдальческое лицо вчерашней возлюбленной его раздражало. Прекрасную Аврору отослали (точнее, сослали) из Парижа в замок ее бабушки, маркизы Катрин де Ла Флот, когда-то возлюбленной короля Генриха.

Но подозрение, что ее обманули, мучило несчастную д'Отфор всю жизнь. Мучает и поныне — за гробом. Вот почему тень Прекрасной Авроры (которую я принял за герцогиню де Шеврез), бродит по дому, где она узнала ужасное известие о смерти сына... Она хочет, чтоб я рассказал миру правду.

— Вы хотите сказать, что получаете задания и *оттуда?*

— Однако вы насмешник, мой друг, — недобро усмехнулся месье Антуан и продолжил, будто не слыша моего вопроса: — Но вернемся в тот восхитительный век. Пока несчастная мадмуазель д'Отфор жила у бабушки, мальчик, которого отдали на воспитание какому-то зажиточному крестьянину, рос в одной из деревень под Парижем. Но после смерти Людовика XIII, когда началась Фронда, Анна испугалась, что фрондеры через свою сподвижницу, герцогиню де Шеврез, узнают о ребенке. Они могли захватить его и начать шантажировать Анну, скрывшую сына короля. И главное, они могли использовать мальчика. Но все устроил Мазарини. По его приказу некто д'Оже де Кавой, обедневший дворянин, тайно вывез мальчика из деревни, усыновил его и дал свое имя. Видимо, вскоре о нем узнал Никола Фуке. Скорее всего, догадался, получая от королевы распоряжения передавать большие суммы безвестному дворянину на воспитание некоего Эсташа д'Оже.

Когда «отец» Эсташа внезапно умер, Мазарини приказал привезти ребенка во дворец. Теперь мальчик воспитывался вместе с королем. Когда он подрос, его сделали камердинером короля — Эсташем Доже.

Устроил Мазарини и судьбу его матери. После смерти короля красавица Аврора тщетно пыталась вернуться ко двору. Анна этого не допустила. Она боялась ее встречи с сыном-камердинером. Справедливо опасалась, что инстинктом матери герцогиня почувствует... И тогда Мазарини устроил брак Прекрасной Авроры с губернатором Вердена и

Меца, чтобы держать ее подальше от двора и Парижа.

Все проблемы начались после того, как молодой король стал преследовать Фуке. Суперинтендант, привыкший чувствовать себя властелином, не захотел терпеть. Он пожаловался королеве. И сделал это своеобразно. Он попросил королеву посодействовать, чтобы Его Величество не обращался с ним грубо, как со слугою... хотя мы все слуги Его Величества... И после паузы добавил: «*Даже очень и очень родовитые*». Анна с ужасом поняла, что Фуке — знает... Знает, что они украли ребенка у матери и превратили его в слугу. И теперь пытается угрожать. Думаю, с тех пор королева перестала защищать Фуке. И вскоре, к ее облегчению, Фуке отправился в заточение в Пиньероль.

В 1666 году умерла Анна Австрийская. На смертном одре она рассказала Людовику о тайне слуги Эсташа и о догадке Фуке. Именно тогда участь Фуке была окончательно решена: он должен был остаться в тюрьме навечно.

Итак, Людовик узнал, что его камердинер Эсташ — незаконный сын короля Франции. Ну что тут страшного?! Незаконные отпрыски французских королей — Бофор и прочие — получали титулы и преспокойно жили в великом почете. Но не в случае с несчастным Эсташем! Здесь было совершено преступление, в котором была виновна королева: отпрыска монарха утаили, объявили умершим, после чего превратили в жалкого слугу.

Если учесть слухи, ходившие во дворце о том, что король Людовик — дитя герцога де Бофора, ситуация становилась совсем напряженной: *ненастоящий сын короля на троне, а утаенный настоящий сын – его слуга!*

Ситуация пугает короля. Как бывает с диктаторами, Людовик был необычайно подозрителен. Он начинает наблюдать за опасным слугой, ему все чаще кажется, что тот догадывается о своем происхождении. Людовик не выдержал. Король вызвал военного министра и поручил ему организовать арест бедняги. Его Величество пояснил министру, что слуге известны некоторые важные тайны и потому заточение его должно быть самым строгим — в государственной тюрьме в Пиньероле.

Эсташ Доже, к полному своему изумлению, был арестован, и, конечно же, арестом руководил самый доверенный — д'Артаньян.

Гасконец отвез Эсташа хорошо знакомым маршрутом — в Пиньероль. Под своим именем Эсташ Доже был посажен в камеру с двойными стенами. Доже требовал объяснить ему причины заточения, бунтовал, отказывался принимать пищу. Но постепенно смирился. Привык и к тюремным порядкам. Больше всего он страдал от безделья. Он просил дать ему хоть какое-то занятие. Королю сообщили о его желании. Людовик усмехнулся и приказал определить его слугой к тому, кто знал его тайну, — к Фуке.

Но сначала Сен-Мар имел доверительную беседу с Фуке.

Мы можем представить этот разговор. Сначала Сен-Мар объявил Фуке, что у него будет второй слуга — хорошо знакомый ему бывший слуга короля Эсташ Доже, которого Фуке часто видел в Лувре и Тюильри и который нынче находится здесь, в Пиньероле. Он арестован по приказу Его Величества.

После этого сообщения наступила некоторая пауза в разговоре. Сен-Мар ждал вопросов, но их не последовало. Фуке отлично понимал, почему арестован несчастный слуга, и ждал, когда Сен-Мар сообщит, зачем он его позвал. И Сен-Мар сообщил Фуке желание короля. Оно звучало определенно... и туманно:

— Король просил передать месье Фуке, что у заключенного слуги Эсташа Доже есть некое опасное помешательство, о котором... известно месье Фуке. И потому месье Фуке должен будет подробно сообщать королю все безумные разговоры, которые будет вести с ним его новый слуга. — В заключение Сен-Мар обнадежил: — Его Величество верит, что вы успешно справитесь с поручением. Его Величество надеется, что вы сумеете заслужить свое освобождение.

И Фуке согласился.

После чего, минуя Сен-Мара, в сношения с Фуке вступил сам военный министр. Он прислал ему письмо, обнаруженное не так давно французским историком (я проверил, оно существует!).

«Монсеньор, я счастлив исполнить приказ, который король милостиво соблаговолил мне отдать, — сообщить Вам, что Его Величество намерен вскоре значительное смягчить Ваше заключение. Но до этого Его Величество желает быть осведомленным, не разговаривал ли называемый Эсташем, которого Вам дали для услуг, к примеру, с другим приставленным к Вам слугой (Ла Ривьером) *и о чем разговаривал*...чтобы Его Величество *смог принять меры, которые сочтет наиболее подходящими*... Его Величество желает, чтобы Вы ответили на это **письмо частным образом, ничего не говоря о его содержании монсеньору Сен-Мару,** которому я передал приказ короля доставить, не вскрывая, ваше послание».

Вослед пошло еще одно письмо, еще более красноречивое...

«Монсеньор, сообщаю вам, что меры предосторожности, требуемые от Вас королем, должны воспрепятствовать Эсташу Доже общаться с кем-либо, кроме Вас и Вашего слуги. Его Величество ожидает, что Вы употребите для этого все усилия, **поскольку Вы знаете, по какой причине никто не должен знать того, что, возможно, знает сам Эсташ Доже».**

Через пару недель общения со слугою Фуке, видимо, написал королю желаемое заключение: «Арестант Доже ничего не говорил о своем происхождении ни мне, ни слуге Ла Ривьеру».

Уже вскоре в Пиньероль приехали жена и дочь Фуке. Это было их первое свидание после 18 лет расставания. Фуке исправно продолжал писать королю отчеты о слуге... хотя отлично знал, что король никогда не освободит своего министра, знавшего так много тайн, опасных для Его Величества. Но Фуке надеялся на продолжение свиданий с родными...

Прошли месяцы, когда однажды вечером Фуке отослал слугу-доносчика Ла Ривьера к Сен-Мару с какой-то просьбой. И когда Ривьер ушел, Фуке спросил беднягу Доже: известно ли ему, на кого он похож?

Несчастный Доже в изумлении уставился на Фуке. Доже, конечно же, не знал. Король умер, когда ему было пять лет. И вот тогда Фуке и сказал:

— Вы похожи, сударь, на покойного короля. Очень похожи. И тому есть естественная причина. Надеюсь, теперь, сударь, вы поняли, почему вы здесь.

Это не была месть ненавистному Людовику. Фуке давно был далек от мирского зла — от мести и ненависти. Он согласился доносить королю лишь для одного — сообщить ему, что несчастный Доже ничего не знает о своем происхождении и, следовательно, не может быть опасен и его можно выпустить... Но месяцы прошли безрезультатно. И, окончательно поняв, что ничего не изменится в судьбе несчастного Доже, он решился рассказать узнику о тайне его рождения. Чтобы покончить с мучениями несчастного, не понимавшего причину своего заточения.

И Фуке, видно, опять попался! Опытный Ла Ривьер, конечно же, почувствовал неладное. Он в тот вечер к Сен-Мару не пошел, но сидел за стеной в своей камере и слушал разговор Фуке с Эсташем Доже.

Вот почему вскоре был получен из Парижа «пакет лекарств» для Фуке. И уже вскоре Фуке внезапно... умер.

Король не смог умерить ненависть к покойному врагу. Тело Фуке не выдавали семье целый год и выдали только после долгих молений несчастной вдовы.

Но именно после той беседы с Фуке с Эсташем Доже начинают обращаться как со знатным вельможей. Но при этом его начинают особенно стеречь, запрещают прогулки, любое общение. Его будут переводить в новое заточение в наглухо закрытых носилках. И теперь вся жизнь его тюремщика Сен-Мара, его переезды, продвижение по службе будут связаны только с одним человеком — важнейшим заключенным, именуемым Эсташем Доже.

Не повезло и Ла Ривьеру. Его, знающего тайну, велено было содержать под неусыпным надзором.

Вот почему военный министр называет его «важным узником» в письме Сен-Мару. И его также в величайшем секрете доставляют в форт Экзиль. Более Ла Ривьер уже никому не прислуживает, и содержат его под этим самым неусыпным надзором в отдельной камере. Однако незадолго до переезда на Сент-Маргерит, видимо, последовал приказ из Парижа: избавиться от него и от лишних хлопот.

Ла Ривьер умирает.

ОПАСНЫЕ СВЯЗИ

Граф Сен-Жермен в своих «Записках» не оставил без внимания галантный вопрос, столь важный для потомков: умер ли девственником несчастный арестант? И был прав. Ибо впоследствии бытовало множество легенд... В них причудливо перемешаны осколки реальных событий. Угодливые историки великого Наполеона даже создали версию, что Бонапарты являются... потомками узника в Железной Маске, зачатыми в тюрьме.

Может быть, именно поэтому по приказу Наполеона III собирали бумаги Сен-Жермена. Ибо в «Записках» графа находился любопытный рассказ.

Как пишет Сен-Жермен, тотчас после переезда на остров Сент-Маргерит Сен-Мар сообщил военному министру, что арестант весьма страдает без плотских утех. Эту трудную проблему «брата» галантный король не мог оставить без внимания... Истинный француз не может жить без хорошей еды, но без женщины может только умереть. Его Величество приказал Сен-Мару немедля облегчить страдания узника и подыскать «хорошенькую вдовушку, обязательно страдающую бесплодием». И, взяв с арестанта клятву говорить с ней только о любви, разрешить встречи, но под бдительным контролем, Сен-Мар тотчас сообщил узнику счастливое разрешение его мук. И взял с него слово чести молчать при свиданиях с женщиной о своей тайне.

После чего история стала напоминать не очень пристойный фарс. Сен-Мар отвечал за бесплодие избранницы. Так как у него самого было несколько детей, он должен был лично «проверять» претенденток на бесплодие. Госпоже Сен-Мар пришлось смириться с королевским заданием. После некоторых поисков Сен-Мар нашел подходящую. Бездетная молоденькая красотка, вдова недавно умершего солдата охраны, будто сбежала с будущих картин Буше. То же прелестное девичье личико со вздернутым носиком, веселыми плутовскими глазками, молодое тело с нерожавшей девичьей грудью, крутыми пышными бедрами и очаровательным задом, похожим на разрезанный розовый арбуз. Сен-Мар явно не торопился с окончанием проверки, и госпоже Сен-Мар пришлось наградить его хорошей пощечиной и потребовать немедля закончить инспекцию. Вдовушке назначили солидную ренту, и она дважды в неделю посещала арестанта. Сен-Мар объяснил ей, что ее клиент — очень знатный господин, весьма проштрафившийся перед законом.

Эсташ был очень хорош собой — дитя любви. Окончательно влюбившаяся вдовушка начала строить планы на будущее, мучила Эсташа постоянными вопросами, когда же он выйдет на свободу. Эсташ злился, прерывал ее, и тогда сердилась она, обвиняла, что он ее не любит, и плакала. Наконец не выдержав, он намекнул бедняжке о своей тайне. И сказал: «Я никогда отсюда не выйду».

Вдовушка разрыдалась.

О преступном разговоре немедленно узнал Сен-Мар.

По приказу короля он прослушивал все любовные встречи Эсташа, сидя в соседней камере. Сюда была выведена слуховая трубка, спрятанная под гобеленом в камере Эсташа. Как же не хотелось Сен-Мару сообщать в Париж о случившемся: мушкетер никак не мог забыть восторги с прелестницей. Но он был верный пес и все доложил королю. Вскоре для бедной вдовушки прислали из Парижа тот самый «пакет с лекарствами». Узнав о ее смерти, Эсташ все понял. Он велел больше не приводить к нему женщин... Так описал эту историю граф Сен-Жермен. Была ли она на самом деле? Отвечу самым честным ответом историка: «*Я не знаю!*»

Но одно известно точно: Эсташ Доже долгое время не верил, что король, с которым они играли в детстве, велел арестовать его, друга и брата. Он придумал целую историю и сам поверил в нее: его арест — это происки кого-то могущественного, возможно Кольбера. Дескать, мерзавец узнал о его происхождении и решил навсегда удалить его от короля. Проклятый, конечно же, испугался его влияния на монарха. Наверняка по приказу Кольбера его похитили и потому держат в таком секрете.

Тюремная башня стояла на самом краю берега, и сюда часто причаливали рыбацкие лодки. И Эсташ придумал, как сообщить о себе королю.

Во время обеда попросил переменить вино. Сен-Мар вышел из камеры распорядиться, и Эсташ успел вынуть из груды серебряных тарелок (обед был, как всегда, обильный) одну и спрятать ее в кровати. Оставшись один в камере, нацарапал на утаенной тарелке серебряной ложкой (ножи Сен-Мар считал и забирал с собой) что-то вроде: «Передайте Его Величеству: его брат в тюрьме!»

И выбросил тарелку из окна башни.

Как я уже вам рассказывал, к счастью для Сен-Мара, серебряную тарелку нашел неграмотный рыбак... После этого случая надзор за арестантом стал беспощадным.

Теперь Сен-Мар лично пересчитывал всю посуду до и после еды.

И понеслись годы.

Именно в это время с Доже происходило неминуемое: он старел. Как бывает с годами, сходство постаревшего Эсташа Доже с Людовиком XIII в последние годы его жизни становилось пугающим. Да и сам бывший мушкетер, как-то войдя в камеру, когда узник спал, прошептал с безумными глазами: «Ваше Величество... Ваше Величество...»

Именно тогда Сен-Мар написал Людовику донесение о том, что внешний облик узника «дает дурную пищу для размышлений».

И тогда Людовик приказал перевести его в Бастилию и надеть на него ту самую бархатную маску...

В Бастилии Доже объявил голодовку, требуя свидания с Людовиком. Теперь он постоянно кричал на Сен-Мара, что тот обманывает короля, что Его Величество не знает, что сделали с его братом, и что Сен-Мара ждет неминуемый топор на Грев-ской площади! Сен-Мар в ужасе махал руками, тре-бовал замолчать... Наконец он не выдержал. Од-нажды, когда узник затеял очередной скандал, Сен-Мар молча положил перед ним несколько пи-сем — приказов Его Величества.

С тех пор Доже успокоился. Теперь он часами молча играл на гитаре или сочинял стихи. Сен-Мар выдал ему перо и бумагу. Но каждый вечер забирал сочиненное. Стихи Эсташа отсылались королю. К сожалению, они не сохранились. Людовик, не чи-тая, бросал их в камин.

Доже было 65 лет, когда король не захотел бо-лее заботиться, точнее тревожиться, об опасном узнике.

Король сильно постарел, лицо избороздили морщины. Хотя тело оставалось крепким, он все чаще болел, его мучили ужасный геморрой и из-нуряющие ревматические боли.

Он как-то сказал с усмешкой: «Старые здания могут быть крепкими, но не могут быть новыми». Все чаще его тревожили мысли о смерти. Король боялся покинуть этот мир раньше опасного узника. Ибо Эсташ, лишенный излишеств в еде и дамах, в отличие от брата-короля оставался отменно здо-ров. У него сохранились все зубы и волосы, почти не тронутые сединой. Видимо, тогда и настала пора сделать то, чего Людовик избегал в течение долгих десятилетий... Наполеон точно сказал Мет-терниху о главной привычке истинного диктатора:

«Вы не знаете, что такое привычка презирать человеческую жизнь, **когда тебе это нужно**».

И король приказал...

19 ноября 1703 года Эсташ Доже скончался «от внезапного сердечного приступа»...

Когда узнику стало плохо, послали за священником. Яд подобрали сильный, чтобы священник не успел прийти — принять исповедь.

Эсташ Доже умер в присутствии Сен-Мара, которого он назвал убийцей. Он просил передать королю его проклятие роду Бурбонов, принадлежность к которому отняла у него свободу и счастье.

Сен-Мар, конечно же, не посмел сообщить королю последний привет умершего. Старый мушкетер был счастлив, он стал свободен после 34 лет фактического заточения вместе с Маской в трех тюрьмах. Впрочем, ему пришлось выполнить еще одну работу по приказанию короля. Эту работу описывают историки. Сен-Мар старательно осмотрел все стены и пол в камере умершего — искал нацарапанные надписи. После чего по приказу короля старую штукатурку на всякий случай сбили. Стены заботливо отштукатурили заново, покрыв двумя слоями краски. Страх короля был таков, что пол в камере разломали и настелили новые доски.

Людовик XIV пережил самого загадочного узника Бастилии на 12 лет...

Печально, когда правитель умирает слишком молодым, но еще печальнее, когда он умирает слишком старым. Все последние годы «Король-солнце», как звали его при дворе и в мире, безвыездно жил в невиданном по роскоши Версальском дворце. С 1682 года до своей смерти Людовик лишь 16 раз появился в Париже. Версаль стал подлинной столицей Франции, здесь обитали король и правительство. Восхитителен был расцвет Версаля и мрачен его закат.

После времени великих побед пришли времена великих поражений. Старый король терял завоеванные территории, но что еще страшнее — детей и внуков. С 1711-го по 1714 год умерли двое его детей, за ними умер внук, другой любимый внук упал с лошади и разбился... Будто и вправду было чье-то проклятье, будто судьба мстила ему за что-то. Людовик стал мрачен, угрюм. Вместо ветреных красоток в его сердце теперь царила властная ханжа госпожа де Ментенон. Ушли в легенду волшебные версальские празднества, их заменили проповеди новой подруги короля. Рухнул знаменитый этикет Версальского дворца, который рабски перенимали королевские дома Европы.

Теперь король подолгу лежал в постели или часами неподвижно просиживал в кресле, уставившись в одну точку.

25 августа праздновали день Святого Людовика. Как всегда, с утра загремели приветственно барабаны, но... Но день закончился причащением и соборованием умиравшего короля. Несколько суток длилась его тщетная борьба со смертью. Он с усмешкой сказал плачущим придворным: «Зачем вы плачете? Вы думаете, что я бессмертен? Но я думаю совсем иначе».

Великий король умер 1 сентября, не дожив четырех дней до своего 77-летия. Все последние свои дни он давал прощальные указания министрам. Возможно, вспомнил он и о Человеке в маске. Во всяком случае, он долго беседовал наедине со своим военным министром.

Граф Сен-Жермен был знаком с родственниками последнего военного министра Людовика XIV. Кажется, его звали месье де Шамийяр. И его зять рассказал графу... После смерти Сен-Мара министр был последним, знавшим тайну Железной Маски. Зять буквально на коленях умолял тестя открыться ему. Но тот, как и Сен-Мар, ответил, что это государственная тайна. Он сказал, что на Библии поклялся умирающему королю никогда ее не разглашать.

— От себя, — сказал месье Антуан, — могу добавить: уже в царствование Людовика XV началась упорная работа по созданию мифа. Появляются показания «свидетелей», доказывающие, будто бы не было никакой маски, никакого опасного заключенного, изолированного от мира. Казанова пишет в мемуарах, что Людовик XV говорил, что никакой таинственной маски вообще не существовало. Граф Сен-Жермен написал в «Записках»: «Вчера глупец Казанова долго рассказывал об этом! Тайна была, и ужасная, поэтому так упорно отрицал ее король».

(Я давно отметил, он очень не любил Казанову, мне даже показалось...)

— Нет-нет, — торопливо сказал месье Антуан, — подозревать графа Сен-Жермена в банальной зависти смешно. Граф мыслил иными категориями и испытывал иные чувства, чем мы, смертные. Просто Казанова был слишком примитивен для него... Итак, несчастный Человек в маске должен был исчезнуть, раствориться в Истории... Но, как учил нас Господь, человеческая кровь вопиет... и нет ничего тайного, что не стало бы явным.

Месье Антуан замолчал. Некоторое время мы сидели молча. Наконец он заговорил:

— Пришла пора прощаться. Мы успели. В вечерний час, когда солнце склонилось к закату, мы закончили расследование.

ПРОЩАНИЕ

Я будто очнулся и с изумлением посмотрел в окно. Я увидел, как в меркнущем дневном свете зажглись фонари на площади. Если раньше время останавливалось, то теперь оно стремительно пролетело.

— Я хочу вам подарить на прощание, — сказал месье Антуан.

Он протянул мне бриллиант. Это был небольшой камень с каким-то особым блеском. Я не берусь его описывать, ибо не сумею. Скажу только, если долго смотреть на камень, он живет... меняет цвет.

— Завораживает, не так ли? — сказал месье Антуан. — Если будете смотреть на него неотрывно, веруя, что уйдете ТУДА, прошлое станет для вас таким же настоящим, как для меня... и для графа.

Он проводил меня до двери.

Я попрощался, вышел на лестницу, и дверь захлопнулась.

Когда я вернулся в Москву, камень стал моим мучением. Я много раз подолгу глядел на бриллиант... глядел до слез, но... тщетно!.. Запахи моря *той* Венеции и небеса прошлого над *тем* летящим первым воздушным шаром не вернулись... Думаю, я потерял все это... навсегда. И все, что случилось со мной, уходит из памяти каждый день и все больше кажется сном. Жалкий путешественник, потерявший Землю Обетованную... Осталась лишь звериная тоска по тому необъяснимому, что я ВИДЕЛ.

ПОСЛЕДНЯЯ ВСТРЕЧА

В Париж я сумел приехать только через три года. Немедля позвонил месье Антуану. Телефон был выключен. Но я должен был его увидеть. Я решился.

Я отправился на площадь Фюрстерберг, в столь знакомый мне дом. Позвонил в знакомую квартиру. Мне открыл дверь незнакомый человек — молодой, с хищным, узким галльским носом... Через его плечо я увидел знакомую анфиладу комнат, заставленных, увы, убогой современной мебелью. Я объяснил, что пришел к месье Антуану, с которым имел честь здесь дважды встречаться.

Молодой человек посмотрел на меня с изумлением. Он сказал, что я, видимо, что-то перепутал. Никакого месье Антуана здесь нет и никогда не было. В квартире живет только он... Правда, на какое-то время он уезжал работать в Египет, но квартира была заперта, и в ней никто не жил.

Я почему-то не решился возразить, я просто ушел.

Все случилось в мой последний день в Париже. Гуляя по любимому Латинскому кварталу, я вышел на набережную Сены. Стоял чудесный осенний день с теплым солнцем и красной листвой на деревьях. Я миновал знаменитый мост около библиотеки Мазарини и шел по набережной, рассеянно разглядывая ящики букинистов, когда мне бросился в глаза...

Я замер.

Подошел поближе.

Передо мной висел старый пожелтевший журнал за 1903 год.

Журнал был раскрыт на фотографии двух улыбающихся мужчин. Под фотографией была надпись: «Вавилон раскопан! Роберт Кольдевей раскопал дворец Навуходоносора и висячие сады Семирамиды». На фотографии улыбающийся усатый господин — знаменитый археолог Роберт Кольдевей стоял рядом с другим улыбающимся господином, не узнать которого мне было невозможно.

Рядом с Кольдевеем, обнимая его за плечи стоял... месье Антуан! На плече великого археолога лежала знакомая рука... в перчатке!

Месье Антуан весело глядел на меня из... 1903 года!

Я тотчас захотел купить журнал. Продавец сочувственно улыбнулся и объяснил:

— Этот номер, как и все номера за 1903 год, уже проданы Парижской библиотеке.

Стоя на набережной, я несколько раз перечел статью, напечатанную под фотографией. В ней писалось о раскопках, о знаменитом археологе Кольдевее и... ни слова о человеке рядом с Кольдевеем!

Больше я никогда не видел месье Антуана.

Но каждый раз, приезжая в Париж, как приговоренный, я иду на площадь Фюрстенберг, стою у знакомого дома и чего-то жду.

ОГЛАВЛЕНИЕ

Глава четвертая. Олигарх, которого считали
Железной Маской

Литературно-художественное издание

Радзинский Эдвард Станиславович

ЖЕЛЕЗНАЯ МАСКА И ГРАФ СЕН-ЖЕРМЕН

Ответственный редактор *Н. Холодова*
Художественный редактор *Н. Ярусова*
Компьютерная верстка *К. Москалев*
Корректор *З. Харитонова*

ООО «Издательство «Эксмо»
127299, Москва, ул. Клары Цеткин, д. 18/5. Тел. 411-68-86, 956-39-21.
Home page: **www.eksmo.ru** E-mail: **info@eksmo.ru**

Оптовая торговля книгами «Эксмо»:
ООО «ТД «Эксмо». 142702, Московская обл., Ленинский р-н, г. Видное,
Белокаменное ш., д. 1, многоканальный тел. 411-50-74.
E-mail: **reception@eksmo-sale.ru**

По вопросам приобретения книг «Эксмо» зарубежными оптовыми
покупателями обращаться в отдел зарубежных продаж ТД «Эксмо»
E-mail: **international@eksmo-sale.ru**

International Sales: International wholesale customers should contact
Foreign Sales Department of Trading House «Eksmo» for their orders.
international@eksmo-sale.ru

По вопросам заказа книг корпоративным клиентам, в том числе в специальном
оформлении, обращаться по тел. 411-68-59 доб. 2115, 2117, 2118.
E-mail: **vipzakaz@eksmo.ru**

Оптовая торговля бумажно-беловыми и канцелярскими товарами для школы
и офиса «Канц-Эксмо»: Компания «Канц-Эксмо»: 142700, Московская обл., Ленинский р-н, г. Видное-2, Белокаменное ш., д. 1, а/я 5. Тел./факс +7 (495) 745-28-87
(многоканальный). e-mail: kanc@eksmo-sale.ru, сайт: www.kanc-eksmo.ru

Полный ассортимент книг издательства «Эксмо» для оптовых покупателей:
В Санкт-Петербурге: ООО СЗКО, пр-т Обуховской Обороны, д. 84Е.
Тел. (812) 365-46-03/04. **В Нижнем Новгороде:** ООО ТД «Эксмо НН», ул. Маршала
Воронова, д. 3. Тел. (8312) 72-36-70. **В Казани:** Филиал ООО «РДЦ-Самара»,
ул. Фрезерная, д. 5. Тел. (843) 570-40-45/46. **В Самаре:** ООО «РДЦ-Самара»,
пр-т Кирова, д. 75/1, литера «Е». Тел. (846) 269-66-70.
В Ростове-на-Дону: ООО «РДЦ-Ростов», пр. Стачки, 243А. Тел. (863) 220-19-34.
В Екатеринбурге: ООО «РДЦ-Екатеринбург», ул. Прибалтийская, д. 24а.
Тел. (343) 378-49-45. **В Киеве:** ООО «РДЦ Эксмо-Украина», Московский пр-т, д. 9.
Тел./факс (044) 495-79-80/81. **Во Львове:** ТП ООО «Эксмо-Запад», ул. Бузкова, д. 2.
Тел./факс: (032) 245-00-19. **В Симферополе:** ООО «Эксмо-Крым», ул. Киевская,
д. 153. Тел./факс (0652) 22-90-03, 54-32-99. **В Казахстане:** ТОО «РДЦ-Алматы»,
ул. Домбровского, д. 3а. Тел./факс (727) 251-59-90/91. rdc-almaty@mail.ru

Подписано в печать 11.08.2010.
Формат 84x108 $^1/_{32}$. Печать офсетная. Усл. печ. л. 21,0.
Тираж 60 100 экз. Заказ № 3276.

Отпечатано в ОАО «Можайский полиграфический комбинат».
143200, г. Можайск, ул. Мира, 93.
www.oaompk.ru тел.: (495) 745-84-28, (49638) 20-685

ISBN 978-5-699-44072-6

9 785699 440726 >